国家出版基金项目
NATIONAL PUBLICATION FOUNDATION

GUANGDONG PUBLICATION FUNDS
广东省原创精品出版资金扶持项目

新兴产业和高新技术现状与前景研究丛书

总主编 金 碚 李京文

轨道交通装备和工程技术
现状与应用前景

齐群 江伟 张薇琳 孙健 邓烨 编著

GUIDAO JIAOTONG ZHUANGBEI HE GONGCHENG JISHU
XIANZHUANG YU YINGYONG QIANJING

SPM
南方出版传媒
广东经济出版社
·广州·

图书在版编目（CIP）数据

轨道交通装备和工程技术现状与应用前景 / 齐群等编著．—广州：广东经济出版社，2015．5
（新兴产业和高新技术现状与前景研究丛书）
ISBN 978－7－5454－3649－5
Ⅰ．①轨… Ⅱ．①齐… Ⅲ．①轨道交通－研究－中国 Ⅳ．①U

中国版本图书馆 CIP 数据核字（2014）第 248922 号

出版发行	广东经济出版社（广州市环市东路水荫路 11 号 11～12 楼）
经销	全国新华书店
印刷	中山市国彩印刷有限公司 （中山市坦洲镇彩虹路 3 号第一层）
开本	730 毫米×1020 毫米 1/16
印张	14．5
字数	245 000 字
版次	2015 年 5 月第 1 版
印次	2015 年 5 月第 1 次
书号	ISBN 978－7－5454－3649－5
定价	32．00 元

如发现印装质量问题，影响阅读，请与承印厂联系调换。
发行部地址：广州市环市东路水荫路 11 号 11 楼
电话：（020）38306055 37601950 邮政编码：510075
邮购地址：广州市环市东路水荫路 11 号 11 楼
电话：（020）37601980 邮政编码：510075
营销网址：http：//www·gebook．com
广东经济出版社常年法律顾问：何剑桥律师

原　磊　中国社会科学院工业经济研究所工业运行研究室主任、副研究员
陈　志　中国科学技术发展战略研究院副研究员
史岸冰　华中科技大学基础医学院教授
吴伟萍　广东省社会科学院产业经济研究所副所长、研究员
燕雨林　广东省社会科学院产业经济研究所研究员
张栓虎　广东省社会科学院产业经济研究所副研究员
邓江年　广东省社会科学院产业经济研究所副研究员
杨　娟　广东省社会科学院产业经济研究所副研究员
柴国荣　兰州大学管理学院教授
梅　霆　西北工业大学理学院教授
刘贵杰　中国海洋大学工程学院机电工程系主任、教授
杨　光　北京航空航天大学机械工程及自动化学院工业设计系副教授
迟远英　北京工业大学经济与管理学院教授
王　江　北京工业大学经济与管理学院副教授
张大坤　天津工业大学计算机科学系教授
朱郑州　北京大学软件与微电子学院副教授
杨　军　西北民族大学现代教育技术学院副教授
赵肃清　广东工业大学轻工化工学院教授
袁清珂　广东工业大学机电工程学院副院长、教授
黄　金　广东工业大学材料与能源学院副院长、教授
莫松平　广东工业大学材料与能源学院副教授
王长宏　广东工业大学材料与能源学院副教授

总 序

人类数百万年的进化过程，主要依赖于自然条件和自然物质，直到五六千年之前，由人类所创造的物质产品和物质财富都非常有限。即使进入近数千年的“文明史”阶段，由于除了采掘和狩猎之外人类尚缺少创造物质产品和物质财富的手段，后来即使产生了以种植和驯养为主要方式的农业生产活动，但由于缺乏有效的技术手段，人类基本上没有将“无用”物质转变为“有用”物质的能力，而只能向自然界获取天然的对人类“有用”之物来维持低水平的生存。而在缺乏科学技术的条件下，自然界中对于人类“有用”的物质是非常稀少的。因此，据史学家们估算，直到人类进入工业化时代之前，几千年来全球年人均经济增长率最多只有0.05%。只有到了18世纪从英国开始发生的工业革命，人类发展才如同插上了翅膀。此后，全球的人均产出（收入）增长率比工业化之前高10多倍，其中进入工业化进程的国家和地区，经济增长和人均收入增长速度数十倍于工业化之前的数千年。人类今天所拥有的除自然物质之外的物质财富几乎都是在这200多年的时期中创造的。这一时期的最大特点就是：以持续不断的技术创新和技术革命，尤其是数十年至近百年发生一次的“产业革命”的方式推动经济社会的发展。① 新产业和新技术层出不穷，人类发展获得了强大的创造能力。

---

① 产业革命也称工业革命，一般认为18世纪中叶（70年代）在英国产生了第一次工业革命，逐步扩散到西欧其他国家，其技术代表是蒸汽机的运用。此后对世界所发生的工业革命的分期有多种观点。一般认为，19世纪中叶在欧美等国发生第二次工业革命，其技术代表是内燃机和电力的广泛运用。第二次世界大战结束后的20世纪50年代，发生了第三次工业革命，其技术代表是核技术、计算机、电子信息技术的广泛运用。21世纪以来，世界正在发生又一次新工业革命（也有人称之为“第三次工业革命”，而将上述第二、第三次工业革命归之为第二次工业革命），其技术代表是新能源和互联网的广泛运用。也有人提出，世界正在发生的新工业革命将以制造业的智能化尤其是机器人和生命科学为代表。

当前，世界又一次处于新兴产业崛起和新技术将发生突破性变革的历史时期，国外称之为“新工业革命”或“第三次工业革命”“第四次工业革命”，而中国称之为“新型工业化”“产业转型升级”或者“发展方式转变”。其基本含义都是：在新的科学发现和技术发明的基础上，一批新兴产业的出现和新技术的广泛运用，根本性地改变着整个社会的面貌，改变着人类的生活方式。正如美国作者彼得·戴曼迪斯和史蒂芬·科特勒所说：“人类正在进入一个急剧的转折期，从现在开始，科学技术将会极大地提高生活在这个星球上的每个男人、女人与儿童的基本生活水平。在一代人的时间里，我们将有能力为普通民众提供各种各样的商品和服务，在过去只能提供给极少数富人享用的那些商品和服务，任何一个需要得到它们、渴望得到它们的人，都将能够享用它们。让每个人都生活在富足当中，这个目标实际上几乎已经触手可及了。”“划时代的技术进步，如计算机系统、网络与传感器、人工智能、机器人技术、生物技术、生物信息学、3D 打印技术、纳米技术、人机对接技术、生物医学工程，使生活于今天的绝大多数人能够体验和享受过去只有富人才有机会拥有的生活。”①

在世界新产业革命的大背景下，中国也正处于产业发展演化过程中的转折和突变时期。反过来说，必须进行产业转型或“新产业革命”才能适应新的形势和环境，实现绿色化、精致化、高端化、信息化和服务化的产业转型升级任务。这不仅需要大力培育和发展新兴产业，更要实现高新技术在包括传统产业在内的各类产业中的普遍运用。

我们也要清醒地认识到，20 世纪 80 年代以来，中国经济取得了令世界震惊的巨大成就，但是并没有改变仍然属于发展中国家的现实。发展新兴产业和实现产业技术的更大提升并非轻而易举的事情，不可能一蹴而就，而必须拥有长期艰苦努力的决心和意志。中国社会科学院工业经济研究所的一项研究表明：中国工业的主体部分仍处于国际竞争力较弱的水平。这项研究把中国工业制成品按技术含量低、中、高的次序排列，发现国际竞争力大致呈 U 形分布，即两头相对较高，而在统计上分类为“中技术”的行业，例如化工、材料、机械、电子、精密仪器、交通设备等，国际竞争力显著较低，而这类产业恰恰是工业的主体和决定工业技术整体素质的关键基础部门。如果这类产业竞争力不

---

① 【美】彼得·戴曼迪斯，史蒂芬·科特勒. 富足：改变人类未来的 4 大力量. 杭州：浙江大学出版社，2014.

强，技术水平较低，那么“低技术”和“高技术”产业就缺乏坚实的基础。即使从发达国家引入高技术产业的某些环节，也是浅层性和“漂浮性”的，难以长久扎根，而且会在技术上长期受制于人。

中国社会科学院工业经济研究所专家的另一项研究还表明：中国工业的大多数行业均没有站上世界产业技术制高点。而且，要达到这样的制高点，中国工业还有很长的路要走。即使是一些国际竞争力较强、性价比较高、市场占有率很大的中国产品，其核心元器件、控制技术、关键材料等均须依赖国外。从总体上看，中国工业品的精致化、尖端化、可靠性、稳定性等技术性能同国际先进水平仍有较大差距。有些工业品在发达国家已属“传统产业”，而对于中国来说还是需要大力发展的“新兴产业”，许多重要产品同先进工业国家还有几十年的技术差距，例如数控机床、高端设备、化工材料、飞机制造、造船等，中国尽管已形成相当大的生产规模，而且时有重大技术进步，但是，离世界的产业技术制高点还有非常大的距离。

产业技术进步不仅仅是科技能力和投入资源的问题，攀登产业技术制高点需要专注、耐心、执着、踏实的工业精神，这样的工业精神不是一朝一夕可以形成的。目前，中国企业普遍缺乏攀登产业技术制高点的耐心和意志，往往是急于“做大”和追求短期利益。许多制造业企业过早走向投资化方向，稍有成就的企业家都转而成为赚快钱的“投资家”，大多进入地产业或将“圈地”作为经营策略，一些企业股票上市后企业家急于兑现股份，无意在实业上长期坚持做到极致。在这样的心态下，中国产业综合素质的提高和形成自主技术创新的能力必然面临很大的障碍。这也正是中国产业综合素质不高的突出表现之一。我们不得不承认，中国大多数地区都还没有形成深厚的现代工业文明的社会文化基础，产业技术的进步缺乏持续的支撑力量和社会环境，中国离发达工业国的标准还有相当大的差距。因此，培育新兴产业、发展先进技术是摆在中国产业界以至整个国家面前的艰巨任务，可以说这是一个世纪性的挑战。如果不能真正夯实实体经济的坚实基础，不能实现新技术的产业化和产业的高技术化，不能让追求技术制高点的实业精神融入产业文化和企业愿景，中国就难以成为真正强大的国家。

实体产业是科技进步的物质实现形式，产业技术和产业组织形态随着科技进步而不断演化。从手工生产，到机械化、自动化，现在正向信息化和智能化方向发展。产业组织形态则在从集中控制、科层分权，向分布式、网络化和去中心化方向发展。产业发展的历史体现为以蒸汽机为标志的第一次工业革命、以电力和自动化为标志的第二次工业革命，到以计算机和互联网为标志的第三次工业革命，再到以人工智能和生命科学为标志的新工业革命（也有人称之为“第四次工业革命”）的不断演进。产业发展是人类知识进步并成功运用于生产性创造的过程。因此，新兴产业的发展实质上是新的科学发现和技术发明以及新科技知识的学习、传播和广泛普及的过程。了解和学习新兴产业和高新技术的知识，不仅是产业界的事情，而且是整个国家全体人民的事情，因为，新产业和新技术正在并将进一步深刻地影响每个人的工作、生活和社会交往。因此，编写和出版一套关于新兴产业和新产业技术的知识性丛书是一件非常有意义的工作。正因为这样，我们的这套丛书被列入了2014年的国家出版工程。

我们希望，这套丛书能够有助于读者了解和关注新兴产业发展和高新产业技术进步的现状和前景。当然，新兴产业是正在成长中的产业，其未来发展的技术路线具有很大的不确定性，关于新兴产业的新技术知识也必然具有不完备性，所以，本套丛书所提供的不可能是成熟的知识体系，而只能是形成中的知识体系，更确切地说是有待进一步检验的知识体系，反映了在新产业和新技术的探索上现阶段所能达到的认识水平。特别是，丛书的作者大多数不是技术专家，而是产业经济的观察者和研究者，他们对于专业技术知识的把握和表述未必严谨和准确。我们希望给读者以一定的启发和激励，无论是“砖”还是“玉”，都可以裨益于广大读者。如果我们所编写的这套丛书能够引起更多年轻人对发展新兴产业和新技术的兴趣，进而立志投身于中国的实业发展和推动产业革命，那更是超出我们期望的幸事了！

金　碚

2014年10月1日

前　　言

轨道交通具有绿色、环保、安全、智能、便捷、准时、客运量大等优点，随着我国城市化进程的加快，城市地铁、轻轨、区域城际轨道、高速铁路等轨道交通，在全国掀起了建设高潮。本书介绍了轨道交通车辆、信号、通信及牵引供电等系统技术装备的基本工作原理、现有技术和发展展望。其中张薇琳编写第一章、第二章和第三章；齐群编写第四章的第一、二、三节和第五章的第一节、第二节；邓烨编写第四章的第四节；江伟编写第五章的第三、四节和第六章；孙健编写第七章；全书由齐群统稿。

目　录

第一章　轨道交通牵引供电技术概述

电力牵引是利用电能作为牵引动力，将电能转换为机械能，驱动铁路列车、电动车组和城市轨道交通车辆等有轨运输工具运行的一种运输形式。

电力牵引按其牵引网供电电流制式不同，分为工频单相交流制、低频单相交流制和直流制。我国电气化铁路采用工频单相交流制电力牵引，直流制电力牵引仅用于城市轨道交通运输系统和工矿运输系统。

电力牵引运输具有以下一系列优点：

（1）电力牵引机车本身不带燃料，可使用二次能源，为非自给式牵引动力，并由大容量电力系统供电，连接全国电网，能源有保证。

（2）机车或动车组总功率大，具有启动和加速快、过载能力强、运输能力大等特点，能满足各种现代交通运输对快递、大运输能力的需要。

（3）不造成空气和环境（噪声）污染。

（4）电力牵引的总效率高，节约能源。电力牵引在全部或部分为水电供电的情况下，包括发电厂、输变电和供电系统以及机车、车辆效率在内，比用内燃机为动力的内燃机车和汽车等运输工具的总效率要高出几个至几十个百分点。因而采用电力牵引可有效节约能源，并降低运营成本。

（5）安全性高。随着信息技术、微电子技术的广泛应用，电力机车可实现实时检测故障、自动驾驶、遥测及遥控等，电力牵引系统易于实现全面自动化和信息化，从而大大提高了劳动生产率和经济效益。

城市轨道交通的供电系统，由变电所、接触网（接触轨）和回流网三部分构成。变电所通过接触网（接触轨），由车辆受电器向电动客车馈送电能，回流网是牵引电流返回变电所的导体。

牵引网的供电制式主要指电流制、电压等级和馈电方式。目前，城市轨道交通的直流牵引电压等级有 DC600V、DC750V 和 DC1500V 等多种。我国国家标准《地铁直流牵引供电系统》规定了 DC750V 和 DC1500V 两种电压制式。但是，从减少城市轨道交通牵引供电系统的电能损失和电压损耗、延长供电距离以降低牵引变电站的数量及投资、降低受流接触网的悬挂重量、降低结构复杂性及投资等方面而言，采用 DC1500V 的牵引供电电压制式比采用 DC750V 的牵引供电电压制式显然要经济得多。高耐压电力电子变流器件的不断发展，如 4500V 的 GTO、3300V 的 IGBT 等，为采用 DC1500V 供电的城市轨道交通牵引传动系统提供了可靠的技术保障。因此，今后我国的城市轨道交通牵引传动系统的供电电压制式的发展趋势应该是逐步采用统一的 DC1500V。

一、牵引供变电系统的组成

电力牵引供变电系统是指从电力系统或一次供电系统接受电能，通过变压、变相或换流（将工频交流变换为低频交流或直流电压）后，向电力机车负荷提供所需电流制式（交流或直流）的电能，并完成牵引电能传输、配电等全部功能的完整系统。工频交流单相电力牵引供电系统主要由牵引变电所和牵引网组成。牵引网实行单相供电，由馈电线、接触网、轨道电路及回流线等组成。为使电能有效、可靠地供给电力机车，牵引网上还安装有分相绝缘器、分段绝缘器等设备，供电系统中还设有分区所、开闭所等。我国规定牵引网额定电压为 25kV，额定频率为 50Hz。

交流电气化牵引供电系统组成结构如图 1－1－1 所示，牵引供电构成的回路是：牵引变电所—馈电线—接触网—电力机车—钢轨和大地—回流线—牵引变电所。城市轨道交通的直流电力牵引供电系统则主要由牵引变电所和牵引网组成。

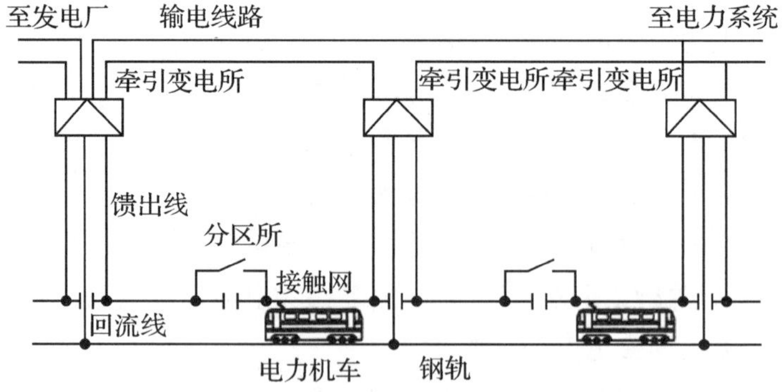

图 1－1－1　电气化铁道供电系统示意图

交流电力牵引供电系统，因牵引网对抑制通信干扰采取的技术措施不同而区分为直接供电方式、带回流导线的供电方式、带吸流变压器（BT）的供电方式，以及 2kV×25kV 自耦变压器（AT）供电方式，不同供电方式的系统和装置结构有所不同。

（一）牵引变电所

牵引变电所是交流工频单相电力牵引供变电系统的重要环节，它完成变压、变相和向牵引网供电等功能，并实现三相交流一次供电系统与单相电力牵引系统的接口与系统变换。牵引变电所停电后，可由相邻变电所实现越区供电，但牵引网电压水平将下降。

（二）接触网

按电力机车集电方式的不同，接触网可分为：架空单线式、架空复线式和接触轨（第三轨）三种方式。交流电气化铁道一般采用架空单线式，城市无轨电车则采用架空复线式，第三轨方式则普遍应用于地下铁道。

架空接触网是一种悬挂在电气化铁道钢轨上方并和轨面保持一定距离的链型或单导线系统，专为电力机车或电动车组提供电力的特殊供电回路，机车通过受电弓与接触网滑动接触取得电能。正常供电时，由牵引变电所馈线到接触网末端的一段供电线路，称为供电分区，也称为供电臂。由于牵引负荷常处于运动之中，对于接触网的要求除了提供数量足够并符合质量标准的电能外，还应保证牵引负荷受流的稳定性。

（三）馈电线

馈电线是连接牵引变电所和接触网的导线，也称馈出线。馈电线一般采用钢芯铝绞线，将变电所的电能输送给接触网。

（四）回流线

回流线是牵引供电回路中的一部分，是将轨道和牵引变电所主变压器接地相之间连接的导线，通过其将流经电力机车的负荷电流引入变电所。

（五）轨道

轨道除了作为电力机车的导轨外，同时是牵引供电系统中回流电路的一部分，在供给机车的电流中有一部分是流入大地的，轨道的作用就是将大地中的回流导入变电所。

（六）分区所

交流电气化铁道上为了增加供电的灵活性，提高运行的可靠性，在两个牵引变电所的供电区中间常加设分区所，实现作用如下：

（1）可以使相邻的供电区段实现并联工作或单独工作。当实现并联工作时，分区所的断路器闭合，否则打开。

（2）当相邻牵引变电所发生故障而不能继续供电时，可以闭合分区所的断路器，由非故障牵引变电所实行越区供电。

（3）双边供电的供电区内发生牵引网短路事故时，可由分区所的断路器切除事故点所在处的一半供电区，非事故段仍可照常工作。

（七）开闭所

交流电力牵引系统开闭所，实际上是起配电作用的开关站，是在牵引网有分支引出时，为不影响电力牵引安全，保证可靠供电而设置带保护断路器等设施的控制场所。在离牵引变电所胶原的铁路枢纽地区，由于站线多，接触网相应复杂，客货列车运行、编组和机车进出库作业繁忙，致使该地区故障概率增大。为保证枢纽供电可靠性，缩小事故范围，一般将接触网横向分组及分区供电，由开闭所的多路馈线向接触网各分组和分区供电。因此，一般在枢纽站、编组场、电力机务段和折返段等处需设置开闭所。

此外，在复线 AT 牵引网中，由于 AT 供电方式供电电压增高（2kV × 25kV），供电臂距离增长，可达 40～50km，为提高供电灵活性有时为了进一步缩小接触网事故停电范围和降低牵引网电压损失和电能损失，也可在分区所与牵引变电所直接增设开闭所，也称辅助分区所。

开闭所的主要设备是断路器。电源进线一般设两条回路，复线时可由上、下行牵引网各引一条回路，出线则按需要设置。当出线数量较多时，也可将开闭所母线实行分段。单线时如就近无法获得第二电源，也可只引一路电源。

（八）自耦变压器站

自耦变压器站简称 AT 所，是 AT 牵引网的重要组成部分。将自耦变压器（AT）按一定间隔距离跨接在 AT 牵引网的接触网、正馈线和钢轨间，起着支撑 2kV ×25kV 馈电系统的作用。

工频单相交流电气化铁道如采用 AT 供电方式时，在沿线需每隔 10 ~15km 设置一台自耦变压器。自耦变压器设于沿铁路的各站场上，同时将分区所和开闭所合并，以利运行管理。

（九）分相绝缘器和分段绝缘器

分相绝缘器又称电分相，串在接触网上，目的是把两相不同的供电区分开，并使机车光滑过渡，主要用在牵引变电所出口处和分区所处。分段绝缘器又称电分段，分为纵向电分段和横向电分段，前者用于线路接触网上，后者用于站场各条接触网之间。通过其上的隔离开关将有关接触网进行电气连通或断开，以保证供电的可靠性、灵活性和缩小停电范围等。

二、牵引供电方式

交流电力牵引供电系统因牵引网对抑制通信干扰采取的技术措施不同而采取不同的供电方式。牵引供电系统的供电方式主要包括直接供电方式、带回流线的供电方式、带吸流变压器（BT）的供电方式，以及 2kV ×25kV 自耦变压器（AT）供电方式。

牵引网的供电方式则包括单边供电、上下行并联供电和双边供电方式。

（一）牵引供电系统的供电方式

1. 直接供电方式（TR 供电方式）

直接供电方式是在牵引网中不增加特殊防护措施的一种供电方式，是结构最简单的一种。电气化铁路最早大都采用这种供电方式，它的一根馈线接在接触网（T）上，另一根馈线接在钢轨（R）上，如图 1 -2 -1 所示。这种供电方式结构简单，投资最省，牵引网阻损较小，能耗也较低。供电距离单线一般

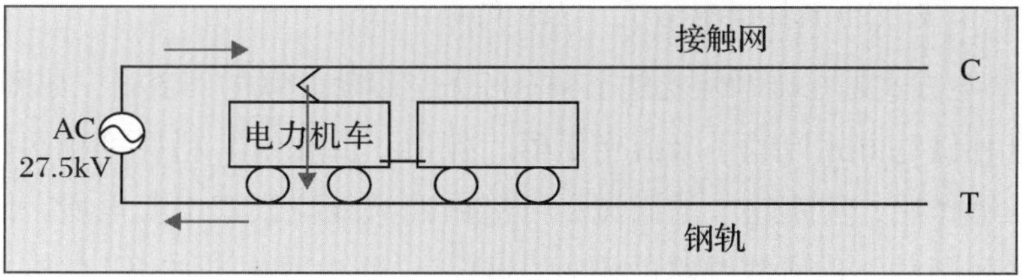

图 1 -2 -1 直接供电方式原理图

为30km左右，复线一般为25km左右。电气化铁路是单相负荷，机车由接触网取得的电流经钢轨流回牵引变电所。由于钢轨与大地是不绝缘的，一部分回流电流由钢轨流入大地，因此对通信线路产生较大电磁干扰。这是直接供电方式的缺点，它一般采用在铁路沿线通信线路已改用地下屏蔽电缆的区段。

2. 吸流变压器供电方式（BT供电方式）

BT供电方式是在牵引网中架设有吸流变压器——回流线装置的一种供电方式。与直接供电方式相比，是在系统中增加了吸流变压器设备，此种方式目前在我国电气化铁路上采用较广。吸流变压器是变比为1：1的变压器，它的一次绕组串接在接触网（T）上，二次绕组串接在专为牵引电流流回牵引变电所而特设的回流线（NF）上，所以也称吸流变压器——回流线供电方式，如图1－2－2所示。

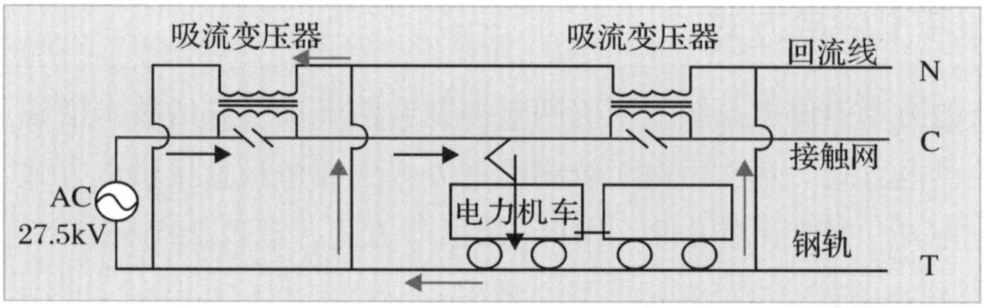

图1－2－2 BT供电方式原理图

吸流变压器供电方式的工作原理是，由于吸流变压器的变比为1：1，当吸流变压器的一次绕组流过牵引电流时，在其二次绕组中强制回流通过吸上线流入回流线。由于接触网与回流线中流过的电流大致相等，方向相反，因此对邻近的通信线路的电磁感应绝大部分被抵消，从而降低了对通信线路的干扰。这种供电方式由于在牵引网中串联了吸流变压器，牵引网的阻抗比直接供电方式大50%左右，能耗也较大，供电距离也比较短，单线一般为25km左右，复线一般为20km左右，投资也比直接供电方式大。

3. 带回流线的直接供电方式（DN供电方式）

DN供电方式是在接触网支柱上架有一条与钢轨并联的回流线，如图1－2－3所示。这种供电方式取消了吸流变压器，保留了回流线。利用接触网与回流线之间的互感作用，使钢轨中的回流尽可能由回流线流回牵引变电所，因而能部分抵消接触网对邻近通信线路的干扰，但其防干扰效果不如BT供电方式。这种供电方式可在对通信线路防干扰要求不高的区段采用。由于取消了吸流变压器，只保留了回流线，因此牵引网阻抗比直接供电方式低一些，供电性能好一些，造价也比 BT 供电方式低。目前，这种供电方式在我国电气化铁路上得到了广泛应用。

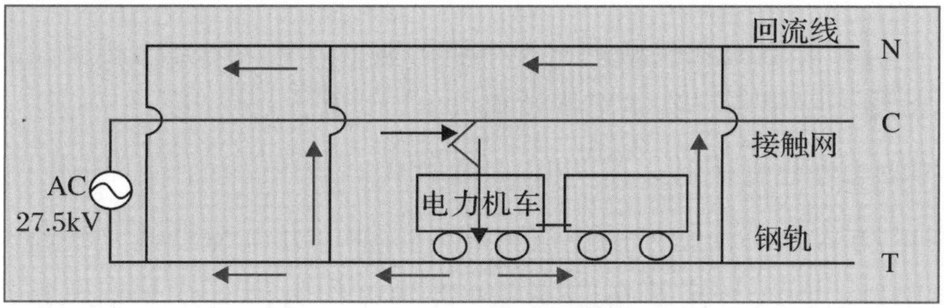

图 1-2-3　DN 供电方式原理图

4. 自耦变压器供电方式（AT 供电方式）

AT 供电方式是 20 世纪 70 年代才发展起来的一种供电方式。它既能有效地减轻牵引网对通信线的干扰，又能适应高速、大功率电力机车运行，故近年来，在我国得到了迅速发展。这种供电方式是每隔 10km 左右在接触网与正馈线之间并联接入 1 台自耦变压器，绕组的中点与钢轨相接。自耦变压器将牵引网的供电电压提高 1 倍，而供给电力机车的电压仍为 25kV，其工作原理如图 1-2-4所示。

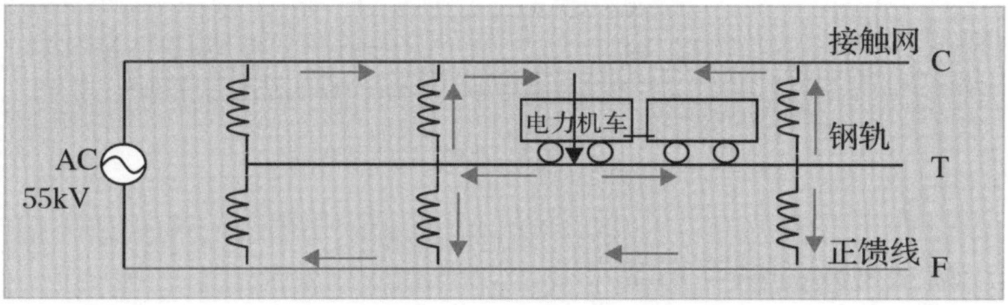

图 1-2-4　AT 供电方式原理图

电力机车由接触网（T）受电后，牵引电流一般由钢轨（R）流回，由于自耦变压器的作用，钢轨流回的电流经自耦变压器绕组和正馈线（F）流回变电所。当自耦变压器的一个绕组流过牵引电流时，其另一个绕组感应出电流供给电力机车，实际上当机车负荷电流为 I 时，由于自耦变压器的作用，流经接触网（T）和正馈线（F）的电流为 I/2。

自耦变压器供电方式牵引网阻抗很小，约为直接供电方式的 1/4，因此电压损失小，电能损耗低，供电能力大，供电距离长，可达 40 ~ 50km。由于牵引变电所间的距离加大，减少了牵引变电所数量，也减少了电力系统对电气化铁路供电的工程和投资。但由于牵引变电所和牵引网比较复杂，加大了电气化铁路自身的投资。这种供电方式一般在重载铁路、高速铁路等负荷大的电气化铁路上采用。

由于牵引负荷电流在接触网（T）和正馈线（F）中方向相反，因而对邻近的通信线路干扰很小，其防干扰效果与BT供电方式相当。

5. 同轴电力电缆供电方式（CC供电方式）

CC供电方式是一种新型的供电方式。同轴电力电缆沿铁路线路敷设，其内部芯线作为馈电线与接触网连接，外部导体作为回流线与钢轨相接。每隔5～10km作为一个分段，如图1-2-5所示。由于馈电线与回流线在同一电缆中，间隔很小，而且同轴布置，使互感系数增大，所以同轴电力电缆的阻抗比接触网和钢轨的阻抗小得多，牵引电流和回流几乎全部经由同轴电力电缆中流过。因此电缆芯线与外部导体电流相等，方向相反，两者形成的磁场相互抵消，对邻近的通信线路几乎无干扰。由于阻抗小，因而供电距离长。但由于同轴电力电缆造价高，投资大，现仅在一些特别困难的区段采用。

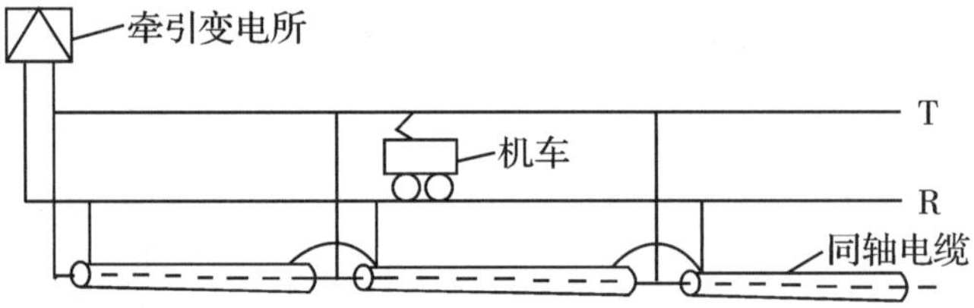

图1-2-5 CC供电方式原理图

（二）牵引电网的供电方式

1. 单边供电

我国单线电气化铁路全部采用单边供电，如图1-2-6所示。在复线区段当馈电线较短时也可以采用单边供电。单边供电与其他区段无联系，继电保护设置简单。

2. 上下行并联供电

在复线电气化区段的供电臂末端设有分区所，将上下行接触网通过断路器实行并联供电，如图1-2-7所示。这种供电方式的优点是，它能均衡上下行供电臂的电流，降低接触网损耗，提高电压水平，在有轻重车方向和线路有较大坡道情况下，效果更为显著。我国复线电气化铁路大多采用这种供电方式。

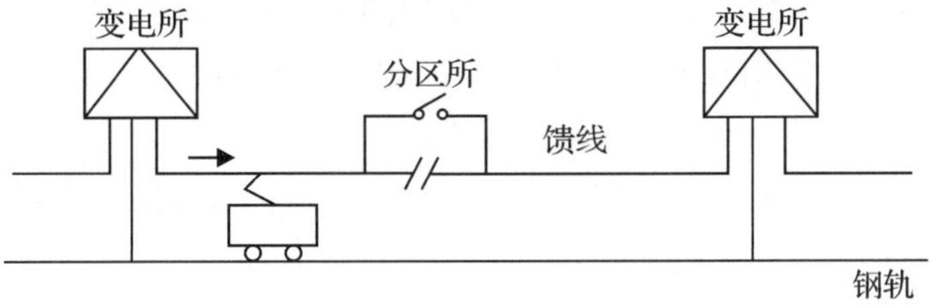

图 1－2－6 单边供电方式原理图

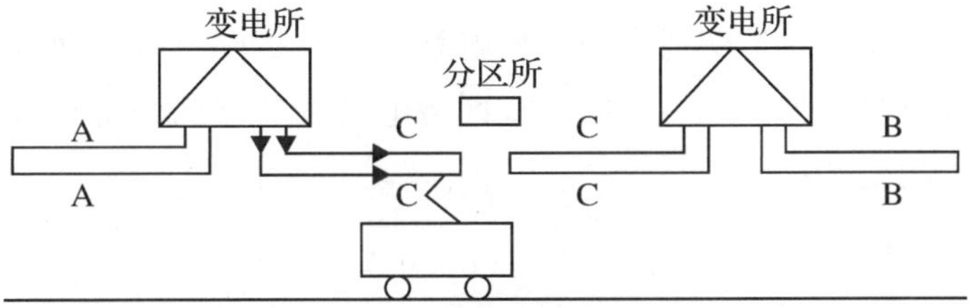

图 1－2－7 上下行并联供电方式原理图

3. 双边供电

双边供电时由相邻两个牵引变电所同时向其间的接触网供电，在供电臂的末端由分区所连接起来，如图 1－2－8 所示。其优点是由两个牵引变电所供电，均衡了负荷，降低了接触网损耗，提高了电压水平。但这种供电方式还存在一些问题，如牵引变电所低压侧双边供电，对电力系统来说，相当于在低压侧联网，若不是同一个电力系统供电的牵引变电所，低压侧绝对禁止联网。即使同一个电力系统供电，接触网双边供电后形成环网，当牵引变电所电源侧线路发生故障，由低压向高压有反馈，会造成继电保护设置困难。严重时，原边电压会升高，造成设备损坏。目前，在我国交流电气化铁路还未采用这种供电方式，双边供电方式多用在城市轨道交通的直流牵引供电系统中。

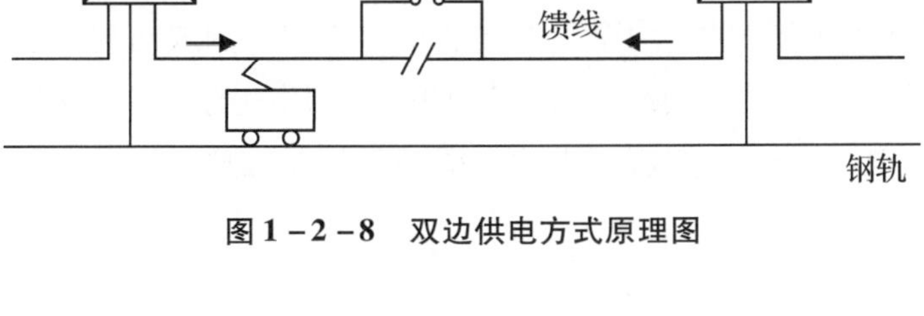

图 1－2－8 双边供电方式原理图

三、城市轨道交通供电系统发展

城市轨道交通供电系统是城市轨道交通的能源补给线，它的安全可靠运行应被放在第一位，它对城市轨道交通的影响是全面的。一旦供电系统出现问题，将会导致城市轨道交通的混乱和瘫痪。

城市轨道交通供电系统主要由以下三部分构成：电力网供电系统、牵引供电系统和动力照明供电系统。

1. 电力网供电系统

城市轨道交通电力能量来源于所在城市的国家电力系统，它直接取自城市或区域电力网。城市轨道交通电力网供电系统就是指国家电力网以某种方式向城市轨道交通供电。因此，城市电网或区域电力网的结构必将对城市轨道交通供电系统起着决定作用。

2. 牵引供电系统

它是城市轨道交通供电系统的核心，负责向轨道交通车辆提供电能，主要作用是降压、整流和传输电能。

3. 动力照明信号供电系统

负责向信号设备、照明、通风、排水、制冷设备馈送电能，主要作用是降压、分配和传输电能。

城市轨道交通供电属于一级供电负荷，一旦中断，将打乱运输计划和机车车辆运行图，影响城市轨道交通的环控系统、照明系统等的运行，直接引起城市轨道交通的混乱，引起整个城市交通系统的混乱，造成不良的社会影响。特别是城市轨道交通大都处于我国的重要城市，这些城市多为国家或某一区域的政治经济文化中心，其影响更是不可估量。因而，建设一个安全、灵活、经济、可靠的城市轨道交通供电系统，对城市轨道交通有着极其重要的意义。

（一）国外轨道交通供电系统的发展

电力牵引用于轨道交通系统已有100多年历史，随着经济和科学技术的不断发展，用于轨道交通的电力牵引方式有许多不同的制式出现。这里所说的制式是指供电系统向电动车辆或电力机车供电所采用的电流和电压制式，如直流制或交流制、电压等级、交流制中的频率（工频或低频）以及交流制中是单相或三相等。

对牵引列车的电动车辆或电力机车特性的基本要求：

1. 启动加速性能

要求启动加速力大而且平稳，即恒定的大启动力矩，便于列车快速平稳启动。

2. 动力设备容量利用

对列车的主要动力设备——牵引电动机的基本性能要求为：列车轻载时运行速度可以高一些，而列车重载时运行速度可以低一些。这样无论列车重载或轻载都可以达到牵引电动机容量的充分利用，因为列车的牵引力与运行速度的乘积为其功率容量，这时近于常数。

3. 调速性能

列车运输，特别是旅客运输，要求有不同的运行速度，即调速。在调速过程中既要达到变速，还要尽可能经济，不要有太大的能量损耗，同时还希望容易实现调速。

了解了以上对列车牵引的基本特性要求以后，不难看出，直流串激电动机的性能是很符合这个要求的，其机械特性（转矩与转速的关系特征）正符合重载时速度低，轻载时速度高的要求。

此外，从直流串激电动机的启动和调速方法看，也是比较容易实现的。为了限制直流串激电动机刚接通时启动电流太大和正常运行时为了降速而降低其端电压，最早采用在电动机回路中串联大功率电阻的方法来达到限流和降压的目的。这种方法实现是容易的，但在启动和调速过程中却带来了大量的能量损耗，很不经济。尽管如此，由于局限于一定时期的技术发展水平，采用直流串激电动机作为牵引动力就成为最早也是迄今为止被长期应用的形式，这就是供电系统直接以直流电向电动车辆或电力机车供电的电气牵引“直流制式”。

随着矿山和干线电力牵引的发展，列车需要的功率越来越大，如果采用直流供电制式，因受直流串激电动机（牵引电动机）端电压不能太高的限制，会导致供电电流很大，因而供电系统的电压损失和能量损耗必然增大。因此，出现了低频单相交流制。

低频单相交流制是交流供电方式，交流电可以通过变压器升降压，因此，可以升高供电系统的电压，到了列车以后再经车上的变压器将电压降低到适合牵引电动机应用的电压等级。由于早期整流技术的关系，这种制式采用的牵引电动机在原理上与直流串激电动机相似的单相交流整流子电动机。这种电动机存在着整流换向问题，其困难程度随电源频率的升高而增大，因此采用了“低频”单相交流制，它的供电频率和电压有25Hz、6.5～11kV和16～15kV等类型。由于用了低频电源使供电系统复杂化，需由专用低频电厂供电，或由变频电站将国家统一工频电源转变成低频电源再送出，因此，没有得到广泛应用，只在少量国家的工矿或干线上应用。

由于低频单相交流制存在以上缺点，长期以来，人们一直在寻求一种更理想的牵引供电方式，这就是工频单相交流制。这种制式既保留了交流制可以升高供电电压的长处，又仍旧采用直流串激电动机作为牵引电动机的优点，在电力机车上装设降压变压器和大功率整流设备，它们将高压电源降压，再整流程式和直流牵引电动机应用的低压直流电，电动机的调压调速可以通过改变降压变压器的抽头或可控制整流装置电压来达到。工频单相交流制是当前世界各国干线电气化铁路应用较普遍的牵引供电制式。我国干线电气化铁路即采用这种制式，其供电电压为25kV。

在牵引的发展过程中曾出现过三相交流制的形式，但由于供电网比较复杂，必须要有两根（两相）架空接触线和走行轨构成三相交流电路，两根架空接触线之间又要高压绝缘，造成的困难和投资更大，因此被淘汰。

关于直流制式的电压等级应用情况如下：干线电气化铁路的供电电压有3kV的，电压没有再提高是因为受到直流牵引电动机端电压的限制，其值一般为1.5kV左右，用3kV供电，一般就需要将2台电动机串联，再提高供电电压，其连接就更复杂，还涉及当时整流装置绝缘水平的问题。这种制式在苏联和东欧一些国家应用最普遍。

由于大功率半导体整流元件（晶闸管）的出现，在直流制电动车辆上，采用以晶闸管为主体的快速电子开关（整流器），可对直流串激牵引电动机进行调压调速，消除了用串联电阻启动和降压调速的不经济方法。这种方法给直流制增添了新的生命力。

此外由于快速晶闸管的出现，近年来发展为由快速晶闸管等组成逆变器，不但将直流电逆变成交流电，而且频率可以调节，这样就解决了多年来想采用结构简单、结实的鼠笼式异步电动机作为牵引电动机的愿望。用变频率改变一部电动机速度的方法（简称变频调速），使异步牵引电动机性能满足牵引列车特点的要求，这种方法在国外无论在城市轨道交通还是在工矿和干线电牵引车辆上都应用较多。上海市地铁二号线的电动车辆也采用这种形式。不过，尽管电动车辆上采用的是交流异步牵引电动机，其架线供电电压还是直流的，所以还属于直流制式的范畴，这就给直流制的应用打开一个更宽广的天地，使它更有生命力。

从 1863 年伦敦简称世界上第一条地下铁道建成以来，在 150 多年的时间内，各国已有近百座城市修建了城市轨道交通。城市轨道交通几乎毫无例外地都采用直流供电制式，这是因为城市轨道交通运输的列车功率并不是很大，其供电半径（范围）也不大，因此，供电电压不需要太高；而且直流制的电压损失比交流制的损失小（同等电压等级下），因为没有电抗压降。另外，由于城市内的轨道交通和供电线路都处在城市建筑群之间，供电电压不宜太高，以确保安全。基于以上原因，世界各国城市轨道交通的供电电压都在直流 550～1500V 之间，但其档级很多，这是由各种不同交通形式，不同发展历史时期造成的。现在国际电工委员会拟定的电压标准为 600V、750V 和 1500V 三种，后两种为推荐值。我国国标也规定为 750V 和 1500V，不推荐现有的 600V。DC1500V 接触网和 DC750V 第三轨馈电都是可行的。从世界范围来看，采用第三轨馈电的占多数。

目前，为了降低工程造价，各国城市轨道交通有向地面线和高架线发展的趋向。随着人们环保意识的增强，越来越重视轨道交通的城市景观效果，因此，新建的轨道交通系统采用第三轨馈电的日益增多。近年来，有人说第三轨馈电是陈旧落后的技术，接触网是先进技术。这是一种片面的说法。衡量一条地铁是否先进，应该看它的自动化水平高低、计算机技术和信息技术应用程度以及是否符合环保要求和景观效果，而不是看它采用了哪种供电方式。

（二）国内轨道交通供电系统的发展现状

我国自 1969 年建成北京第一条地下铁道之后，相继已有上海、广州等城市的轨道交通投入商业运营。其中，北京和天津地铁采用 DC750V 第三轨馈电。上海、广州、南京、深圳和大连采用 DC1500V 接触网馈电。正在筹建或将要运营轨道交通的城市地铁采用 DC1500V 接触网馈电。苏州、杭州、武汉和青岛采用 DC750V 第三轨馈电。

下面我们从不同的角度对以上两种供电制式进行分析比较。

1. 设备施工安装比较

架空接触网悬挂在钢轨轨面上方，由承力索、滑触线、馈电线、架空地线、绝缘子、支柱、支持与悬挂零部件、隔离开关、电缆及拉锚装置等组成，结构比较复杂，零部件较多。架空接触网施工安装时，因作业面较高，作业不方便，安装调整比较困难，需要使用专用的架线车和大型机具，施工费用较高。

第三轨安装在车辆走行轨外侧，由导电接触轨、绝缘子、绝缘支架、防护罩、隔离开关盒电缆组成，结构比较简单，零部件较少。第三轨安装高度较低，钢铝复合接触轨每延米重量为 14. 25kg，施工安装方便，施工机具简单，施工安装费用较低。

2. 设备投资比较

现以青岛地铁为例，对两种供电制式的设备投资进行比较。青岛地铁第一期工程长约 16. 455km，全部为地下线，设 13 座车站。采用以主变电所为主的混合式供电方案。除去两种供电制式相同部分设备的投资（2 座主变电所、车辆段的 1 座牵引降压混合变电所和 2 座降压变电所、10kV 电缆网络），对两种供电制式下可比部分的设备投资比较如下。

（1）DC1500V 架空接触网方案。

青岛地铁第一期工程，采用 DC1500V 架空接触网方案，正线上设牵引降压混合变电所 6 座，设降压变电所 7 座。按牵引降压混合变电所每座造价 1000 万元，降压变电所每座造价 400 万元，架空接触网（柔性隧道内）每公里造价按 165 万元计算，系统中可比部分的造价为 14262 万元。

（2）DC750V 低碳钢接触轨方案。

采用 DC750V 低碳钢接触轨方案，正线上设 9 座牵引降压混合变电所，设 4 座降压变电所。该方案变电所的单价与 DC1500V 架空接触网方案相同，接触轨每公里造价按 103 万元计算，系统中可比部分的造价为 14009 万元。

（3）DC750V 钢铝复合接触轨方案。

钢铝复合接触轨是由不锈钢带，通过机械方法，与铝合金型材相结合制成的接触轨。其特点一是重量轻，每延米重 14. 75kg；二是电阻率低，牵引网损耗小；三是供电距离较长。

青岛地铁第一期工程，采用 DC750V 钢铝复合接触轨方案，正线上设 7 座牵引降压混合变电所（接触网方案为 6 座），设 6 座降压变电所。钢铝接触轨每公里造价按 125 万元计算，系统中可比部分的造价为 13538 万元。

由此可见，以设备投资而论，架空接触网方案和低碳钢接触轨方案基本持平，钢铝复合接触轨方案造价最低。

3. 供电可靠性比较

地铁每天运营18h，必须保证不间断地供电。一旦供电中断，就会造成地铁停运，打乱城市交通秩序。因此，安全可靠的供电是选择供电制式的重要条件。

（1）架空接触网系统。

柔性架空接触网结构复杂，固定支持零部件较多，所以薄弱环节也多。一旦某个零部件发生问题，会引起滑触线脱落，甚至发生刮弓等恶性事故。

另外，架空接触网靠导线张力维持其工作状态，经过多年磨损及电弧烧伤，导线的截面会逐渐减小，其强度也随之降低。加上导线材料的缺陷，在拉锚装置及故障电流作用下，极易发生滑触线断线事故，造成地铁停运。

上述架空线事故，国内几家地铁已发生多起。2001年上海地铁1号线，因架空线断线，造成部分路段停运2h。香港地铁于20世纪80年代初建成，采用DC1500V架空线供电。建成后多次发生架空线断裂，造成地铁长时间停运，引起地面交通瘫痪。这些都说明，架空接触网供电的可靠性较差。一旦发生断线事故，因高空作业也不便于抢修。

（2）接触轨系统。

接触轨系统的零部件少，结构比较简单，坚固耐用，不存在断轨和刮碰受流器等事故隐患，北京和天津地铁的第三轨系统使用近30年，从未发生过因接触轨故障造成列车停运事故。由此可见，接触轨供电系统的可靠性较高，一旦发生事故，抢修也方便快捷。

4. 使用寿命比较

接触网的使用寿命，关系到接触网更新改造的再投资。根据我国电气化铁路的规定，接触网导线断面允许磨耗量为33%，磨耗到限必须及时更换。按此标准，国产架空接触到限的设计使用寿命为15年，进口接触线的使用寿命可达20年。就是说采用架空接触网供电，系统每隔15～20年就需要更换一次滑触导线。

接触轨的特点是坚固耐磨，使用寿命长。我国地铁考查人员在伦敦地铁看到了使用100年的第三轨。前几年，北京地铁曾对低碳钢接触轨磨耗状况进行过检测，经过20多年的运营，其磨耗量不到5%。按此推算，接触轨使用100年其磨耗量也不到25%。

因此，从使用寿命和节约投资考虑，接触轨方案具有较大优势。

5. 维修费用比较

（1）架空接触网系统。

架空接触网在运营中维修调整工作量较大，需要组建接触网维修工区。按照国家电气化铁路规定，一个接触网工区定员需 25 人，配备专用的接触网检查车，承担 10km 左右线路接触网的维修任务。按此计算，一条 20km 长的地铁，需要设 2 个接触网工区，定员约 50 人。

接触网工区的车辆、机具设备以及人员工资福利等，使运营管理单位每年要付出一笔很大的维修费用及管理费用。

另外，在日常运营中，若接触网发生断线事故，接触网维修车无法开进隧道内，全靠人工抢修。由于作业面高，抢修很困难。香港地铁最长的抢修时间达 12h。

（2）接触轨系统。

采用第三轨供电，其结构简单坚固耐用，几乎不用维修。北京地铁没有专职的三轨维修人员。由线路维修人员兼顾三轨维修。

平常三轨维修的内容有，擦拭绝缘瓷瓶、检查馈电线接头焊点、调整三轨安装位置、检查防爬设备、调整三轨弯头。这些简单的维修工作，不需要大型机具设备，所花维修费用较少。

6. 土建费用比较

快速轨道交通的土建费用，与工程地质条件和施工方法有关。地下车站明挖施工，与供电制式无关，盾构法施工的区间隧道断面，两种供电制式相同，不需要进行比较。

用明挖法施工的区间隧道，两种供电制式的净空高度不同，具有可比性。

我国地下铁道限界标准规定，DC1500V 架空线系统的隧道净空高度为 4.5m；DC750V 三轨系统的隧道净空高度为 4.2m，两者相差 0.3m。

按此计算，DC750V 三轨系统，每延米区间隧道（双线），可节约钢筋混凝土 0.42m^3，每公里隧道可节约投资 46 万元。

用矿山法施工的直墙拱形隧道，DC1500V 系统与 DC750V 系统，净空高度相差 0.25m。每公里隧道减少开挖量 2350m^3，可节约投资约 70 万元。

7. 城市景观效果比较

随着人们环保意识的增强，越来越重视城市环境和景观。上海地铁 3 号线建成以后，人们开始反思架空接触网对城市景观的负面影响，实际上这个问题

10 年以前，在国外已经引起重视。

1990 年建成的新加坡地铁 67km 线路，1998 年马来西亚吉隆坡建成的 2 条高架轻轨，以及 1999 年建成的泰国曼谷轻轨，从城市景观效果考虑，均采用第三轨馈电。

北京地铁 13 号线，以地面线和高架线为主，采用第三轨馈电，其景观效果受到了市民的称赞。广州地铁总结了过去的经验，已确定在地铁 4 号线上采用 DC1500V 电压的第三轨馈电方式。

由此看来，从城市景观效果考虑，第三轨系统有较大的优势。

8. 人身安全比较

系统采用 DC1500V 架空接触网，其滑触线悬挂在线路上方 4m 处，不会对轨道维修人员及发生事故时人员快速疏散带来的影响，安全性较好。目前，正在研究中的城际间快速轨道交通系统，采用地面线和高架线形式，城市景观退居次要地位。出于人身安全考虑，倾向于采用架空接触网馈电。

DC750V 三轨系统，接触轨安装在走行轨旁边，高度较低，在接触轨带电情况下，人员进入隧道，或发生事故时人员快速疏散有一定的危险性。因此，从人身安全考虑，架空接触网系统具有优势。

实践说明，由于在三轨上安装有绝缘防护罩，北京地铁运营 30 多年来也未发生工作人员和乘客被电击伤的事故。

9. 牵引网能量损耗比较

牵引网系统的能量损耗，与牵引网的电压制和馈电方式有关。在列车功率相同的条件下，牵引网电压和列车电流成反比。即牵引网电压提高 1 倍，其列车电流会减少 1 倍。因此，DC1500V 系统比 DC750V 系统的列车电流减小。

列车电流是沿着牵引网的分布负荷，变电所的间距增大，牵引网的馈线电流成正比增大。DC1500V 系统的变电所间距比 DC750V 系统大，两者牵引网上的实际馈线电流不是 1∶2 的关系，而应该是 1∶1.5 的关系。

另外，架空接触网上的线路电阻为 23～27mΩ/km，而钢铝复合三轨的线路电阻为 8mΩ/km，仅为架空接触网电阻的 1/3。根据电能消耗公式：$W = I^2Rt$ 计算，钢铝复合轨牵引网的电能消耗要比架空接触网的能耗小。

10. 杂散电流腐蚀防护比较

杂散电流腐蚀防护是综合而复杂的工程，它涉及供电制式、轨道扣件、工程结构、接地系统、金属构件等许多方面，同时又贯穿于设计、施工、运营、监测、后期处理等各个环节。某一个环节处理不当，均会产生杂散电流腐蚀。

供电制式是影响杂散电流腐蚀许多环节中的一个，要定量地分析它对杂散电流的影响比较困难。定性地说，由于 DC1500V 系统与 DC750V 系统，均按最大电压损失来计算确定牵引网，DC1500V 系统的钢轨电位，比 DC750V 的钢轨电位要高。因此，DC1500V 系统的杂散电流值较大。

综上所述，通过对两种供电制式的比较，可以看出，从工程一次投资比较，DC1500V 架空接触网方案最高，DC750V 低碳钢三轨方案次之，DC750V 钢铝复合轨方案最低。DC1500V 架空接触网方案，在人身安全方面具有优势。DC750V 三轨方案具有 6 大优势：即施工安装和故障抢修方便，区间隧道土建费用低，供电可靠性高，使用寿命长，维修工作量小、维修费用和管理费用低，城市景观效果好。

一般来说，预测客流量较大，选用 A 型车 8 辆编组，车组重量达 440t。按照这样大的负荷确定系统采用 DC1500V 架空线供电比较合适。对于一些中等城市，客流量不是很大，选用 B 型车 6 辆编组，车组重量不超过 300t。在这种线路上，选用第三轨供电比较合适。

架空接触网适合用在地下线，如用在高架桥上和地面线上，将影响城市景观。特别是旅游城市更要考虑到城市景观效果，应该采用第三轨供电。

第二章　牵引变电所主要电气设备

一、电气设备概述

（一）电气设备分类

牵引变电所是城市轨道交通牵引供电系统的核心，它担负对电动列车直流电能的供应。变配电系统的电气设备可分为一次设备和二次设备两大类：一次设备是变配电系统的主体；二次设备是变配电系统安全可靠运行的重要保障。两者缺一不可，共同协调工作才能保证变配电系统安全可靠的运行。

1．一次设备

在变配电所中，直接用来接受电能、改变电能电压和分配电能以及相关的所有设备，均称为一次设备，或称为主设备。由一次设备构成的电路相应称为一次电路或主电路。

图2－1－1　一次设备实物图

根据各设备的功能大致可分为以下类型：

（1）开关电器。

开关电器是指用于正常控制主电路通断的设备。主要有断路器、隔离开关和负荷开关等。

（2）变换电器。

变换电器是指用于变配电系统中改变电压或电流的设备，主要有电力变压器、电流互感器和电压互感器等。

（3）保护电器。

保护电器是指用于变配电系统中进行过电流保护、过电压保护或其他方式保护的设备。如熔断器、限流电抗器、抗雷线圈、阻波器和避雷器等都属于保护电器。

（4）补偿电器。

补偿电器是指用于变配电系统中补偿无功功率、提高功率因数的设备，主要有电力电容器和同步补偿机等。

（5）成套装置和组合电器。

根据一次电路的要求，将各种一次设备（如熔断器、隔离开关和互感器等）组合为一个整体的电气装置称为成套装置。主要有各种成套的配电装置，如高压开关柜、低压成套电器装置（含有简单的保护装置）以及气体绝缘金属封闭组合电器 GIS 等。

随着变电所综合自动化技术的发展，按照单元（如一条电源进线或一条馈出回路）将一次设备（如断路器、隔离开关和互感器等）和二次设备（如保护、测量等）组合为一个整体电气装置称为新型的成套装置，在现代化变配电系统中得到越来越广泛的使用。

2. 二次设备

对一次设备进行控制、保护、监测和指示的设备，称为二次设备。如各种继电器、控制开关和成套继电保护装置等，二次设备是变配电系统的重要组成部分。

（二）对一次电气设备的基本要求

一次电气设备是变配电系统的主体，设备故障可能导致停电甚至发生重大安全事故，在对电气设备进行设计和选择时，应考虑安全、可靠和经济等多方面的因素，并应满足以下基本要求：

（1）能长期承受工频最高工作电压、短期承受内部过电压和外部过电压的作用而不被击穿。

（2）能长期承受额定电流、短期过载电流的作用，温升在允许范围之内。

（3）能承受短路电动力效应和热效应的作用而不被损坏。

（4）开关电器的断流能力应符合有关的规定。

（5）供测量和保护用变换电器应符合规定的精度要求。

（6）在规定的使用环境中能承受一定外界条件的影响并安全可靠的运行。

二、牵引变压器

电力变压器是变电所中最重要的一次设备，其主要功能是变换电压和传输电能，将一次侧的电能通过电磁能量转换的方式传输到二次侧，同时根据应用的需要将电压升高或降低，完成电能的输送和分配。变压器在传输电能的过程中会有损耗，但目前变压器在设计、结构和工艺方面都有较成熟的技术，所以工作效率有较大提高，中小型变压器的效率一般不低于95%，大型变压器的效率更可达98%以上。

大容量变压器一般选用油浸式变压器，具有造价低、制造技术成熟的优点。油浸式变压器的冷却方式主要有油浸自冷、油浸风冷、油浸水冷、强迫油循环水冷和强迫油循环风冷。多数变电所的主变压器采用油浸自冷方式，而有的大型变压器则采用强迫油循环水冷或风冷的冷却方式。

中小型变压器可根据使用条件的需要选用干式变压器，它主要采用环氧树脂浇注绝缘或充气绝缘（气体变压器将绕组置于空气或六氟化硫气体当中），其主要特点是安全、无火灾或爆炸危险，主要用于人口密集区或地下，例如：高层建筑或地下铁道常采用干式变压器。由于干式变压器的优点突出，目前城市轨道交通供电系统广泛使用干式变压器。

（一）干式变压器的结构

具有无油、免维修、难燃防火、环保等优点的干式变压器一般由线圈绕组、铁芯、器身及其他辅件组成。下面以环氧树脂浇注干式变压器为例介绍干式变压器的结构特点，如图2－2－1所示。

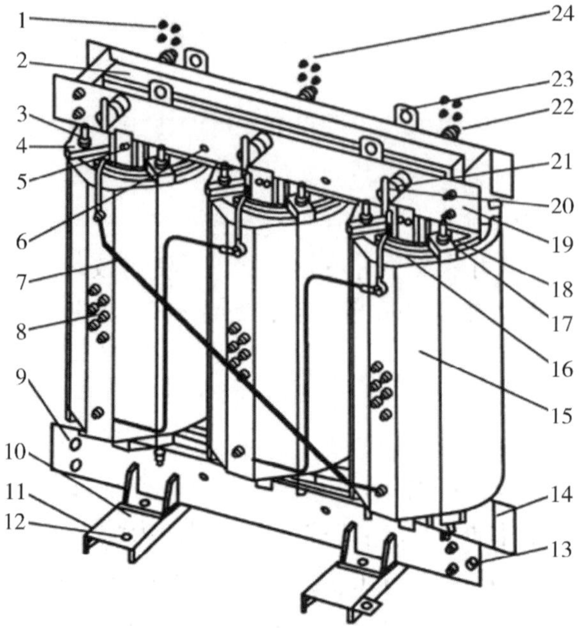

1—线导电排；2—铁芯；3—弹簧压钉；4—压板；5—拉板；6—穿轭夹紧螺杆；7—高压△接引线；8—分接连接片；9—旁轭夹紧螺杆；10—底座；11—牵引板；12—安装孔；13—接地螺母；14—下夹件；15—高压线圈；16—低压线圈；17—主气道；18—低压冷却气道；19—下夹件；20—高压导电棒；21—高压绝缘子；22—低压绝缘子；23—吊环；24—低压导电棒。

图 2－2－1　环氧树脂浇注干式变压器结构图

1. 线圈绕组部分

干式变压器的绕组结构基本上与油浸式变压器相同，多采用圆筒式，较大容量的干式变压器绕组可采用饼式。干式变压器在绕组外加上非油绝缘介质，以增加线圈的绝缘性能，环氧树脂浇注干式变压器就是用环氧树脂为绝缘材料，以浇注的方式与绕组一起固化，从而减少变压器线圈的体积。一般情况下，干式变压器的高压绕组（线圈）在圆筒的外侧，低压绕组（线圈）在内侧，高压绕组和低压绕组之间是冷却气道，高压绕组和低压绕组共同缠绕在铁芯上。

干式变压器的绕组有以下几种：缠绕式；环氧树脂加石英砂填充浇注；玻璃纤维增强环氧树脂浇注（薄绝缘结构）；多股玻璃丝浸渍环氧树脂缠绕式。

干式变压器的高压绕组一般采用多层圆筒式结构，低压绕组一般采用层式或箔式结构。

2. 铁芯及器身部分

干式变压器的铁芯除了作为主磁通的通道外，还作为变压器线圈、器身及其他组件的主要支撑件，所以铁芯一方面通过多片硅钢片叠片，减少涡流损耗；另一方面利用紧固件、支撑件增加铁芯的强度和刚度，同时也减少铁芯噪声的产生。

干式变压器的铁芯采用优质冷轧晶粒取向硅钢片，铁芯硅钢片采用45°全斜接缝，使磁通沿着硅钢片接缝方向通过。

一台干式变压器最基本的结构除了线圈绕组和铁芯以外，还要有器身部分，它主要包括出线端子、变压器底座以及接地结构等，以方便用户安装和固定，保证用户的使用安全。

3. 辅件（风机、外壳、温控器、温显仪、有载开关等结构辅件）

根据不同的用户、使用环境和工作要求，干式变压器可以增加不同的组件。如：根据不同的用户高、低压接口要求，增加不同形式的出线端子结构（如侧出线、封闭母线等）；根据不同的环境和运行工况，为提高负载能力和降低变压器温升，增加冷却设备，目前一般多采用风机冷却，风机冷却一般安装在底座上，在铁芯和绕组的下方，风机产生的冷却气体通过气道冷却绕组及铁芯，并把热气体向上排出；根据使用环境的差异或用户的要求，增加保护外壳，以提高变压器的防护等级，增强变压器对外部环境的适应能力。为实现变压器的智能监控，满足在任何时刻对变压器实施温度控制，变压器一般都加装温度控制设备。对供电质量要求较高的用户，因为电网电压波动较大，在变压器负载的状态下需要切换变压器分接位置改变变压器电压比以实现低压输出电压稳定，这样加装有载调压开关就可以满足要求。一般有载调压开关有两种形式：真空开关和空气开关，一般都选择真空开关。

（二）变压器的主要技术参数

变压器在规定的使用环境和运行条件下，主要技术数据一般都标注在变压器的铭牌上。主要包括：额定容量、额定电压及其分接、额定频率、绕组连接组以及额定性能数据（阻抗电压、空载电流、空载损耗和负载损耗）和总重。

（1）额定容量（kVA）：在额定电压、额定电流下连续运行时，能输送的容量。

（2）额定电压（kV）：变压器长时间运行时所能承受的工作电压。为适应电网电压变化的需要，变压器高压侧都有分接抽头，通过调整高压绕组匝数来调节低压侧输出电压。

（3）额定电流（A）：变压器在额定容量下，允许长期通过的电流。

（4）空载损耗（kW）：当以额定频率的额定电压时加载一个绕组的端子上，其余绕组开路时所吸取的有功功率。与铁芯硅钢片性能及制造工艺和施加的电压有关。

（5）空载电流（%）：当变压器在额定电压下二次侧空载时，一次绕组中通过的电流，一般以额定电流的百分数表示。

（6）负载损耗（kW）：把变压器的二次绕组短路，在一次绕组额定分接位置上通入额定电流，此时变压器所消耗的功率。

（7）阻抗电压（%）：把变压器的二次绕组短路，在一次绕组慢慢升高电压，当二次绕组的短路电流等于额定值时，此时一次侧所施加的电压，一般以额定电压的百分数表示。

（8）相数和频率：三相开头以 S 表示，单相开头以 D 表示。我国标准频率 f 为 50Hz，国外有 60Hz 的。

（9）温升与冷却：干式变压器的冷却方式分为自然空气冷却和强迫空气冷却。

（10）绝缘水平：有绝缘等级标准。绝缘水平的表示方法举例如下：高压额定电压为 35kV 级、低压额定电压为 10kV 级的变压器绝缘水平表示为 LI200 AC 85/LI75 AC 35，表示该变压器高压雷电冲击耐受电压为 200kV，工频耐受电压为 85kV，低压雷电冲击耐受电压为 75kV，工频耐受电压为 35kV。

（11）连接组标号：根据变压器一、二次侧绕组的相位关系，把变压器绕组连接成各种不同的组合，成为绕组的连接组。为了区别不同的连接组，常采用时钟表示法，即把高压侧线电压的相量作为时钟的长针，固定在 12 上，低压侧线电压的相量作为时钟的短针，看短针指在哪一个数字上，就作为该连接组的标号。如 D，yn11 表示一次绕组是三角形连接，二次绕组是带有中心点的星形连接，组号为 11 点。

（三）干式变压器的选用

干式变压器选用时，首先根据负荷计算来确定变压器容量和台数，然后根据工程具体情况、环境、系统特点、运行要求等确定变压器的性能参数。

（1）二次额定电压的确定：一般根据电力网系统和用户的要求确定。

（2）连接组标号的确定：配电变压器常有 Dyn11、Yyn0 等连接组标号，推荐选用 Dyn11。

（3）其他：如短路阻抗等，这些性能参数都可以从制造厂的样本、手册中查到，再根据工程情况予以确定。

（4）调压方式：主要考虑采用何种调压方式、调压范围如何等问题。通常采用无励磁调压，即一、二次侧均切断电源时，在高压侧人工进行调压，分接范围常用 ±2×2.5%。若要求电源电压稳定，可选用有载自动调压，即通过有载调压开关、自动调整高压分接头，以保持输出电压的稳定，分接范围常用 ±4×2.5%。

（5）其他配置的选择：是否配外壳；是否带风机（强迫风冷）；是否配温度控制箱；是否带温度显示器等。上述这些附件的功能，各制造厂样本上均有说明，可酌情选择配置。

（四）干式变压器的相关技术

对于干式变压器的使用选型，提请注意下列一些技术。

1. 强迫风冷

干式变压器的冷却方式分为自然空气冷却（AN）和强迫空气冷却（AF）。自然空冷时，变压器可在额定容量下长期连续运行。强迫风冷时，变压器输出容量可提高 50%，适用于断续过载运行或应急事故过载运行；由于过载时，负载损耗和阻抗电压增幅较大，处于非经济运行状态，故不应使其处于长时间连续过载运行。

变压器的额定容量是在自然空气冷却下长期运行的容量，在应急情况下，启动强迫风冷系统可使变压器在 1.5 倍额定容量下运行。

2. 防护等级

选用外壳，可防小动物（鼠、蛇、猫、雀等）和直径大于 12mm 的固体异物进入，并能防止短路停电等恶性事故的发生。防护等级主要是防止人体接近壳内带电部分或转动部分，防止固体异物进入和防止由于进水、油等而引起有害影响，它符合相关标准的规定。

变压器保护外壳的防护等级为 IP20 和 IP23 两种。对于防护等级为 IP00 的无外壳变压器，应该在变压器的周围安装隔离栅，以防止误碰变压器。IP20 外壳可防止直径大于 12mm 的固体异物进入，为带电部分提供安全屏障。IP23 外壳除具备 IP20 外壳功能外，还具有防止与垂线成 60°以内的水滴流入，可适用于户外运行，但是 IP23 外壳会使变压器冷却能力下降，将下降 5%～10%。城市轨道交通供电系统使用的防护等级一般为 IP20。

防护等级的代号及含义见表 2－2－1。

表 2－2－1　防护等级的代号及含义

代号	含义	第一位数字	含义	第二位数字	含义
IP	国际防护形式	2	防大于 12mm 固体	3	防淋水
		4	防大于 1mm 固体	4	防溅水
		5	防尘	5	防喷水
				6	防海浪

3. 温度显示控制系统

干式变压器的安全运行和使用寿命，在很大程度上取决于变压器绕组绝缘的安全可靠。绕组温度超过绝缘耐受温度使绝缘破坏，是导致变压器不能正常工作的主要原因之一，因此对变压器的运行温度的监测及其报警控制是十分重要的。干式变压器的温度显示控制系统实现对运行温度的监测及报警跳闸控制，以使干式变压器安全运行，延长使用寿命。此系统的主要功能如下：

风机自动控制：负荷增大，变压器运行温度上升，当绕组温度达某一数值（一般整定为 110℃）时，系统自动启动风机冷却；当绕组温度降低至某一数值（一般整定在 90℃）时，系统自动停止风机。

超温报警、跳闸：运行中，若干式变压器温度继续升高，当达到 F 级绝缘所能耐受的极限 155℃时，系统输出超温报警信号；若温度再上升达某值（通常整定在 170℃），变压器已不能继续运行，系统输出超温跳闸信号，迅即切断干式变压器电源。

温度显示：可随时显示各相绕组温度，常用数字显示，还可用 4～20mA 输出，也可配计算机接口，远传显示及报警。

4. 高压进线

最普通的方式为电缆下部进线，制造厂加电缆支架；配线走电缆桥架时，可由上部进线。低压出线方式及其接口配合。

电缆：容量小（一般 200kV·A 以下），电流小，导线截面小，均采用电缆出线。常规定设铜排出线端子，上接引出线为多。

5. 横排侧出线

干式变压器没有油，也就没有火灾、爆炸和污染等问题，因此，干式变压器可与低压屏置于同一配电室内，并可与低压屏并列布置在一起。变压器可采用横排侧向出线与低压屏母排直接连接。

6. 立排侧出线

若母线排为竖向布置的低压屏时，变压器可提供立排侧向出线，变压器的出线在柜内直接与低压屏母排连接。进出线经过这些处理后，外表就见不到裸母线，使整个配电室整齐美观，并使用电更安全可靠。

三、整流机组

整流机组是由变压器和整流器组成。整流机组是地铁牵引变电所最重要的设备，其作用是将环网电缆35kV AC（或33kV AC、10kV AC）电压降为交流1180V，再整流输出直流1500V DC，经网上电动隔离开关给接触网供电，实现直流牵引。整流机组的接线方式对电网的质量有很大影响。

（一）地铁整流技术的特点

1. 整流电路

目前，在建和已建地铁的每座牵引变电所都设2套整流设备（也称为整流机组）。由于地铁的直流牵引电压比较高（北京、武汉采用750V电压，其他城市都采用1500V电压），所以整流设备几乎都是采用桥式整流电路。为了减少地铁谐波电流对城市电网的污染，除北京部分地铁线路采用三相桥式6脉波整流电路外，新建的地铁线路都采用三相桥式并联的12脉波整流电路（简称双桥并联整流电路）。采用两台阀侧电压相位差30°的双绕组整流变压器与2台三相桥式整流器构成的等效12脉波整流电路用1台三绕组或四绕组整流变压器，阀侧电压相位差同样为30°，与1台双三相桥式整流器构成1套12脉波整流机组。2套12脉波整流机组并联工作并不会改变整流脉波数，只有当2套机组的整流变压器网侧绕组分别移相+7.5°，-7.5°并联工作时，才形成等效24脉波整流。

2. 整流电路的特点

（1）对于各种整流电路，其二次绕组容量、一次绕组容量、网侧额定容量三者之间不尽相等，这是由于一次和二次绕组往往导电时间不等、电流波形不同、绕组利用率不一致所至。

（2）各种整流电路的变流变压器磁势不一定平衡。

（二）整流机组的构成

整流机组由变压器和整流器构成。变压器接受中压开关设备提供的中压电压，经过降压，为整流器提供适合的低压交流电源；整流器则将交流电源整流为电动车组所需要的直流电源。

1. 变压器

电力变压器根据容量、电压等级、线圈匝数的不同，外形和附件不完全相同，但主要部件基本上相同。变压器的外形和结构如图 2－3－1 所示。

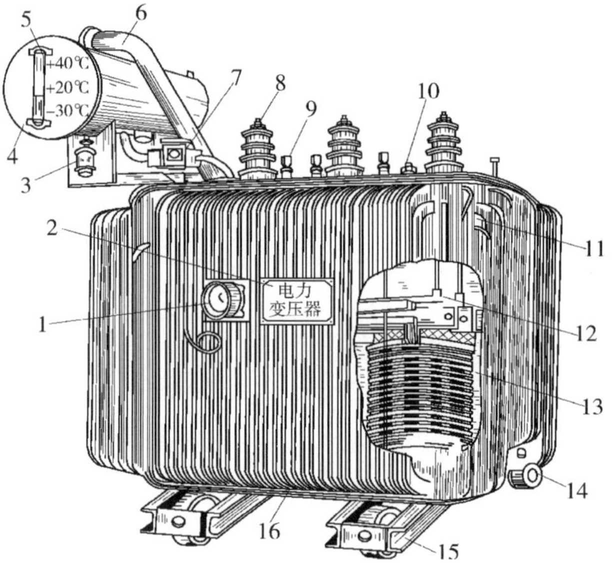

1—信号温度计；2—铭牌；3—呼吸器；4—油枕；5—油标；6—安全气道；7—气体继电器；8—高压套管；9—低压套管；10—分接开关；11—油箱；12—铁心；13—绕组；14—放油阀；15—小车；16—接地端子。

图 2－3－1　油浸式三相变压器的结构

（1）铁芯。

铁芯是用导磁性能良好的硅钢片叠装组成，它形成一个磁通闭合回路，变压器的一、二次绕组都绕在铁芯上。

（2）线圈。

线圈又称为绕组，是变压器的导电回路。线圈用铜线或铝线绕成多层圆筒形。线圈绕在铁芯柱上，导线外边包有绝缘材料，形成导线之间及导线对地的绝缘。

（3）油箱。

油箱由箱体、箱盖、散热装置、放油阀组成，其主要作用是把变压器连成一个整体及进行散热。内部是绕组、铁芯和变压器油。变压器油既有循环冷却和散热作用，又有绝缘作用。绕组与箱体（箱壁、箱底）有一定的距离，通过油箱内的油绝缘。油箱一般采用散热管油箱。散热管的管内两端与箱体内相通，油受热后，经散热管上端口流入管体，冷却后经下端口又流回箱内，形成循环，用于1600kVA及以下的变压器，还有带有散热器的油箱，用于2000kVA以上的变压器。

（4）油枕。

油枕也成为油柜。变压器油因温度变化会发生热胀冷缩现象，油面也将随温度的变压而上升或下降。油枕的作用是储油与补油，使变压器油箱内保证充满油，同时油枕缩小了变压器与空气的接触面，减少了油的老化速度。油枕侧面装有油位计，可以监视油的变化。

（5）呼吸器。

由一根铁管和玻璃容器组成，内装干燥机（如硅胶）。当油枕内的空气随变压器油的体积膨胀或缩小时，排出或吸入的空气都经过吸湿器，吸湿器内的干燥机吸收空气中的水分，对空气起过滤作用，从而保持油的清洁。

（6）防爆装置。

防爆装置有防爆管和压力释放装置两种。防爆装置是安装在变压器顶盖上的，当变压器内部发生故障，变压器油剧烈分解产生大量气体，使油箱内压力剧增时，防爆装置将油及气体排出，防止变压器油箱爆炸或变形。

（7）散热器。

散热器装在油箱壁上，上下有管道与油箱相通，变压器上部油温与下部油温有温差时，通过散热器形成油的对流，经散热器冷却后流回油箱，起到降低变压器油温度的作用。为了提高冷却效果，可以采用自冷、强迫风冷和强迫水冷等措施。

（8）绝缘套管。

变压器绕组的引出线采用绝缘套管，以便与箱体绝缘。绝缘管有纯瓷、充油和电容等不同形式。套管内有导体，用于变压器一、二次绕组介入和引出端的固定和绝缘。

(9) 瓦斯继电器。

瓦斯继电器又称为气体继电器，是变压器内部故障的主保护装置，它装在油箱和油枕的连接管上，当变压器内部发生严重故障时，瓦斯继电器接通断路器跳闸回路；当变压器内部发生不严重故障时，瓦斯继电器接通故障信号回路。

(10) 温度计。

温度计用来测量油箱里上层油温，监视变压器运行是否正常。

(11) 调压装置。

调压装置是为了保证变压器二次侧电压而设置的。当电源电压变动时，利用调压装置调节变压器的二次电压。调压装置分为有载调压和无载调压两种。有载调压可以在变压器带负载的状态下进行电压调节，而无载调压装置的调压必须在不带负载时才能进行操作。

2. 整流器

整流器的作用是将交流电变成直流电供电动车辆的牵引电动机用。为了提高直流电的质量，降低直流电源的脉动量，通常采用多相整流的方法，它可以是六相、十二相整流，还可以增加到二十四相整流。

最基本的整流工作原理如下：

(1) 三相半波整流电路。

整流变压器的二次侧三相绕组接成星形连接，三相交流电压的波形如图2-3-2所示。在任何时刻，相电压最高的一相的整流管导通，此时整流电压即为该相的瞬时电压。

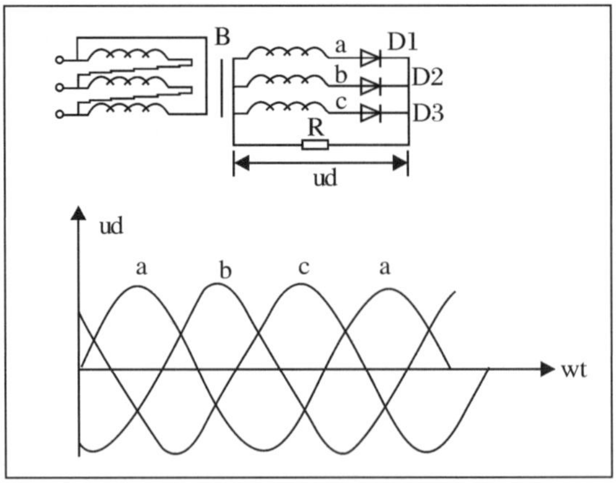

图2-3-2 三相半波整流电路

这种线路的特点为：

①变压器副边每相绕组只导通 1/3 周期，即相差 120°电角度，利用率较差。

②整流管承受的反向电压高。当一个整流管导通时，另外两个整流管必承受反向电压，其值为副边绕组线电压。

③变压器绕组总是通过单方向电流，引起直流磁化，造成铁芯饱和，必要求加大铁芯尺寸，且漏抗增大，损耗增大。

以上电路属共阴极接线，即三相整流管的阴极连在一起。

要改善以上整流电路，首先可以设想有两组负荷相近的整流电路，但是一组为共阴极接线，另一组为共阳极接线，此时整流电路的工作情况就有所改善。

如图所示，两组整流器共用一组三相副边绕组，对每相绕组其通过的电流方向依次相反，各占 1/3 周期，这样就提高了各绕组的通电时间，提高利用率，而且先后的电流是相反的，又消除了直流磁化的问题。

（2）三相桥式整流电路。

以上接线中两组半波整流的负荷电流数值相等，如将两组负荷叠加为一个，则成为三相桥式整流电路。

桥式整流电路对同样变压器绕组来说，其整流电压升高 1 倍。反之，如整流电压保持一定，则变压器绕组电压可以降低，因而整流元件承受的反电压可以低些。三相桥是整流变压器无直流磁化问题。整流电压的波形为六相脉动波形，如图 2－3－3 所示。

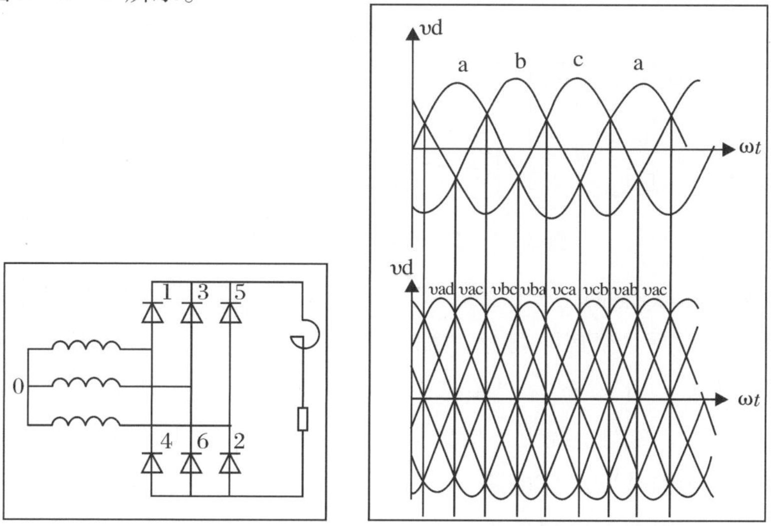

图 2－3－3　三相桥式整流电路整流电压波形

整流器由大功率二极管及其散热器、保护器件、故障显示器件、通信接口等组成。整流器要求可靠性高，噪声、谐波污染要小，维修要小。

由于城市轨道交通直流牵引供电系统的整流器直流电压不太高，而电流很大，为了避免整流支路的整流元件并联数目不致太多，而造成元件之间电流分布不均的问题，故采用两组整流器并联工作的方法，同时可以使两组整流器相互之间有相位移，以求得更多的相整流，减少整流电压脉动的目的。

由于整流器的主要部件二极管是由不到 1mm 的硅单晶片制成，其热容量很小，对电流、电压非常敏感，因而整流器的过电流、过电压保护十分重要。

整流器柜一般采用无焊接全螺栓结构，以便故障时拆卸更换。屏柜门板及外骨架采用喷塑防护，绝缘材料阻燃。为防止潮湿产生凝露，可设置防凝露控制器。

（三）整流机组和整流器性能

1. 等效 24 脉波整流机组

为了提高功率因数，降低牵引变压器网侧电压波形畸变，以减少对电网的干扰，以及降低输出直流电压的纹波系数，城轨供电系统牵引变电所中的整流机组采用等效 24 脉波整理电路。

单台整流器由 2 个三相 6 脉冲全波整流桥组成。如图 2－3－4 所示为 2 组三相桥式并联组成的十二相桥式整流电路。

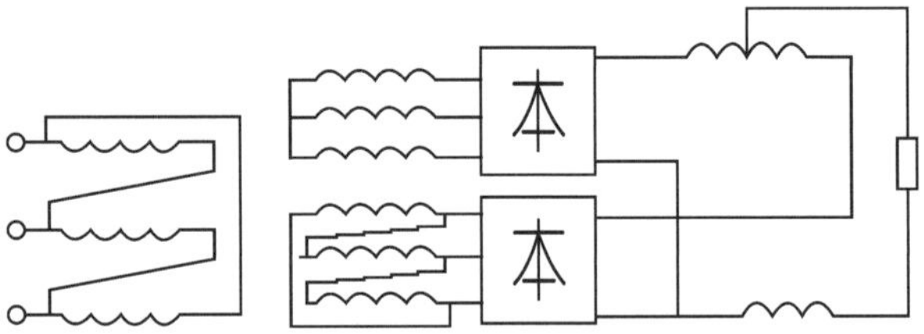

图 2－3－4 脉波整流机组电路图

图中整流变压器原边三相绕组为三角形接线，相应端点为 A、B、C，两个副边绕组，其一为“星形”接线，端点为 a、b、c；另一个绕组为“三角形”接线，端点为 a'、b'、c'。“星形”接线副边绕组连接到第 I 组三相整流桥上，“三角形”接线副边绕组连接到第 II 组三相整流桥上。这样就构成了两个三相整流桥连接的并联工作电路。

但实际上两组整流电路要达到真正并联工作，必须两个电源的情况完全相同才行。在图 2－3－2 三相半波整流电路所示电路中，虽然两组整流电压的平均值相等，但是它们的脉动波相差 60°，其瞬时值不同。为了解决这个问题，在两组整流电路的中心点之间接入了一个平衡电抗器。平衡电抗器分为两半，两组整流电路各占一半。平衡电抗器的作用有两方面，既起到限制电流中的环流的作用，又能在两组中点之间产生感应电动势以补偿两个整流电路瞬时电压的差异，使两组整流电路加到负荷上的电压相等，即两组整流电路真正并联工作。

等效 24 脉波整流由 2 台整流器构成，它们可以并联工作，也可以串联工作。2 台变压器的网侧绕组采用延边三角形移相的方法，相对于交流线电压，一台变压器网侧星形绕组移相 +7.5°，另一台移相 −7.5°，则 2 台变压器网侧电压相位差为 15°，经整流后输出 24 脉波电压。2 台整流机组并联运行后输出的 24 脉波直流波形如图 2－3－5 所示。

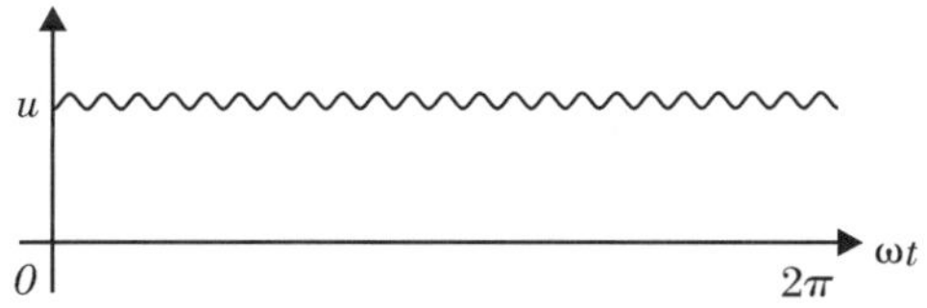

图 2－3－5　2 台整流机组整流后输出的波形

2. 整流机组的基本要求

牵引供电系统整流变压器的设计应与整流器相匹配，形成整流机组。整流机组的效率在额定负载下应不小于 98%，每套整流机组的功率因数在额定负荷下应不小于 0.95；整流机组的固有电压调整率为 6%；整流机组负载特性：反电动势、再生。

此外整流机组有良好的负载特性：负载等级Ⅵ级（GB 3859－1993）。

100% 额定负载——连续不间断；

150% 额定负载——2h；

300% 额定负载——1min。

3. 整流器

牵引供电系统整流器采用自然风冷式，用于户内安装；单台整流器的额定功率可以选择 2000～4000kW；网侧额定交流电压为 1180V，额定直流电压为 1500V，额定直流电流为 1500～2700A；空载电压为 1640V，在直流侧空载情况下，整流变压器施加（35 +5%）kV 的交流电压时，直流侧输出电压不超过

1800V，最低值为 1000V。直流 750V 系统，最低值为 500V，最高值为 900V。

（1）整流方式：城市轨道交通牵引供电系统整流器全部采用三相全波桥式整流，选择平板式二极管，而且一般采用国内最高品质的产品。这种二极管的反向重复峰值电压应不小于 4400V，二极管允许正向电流不小于 1800A。单个二极管安装在自然冷却的散热片上，散热片具有良好的散热特性，散热片表面要进行防腐处理以减少维护工作。要选用合适的二极管，并应考虑整流器母排的电阻，使整流器每个臂并联二极管的电流不平衡度小于 10%。整流器的设计应满足当任何一臂并联的二极管有一个损坏时，仍能正常运行，满足整流器的过载要求及承受短路电流的要求。有的容量大的系统，每一个臂上并联三个二极管。

为确保二极管的工作，整流桥内设置了熔断器熔断报警。不同桥臂上的一个二极管损耗时，相应的熔断器熔断报警；同一个桥臂上的两个二极管损坏时，相应的熔断器熔断报警，同时二极管保护动作跳闸。

（2）电压调整：当直流负载在 0.5% ~300% 范围内变化时，电压变化应为线性。

表 2－3－1　电压调整

负载	电压
0.5%	不超过 1640V
100%	1500V
300%	不低于 1320V

（3）整流器耐压：整流器主电路应能承受 5kV 的工频耐压 1min，辅助电路和主电路应电气隔离，并能承受 2kV 工频耐压 1min。整流器应能承受 5.4kV 的冲击电压。

（4）承受短路电流能力：整流器应具有内部短路保护能力。每个整流二极管串联一个快速熔断器，当二极管失去单向性能时产生变压器二相短路，回路中将产生短路电流，此时应由二极管熔丝熔断来保护。快速熔断器应带有接点，熔断后能给出信号用于报警或跳闸。当一个臂内只有一个熔丝熔断时，发出报警信号或一个跳闸信号。

（5）整流器具有电压保护能力：一是具有换相过电压保护能力，在二极管两端并联 RC 电路，防止换相过电压损坏二极管；二是具有交流侧过电压保护能力，在交流侧加 RC 过电压一直回路和氧化锌压敏电阻，防止交流侧开关操作或变压器感应产生过电压损坏二极管；三是具有直流侧过电压保护能力，在直流侧加装 RC 过电压抑制回路和放电回路，防止直流快速断路器开合时产生操作过电压损坏二极管，并在整流器输出端并联一个压敏电阻，抑制残余的过电压。

（6）整流器具有温度保护能力。在整流器预测温度最高的元件散热器或铜母排上设置温度传感器元件，用于监视元件散热器或铜母排的温度，温度结果一段用于报警，二段用于跳闸，并发出当地及远方信号。

（7）整流器具有逆流保护能力。整流器应配置反映反向电流的逆流保护，当发生逆流时，应能快速发出跳闸信号。

（8）整流器应具有自动化数据采集装置和液晶显示功能。

四、高压开关设备

高压开关设备的作用是：高压开关设备正常工作情况下可靠地接通或断开电路；在改变运行方式时进行切换操作；当系统中发生故障时迅速切除故障部分，以保证非故障部分的正常运行；在设备检修时隔离带电部分，以保证工作人员的安全。

（一）高压断路器

1. 高压断路器的功能

高压断路器（QF）是牵引变电所高压电器设备中最重要的设备，是一次电力系统中控制和保护电路的关键设备。它主要有两个作用：一是控制作用，即根据需要将部分电气设备或线路投入或退出运行。二是保护作用，即在电气设备或电力线路发生故障时，继电保护装置发出跳闸信号，起动断路器，将故障部分设备或线路从电网中迅速切除，以确保电网中无故障部分的正常运行。

2. 高压断路器的结构

高压断路器的基本结构如图 2－4－1 所示，其中开断元件是核心，开关设备的控制、保护及安全隔离等方面的任务都由它来完成。其他组成部分都是配合开断元件为完成上述任务而设置的。

3. 高压断路器的分类

按其采用的灭弧介质分：油断路器、六氟化硫断路器、真空断路器等类型。按其安装地点分：屋内式和屋外式。

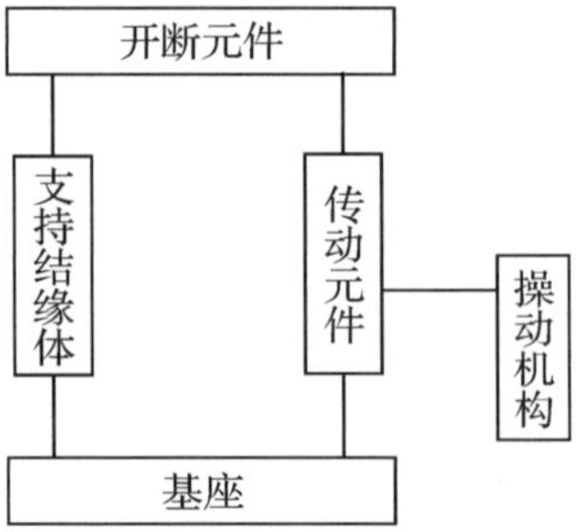

图 2-4-1　高压断路器的基本结构

油断路器按其油的多少和油的作用分：多油式和少油式。多油断路器的油既做灭弧介质，又作绝缘介质，利用油作其相对地（外壳）甚至相与相之间的绝缘，因此油量多。少油断路器只有灭弧介质，因此油量少，比较安全。油断路器结构简单，价格便宜，但油在灭弧中易碳化，检修周期短，维护工作量大，污染大，被SF6和真空断路器取代。

4. 真空断路器

真空断路器利用真空度约为 10^{-4}Pa（运行中不低于 10^{-2}Pa）的高真空作为内绝缘和灭弧介质。当灭弧室内被抽成 10^{-4}Pa 的高真空时，其绝缘强度要比绝缘油、一个大气压力下的SF6和空气的绝缘强度高很多。所以，真空击穿产生电弧，是由触头蒸发出来的金属蒸气帮助形成的。

随着冶金等技术的不断进步，真空断路器的制造水平不断提高，在20世纪60年代制造能开断20kA的真空断路器，20世纪70年代制造出开断能力达60~80kA、电压等级为10~35kV的真空断路器，使真空断路器在35kV及以下电压等级中处于优势地位。

真空断路器是由真空灭弧室、绝缘支撑、传动机构、操动机构、机座（框架）等组成，如图2-4-2所示。导电回路由导电夹、软连接、出线板通过灭弧室两端组成。真空断路器的固定方式不受安装角度限制，既可以水平安装，又可以垂直安装，还可以任意角度安装。

（1）真空灭弧室。

真空灭弧室是真空断路器中最重要的部件。真空灭弧室的结构如图2-4-3所示，外壳是由绝缘筒、两端的金属盖板和波纹管所组成的密封容器。灭弧室内有一对触头，静触头焊接在静导电杆上，动触头焊接在动导电杆上，动导电杆在中部与波纹管的一个端口焊接在一起，波纹管的另一端口与动端盖的中空焊接，动导电杆从中孔穿出外壳。由于波纹管可以在轴向上自由伸缩，故这种结构既能实现在灭弧室外带动动触头做分合运动，又能保证真空外壳的密封性。

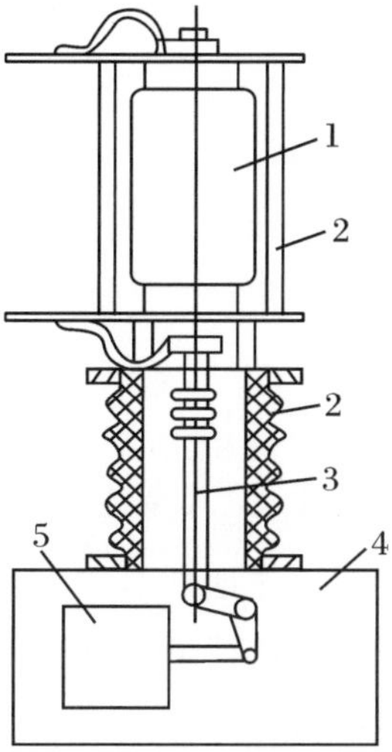

1—真空灭弧室；2—绝缘支撑；3—传动机构；4—基座；5—操动机构。

图 2-4-2　真空断路器的基本结构示意图

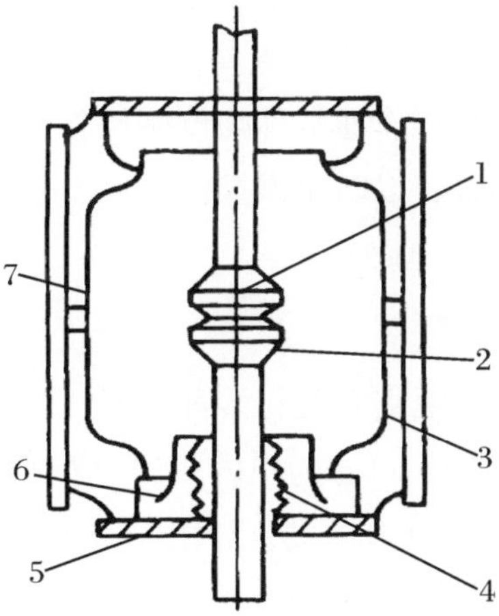

1—静触头；2—动触头；3—屏蔽罩；4—波纹管；5—与外壳封接的金属法兰盘；6—波纹管屏蔽罩；7—绝缘外壳。

图 2-4-3　真空断路器灭弧室结构

（2）操动机构。

操动机构是带动高压断路器传动机构进行合闸和分闸的机构。依断路器合闸时所用能量形式不同，操动机构可分以下几种：

①手动机构（CS 型）指用人力进行合闸的操动机构。

②电磁机构（CD 型）指用电磁铁合闸的操动机构。

③弹簧机构（CT 型）指事先用人力或电动机使弹簧储能实现合闸的弹簧合闸操动机构。

④电动机机构（CJ 型）指用电动机合闸与分闸的操动机构。

⑤液压机构（CY 型）指用高压油推动活塞实现合闸与分闸的操动机构。

⑥气动机构（CQ 型）指用压缩空气推动活塞实现合闸与分闸的操动机构。

（二）高压隔离开关

高压隔离开关（文字符号为 QS）又称隔离刀闸，是一种结构比较简单的高压开关电器。在合闸状态下能可靠地通过额定电流和短路电流，但因为它没有专门的灭弧装置，不能用来切断负荷电流和短路电流。使用时应与断路器配合，只有在断路器断开时才能进行操作。隔离开关在分闸时，动静触头间形成明显可见的断口，绝缘可靠。

高压隔离开关的作用：

（1）隔离高压电源，以保证其他设备的检修安全。

（2）倒闸操作：当合闸时，先合隔离开关，后合断路器；分闸时，先分断路器，后分隔离开关，这种操作通常称为倒闸操作。为了保证安全，一般要装有和断路器之间的连锁装置，以防止误操作。

（3）接通和断开小电流电路。

1. 分类和型号

按照不同的分类方式，隔离开关有多种类型。

（1）按装设地点的不同，可分为户内式和户外式两种。

（2）按绝缘支柱数目，分为柱式、双柱式和三柱式三种。

（3）按动触头运动方式，可分为水平旋转式、垂直旋转式、摆动式和插入式等。

（4）按有无接地闸刀，可分为无接地闸刀、一侧有接地闸刀、两侧有接地闸刀三种。

（5）按操动机构的不同，可分为手动式、电动式、气动式和液压式等。

（6）按极数，可分为单极、双极、三极三种，以及按安装方式分为平装式和套管式等。

2. 10kV 高压隔离开关

10kV 高压隔离开关型号较多，常用的户内系列有 GN 系列。图 2－4－4 为户内使用的 GN8－10/600 型隔离开关外形图，它的三相闸刀安装在同一底座上，闸刀军采用垂直回转运动方式。

导电回路主要由闸刀（动触头）、静触头和接线端组成。静触头固定在支柱绝缘子上。动触头是每相两条铜制闸刀片，合闸时用弹簧紧紧地夹在静触头两边形成线接触，以保证触头间的接触压力和压缩行程。对额定电流大的隔离开关普遍采用磁锁装置来加强动、静触头间通过短路电流时的接触压力。所谓磁锁装置，就是由装在两闸刀外侧的两片钢片组成，当短路电流沿闸刀流向静触头时，闸刀外侧的两片钢片受磁力的作用互相吸引，增加了两闸刀对静触头的接触压力，从而保证触头对短路电流的稳定性。

GN 型高压隔离开关一般采用手动操动机构进行操作。操动机构通过连杆转动转轴，再通过拐臂与拉杆瓷瓶使各相闸刀作垂直旋转，从而达到分、合闸的目的。这两种隔离开关安装使用方便，既可垂直、水平安装，又可以倾斜甚至在天花板上安装。

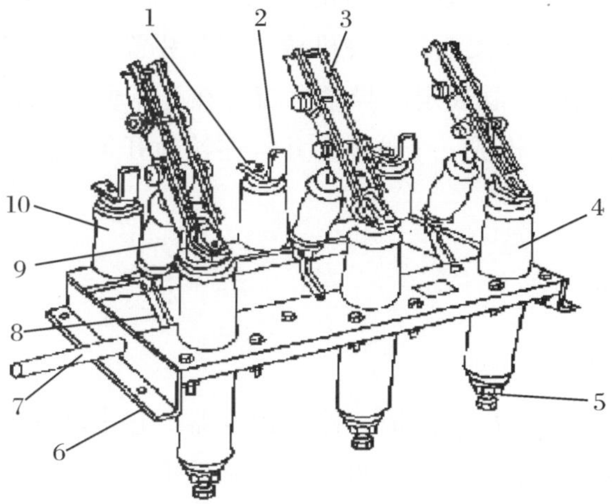

1—上接线端子；2—静触头；3—闸刀；4—套管绝缘子；5—下接线端子；6—框架；7—转轴；8—拐臂；9—升降绝缘子；10—支柱绝缘子。

图 2－4－4　GN8－10/600 型高压隔离开关

户外高压隔离开关常用的有 GW 系列。图 2－4－5 为户外 GW4－35 型户外高压隔离开关的外形图。为了熄灭小电流电弧，该隔离开关安装有灭弧角条，采用的是三柱式结构。

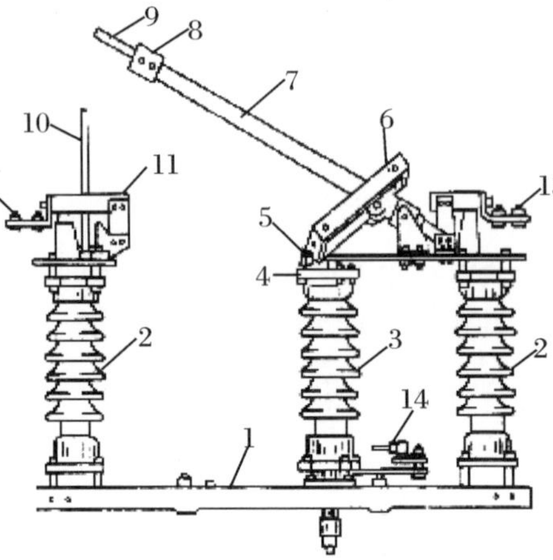

1—角钢架；2—支柱瓷瓶；3—放置瓷瓶；4—曲柄；5—轴套；6—传动装置；7—管形闸刀；8—工作动触头；9、10—灭弧角条；11—插座；12、13—接线端子；14—曲柄传动机构。

图 2-4-5　GW4-35 型户外隔离开关

带有接地开关的隔离开关称接地隔离开关，是用来进行电气设备的短接、联锁和隔离，一般是用来将退出运行的电气设备和成套设备部分接地和短接。而接地开关是用于将回路接地的一种机械式开关装置。在异常条件下（如短路下），可在规定时间内承载规定的异常电流；在正常回路条件下，不要求承载电流。大多与隔离开关构成一个整体，并且在接地开关和隔离开关之间有相互联锁装置。

（三）熔断器

1. 作用和特点

熔断器（文字符号为 FU）是一种保护电器。它串联在电路中，当电路发生短路或过负荷时，熔体熔断，切断故障电路使电气设备免遭损坏，并维持电力系统其余部分的正常工作。其优点是：结构简单、体积小、布置紧凑、使用方便；动作直接，不需要继电保护和二次回路相配合，价格低。缺点是：每次熔断后须停电更换熔件才能再次使用，增加了停电时间；保护特性不稳定，可靠性低；保护选择性不易配合。

2. 分类和型号

(1) 按安装地点分：户内式（N）和户外式（W）；

（2）按使用电压高低分：高压熔断器和低压熔断器；

（3）按灭弧方法分：瓷插式（C），封闭产气式（M），封闭填料式（T），产气纵吹式；

（4）按限流特性分：限流式和非限流式。

3．结构和工作原理

熔断器主要由金属熔件（熔体）、支持熔件的触头、灭弧装置和绝缘底座等部分组成，其中决定其工作特性的主要是熔体和灭弧装置。

熔体是熔断器的主要部件。熔体应具备材料熔点低、导电性能好、不易氧化和易于加工等特点。一般选用铅、锡合金、锌、铜、银等金属材料。

熔断器必须采取措施熄灭熔体熔断时产生的电弧，否则，会引起事故的扩大。熔断器串联在电路中使用，安装在被保护设备或线路的电源侧。当电路中发生过负荷或短路时，熔体被过负荷或短路电流加热，并在被保护设备的温度未达到破坏其绝缘之前熔断，使电路断开，设备得到了保护。

五、互感器

互感器是电压、电流变换设备。供电系统中的高电压、大电流参数无法直接测量，供电设备的运行状态也无法直接从主回路上取得参数，因此，需要将高电压、大电流变成低电压和小电流，以供继电保护和电气测量使用。

互感器是一种特殊变压器，又称仪用变压器。其功能主要体现在以下三个方面：

（1）变压/变流：互感器将一次侧的高电压、大电流变成二次侧标准的低电压和小电流。

（2）隔离高压，安全绝缘：采用互感器作为一次与二次电路之间的中间元件，既可避免一次电路的高电压直接引入仪表，继电器保护设备等二次设备，又可避免二次电路的故障影响一次侧电路。

（3）扩大仪表的范围：采用互感器以后，相当于扩大了仪表、继电器的使用范围。

（一）电流互感器（TA）

1．外形结构

电流互感器的外形和结构如图 2－5－1 所示。

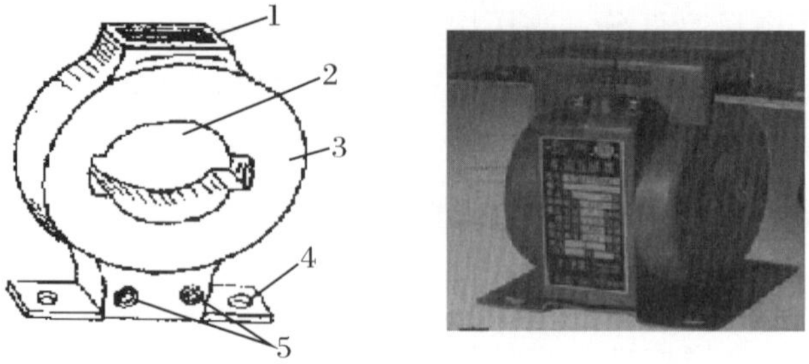

1—铭牌；2——一次母线穿孔；3—铁心（外绕二次绕组环氧树脂浇注）；4—安装板；5—二次接线端子。

图 2-5-1 电流互感器外形结构图

2. 分类型号

（1）按安装地点可分为屋内和屋外式。

（2）按安装方式可分为穿墙式、支持式和装入式。穿墙式装在墙壁或金属结构的孔中，可节约穿墙套管；支持式安装在平面或支柱上；装入式是套装在35kV 及以上的变压器或多油断路器油箱内的套管上，故也称为套管式。

（3）按绝缘可分为干式、浇注式、油浸式等。干式用绝缘胶浸渍，用于屋内低压电流互感器；浇注式以环氧树脂作绝缘，目前，仅用于 35kV 及以下的屋内电流互感器；油浸式多为屋外式。

（4）按一次绕组匝数可分为单匝式和多匝式。单匝式分为贯穿型和母线型两种。

（5）按电流互感器的工作原理，可分为电磁式、电容式、光电式和无线电式。

3. 工作原理

电流互感器的工作原理如图 2-5-2 所示。在理想的电流互感器中，如果假定空载电流 $I_0=0$，则总磁动势 $I_0 \times N_0=0$，根据能量守恒定律，一次绕组磁动势等于二次绕组磁动势，即

$$I_1 \times N_1 = -I_2 \times N_2$$

电流互感器的电流与它的匝数成反比，一次电流对二次电流的比值 I_1/I_2 电流互感器的变流比。当知道二次电流时，乘上电流比就可以求出一次电流，这时二次电流的相量与一次电流的相量相差 180°。

电流互感器的一次绕组匝数很少，导体相当粗。而二次绕组匝数很多，导体较细。其一次绕组串联接入一次电路，二次绕组与仪表、继电器等的电流线

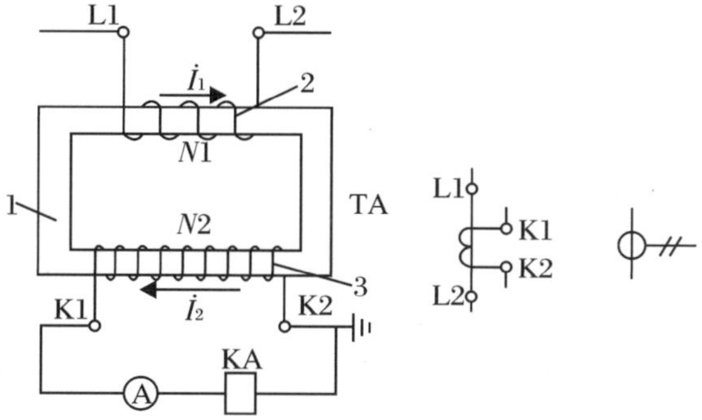

图 2－5－2　电流互感器工作原理图

圈串联，形成一个闭合回路。由于二次仪表、继电器等的电流线圈阻抗很小，所以其工作时二次回路接近于短路状态。二次绕组的额定电流一般为 5A。

4．使用注意事项

（1）电流互感器在工作时其二次侧不得开路。

（2）电流互感器的二次侧必须有一端接地。

（3）电流互感器在连接时，要注意其端子的极性。

（二）电压互感器（TV）

1．外形结构

电压互感器的外形和结构如图 2－5－3 所示。

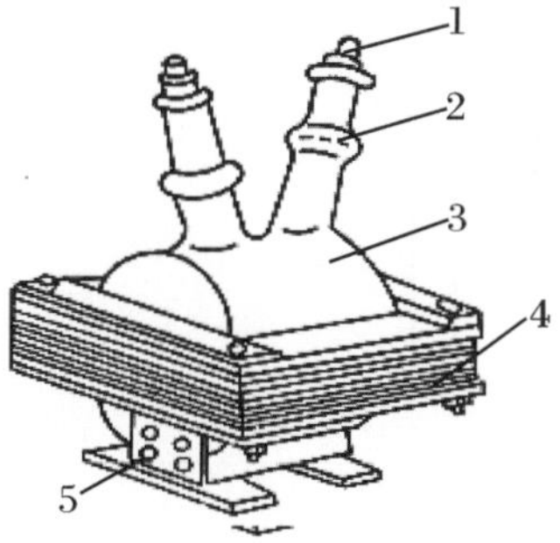

1—一次接线端子；2—高压绝缘套管；3—二次绕组；4—铁心；5—二次接线端子。

图 2－5－3　JDZJ－10 型电压互感器

2. 分类和型号

（1）按安装地点可分为户内式和户外式。

（2）按相数可分为单相式和三相式。

（3）按每相绕组数可分为双绕组和三绕组式。三绕组电压互感器有两个二次侧绕组：基本二次绕组和辅助二次绕组。辅助二次绕组供接地保护用。

（4）按绝缘可分为干式、浇注式、油浸式、串级油浸式和电容式等。干式多用于低压；浇注式用于 3～35kV；油浸式主要用于 35kV 及以上的电压互感器。

3. 工作原理

电压互感器的工作原理如图 2－5－4 所示，它与普通变压器相同，结构原理和接线也相似。电压互感器的一次电压 U_1 与其二次电压 U_2 之间有下列关系：

$$U_1 \approx (N_1/N_2)\ U_2$$

电压互感器具有以下的特点：

（1）一次绕组匝数很多，二次绕组匝数很少，相当于一个降压变压器。

（2）工作时一次绕组并联在一次电路中，二次绕组并联在仪表、继电器的电压线圈回路，二次绕组负载阻抗很大，接近于开路状态。

（3）一次绕组导线细，二次绕组导线较粗，二次侧额定电压一般为 100V，用于接地保护的电压互感器的二次侧额定电压为 100/V，开口三角形侧为 100/3V。

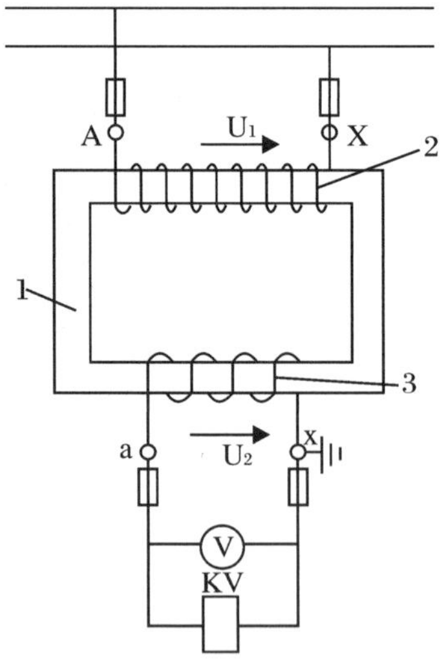

图 2－5－4　电压互感器工作原理图

4. 使用注意事项

（1）电压互感器的一、二次侧必须加熔断器保护，不得短路。

（2）电流互感器的二次侧必须有一端接地。

（3）电流互感器在连接时，要注意其端子的极性。

六、避雷装置

避雷装置属于变电所中保护设备的一种，作用是防止电气设备的雷电过电压。

所谓过电压，一般指在电气设备或线路上出现的超过正常工作需要的电压。而雷电过电压，也叫大气过电压，它是由雷电引起的过电压。雷电过电压所产生的雷电冲击波，其电压幅值可达100MV，电流幅值可达几百千安培，对电气设备的正常运行危害极大，必须采取措施加以防护。

一个完整的防雷设备一般由接闪器、避雷器、引下线和接地装置组成。

（一）接闪器

雷电发生时，由于电气设备本身安装的方法或安装位置不当，受雷电在空间分布的电场、磁场影响而损坏，称为直击雷损坏。接闪器就是专门用来接受直击雷闪的金属物体，如图2－6－1所示。

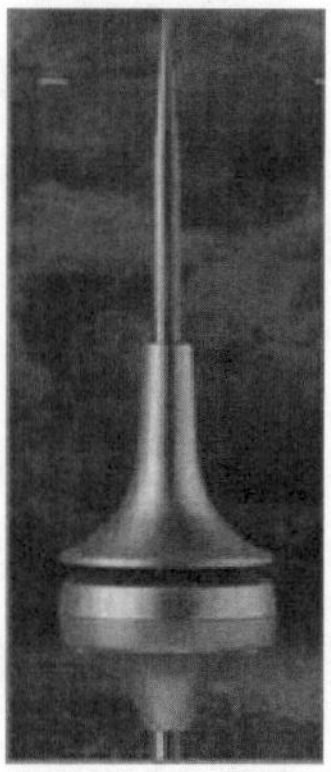

图2－6－1 接闪器

接闪器的金属杆称为避雷针。避雷针是防止直击雷的有效措施。当雷云放电时使地面电场畸变，在避雷针顶端形成局部场强集中的空间以影响雷电先导放电的发展方向，使雷电对避雷针放电，再经过接地装置将雷电流引入大地，从而使被保护物体免遭雷击。

避雷线是用来保护架空电力线路和露天配电装置免受直击雷的装置。它由悬挂在空中的接地导线、接地引下线和接地体等组成，因而也称“架空地线”。它的作用和避雷针一样，将雷电引向自身，并安全导入大地，使其保护范围内的导线和设备免遭直击雷。

避雷带和避雷网加装在建筑物的边缘及凸出部分上，通过引下线和接地装置很好地连接，对建筑物进行保护。

所有接闪器都必须经过引下线与接地装置相连。

（二）避雷器

雷电发生时，雷电脉冲还可沿着与设备相连的信号线、电源线或其他金属管线侵入而使设备受损。

避雷器有管型避雷器，阀型避雷器，金属氧化物避雷器等多种类型，如图2－6－2所示。

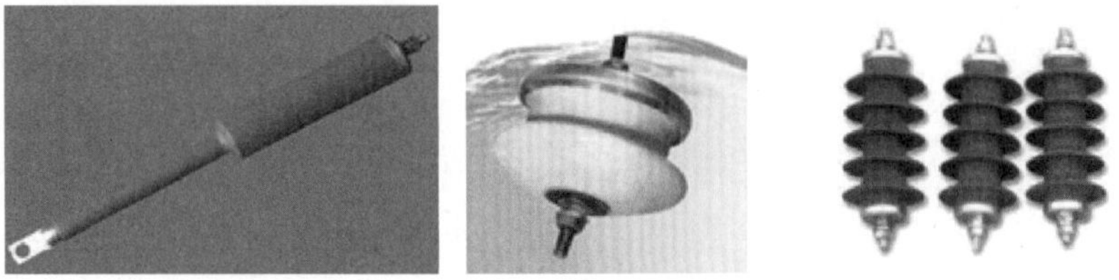

（a）管型避雷器　　（b）阀型避雷器

图2－6－2　各种避雷器的外形

管型避雷器又称排气式避雷器，主要用于变配电所的进线保护和线路绝缘弱点的保护，性能较好的管型避雷器还可用于保护配电变压器。

阀型避雷器由火花间隙和阀片组成，装在密封的磁套管内。阀型避雷器的火花间隙组是由多个单间隙串联组成的。

阀型避雷器的工作原理如图2－6－3所示。在正常运行时，间隙介质处于绝缘状态，仅有极小的泄漏电流通过阀片。当系统出现雷电过电压时，火花间隙很快被击穿，使雷电冲击电流很容易通过阀性电阻而引入大地，释放过电压负荷，阀片在大的冲击电流下电阻由高变低，所以冲击电流在其上产生的压降（残压）较低。此时，作用在被保护设备上的电压只是避雷器的残压，从而使电气设备得到了保护。

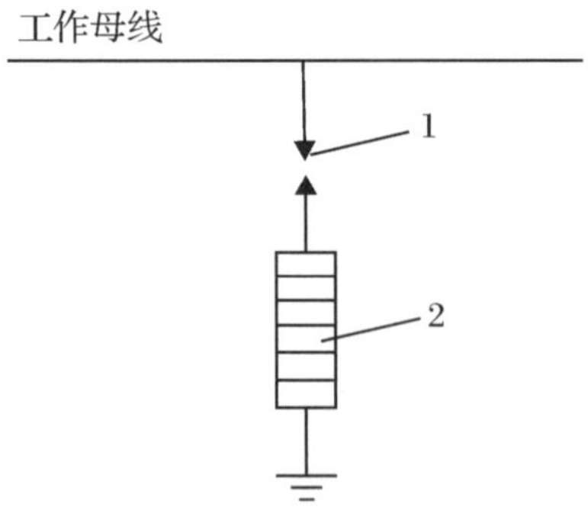

1—间隙；2—电阻阀片。

图2－6－3　阀型避雷器原理结构图

七、成套设备

成套设备是制造厂成套供应的设备。成套设备是按电气主接线的要求，把开关设备、保护测量电器、母线和必要的辅助设备组合在一起，装配在一个或两个全封闭或半封闭的金属柜中，用来接受、分配和控制电能的总体装置。制造厂可生产各种不同一次线路方案的开关柜供用户选用。

（一）成套设备的分类与特点

按电气设备安装的地点，可分为屋内成套设备和屋外成套设备。为了节约用地，一般35kV及以下成套设备宜采用屋内式。

按电压等级分成高压成套设备和低压成套设备，也可按结构形式分为固定式和移开式（抽屉式），或按开关柜隔离构成形式分为铠装式、间隔式、箱型、环网柜。根据一次线路安装的主要元器件和用途，成套设备又可分为很多种柜，如油断路器柜、负荷开关柜、熔断器柜、电压互感器柜、隔离开关柜、避雷器柜。

一般牵引变电所中常用到的成套配电装置有高压成套设备（也称高压开关柜）和低压成套设备。低压成套设备只有屋内式一种，高压开关柜则有屋内式和屋外式两种。

（二）高压成套配电装置（高压开关柜）

高压成套配电装置就是按不同用途的接线方案，将所需的高压设备和相关一、二次设备按一定的线路方案组装而成的一种高压成套配电装置，在牵引变电所中作为控制和保护发电机、变压器和高压线路之用，也可作为大型高压交流电动机的启动和保护之用，对供配电系统进行控制、监测和保护。其中安装有开关设备、保护电器、监测仪表和母线、绝缘子等。

高压开关柜有固定式和手车式（移开式）两大类。固定式高压开关柜柜内所有电器部件都固定在不能移动的台架上，构造简单，也较为经济。我国现在大量生产和广泛应用的固定式高压开关柜主要为GG－1A（F）型。这种防误型开关柜装设了防止电气误操作和保障人身安全的闭锁装置，即所谓的“五防”：①防止误分、误合断路器；②防止带负荷误拉、误合隔离开关；③防止带电误挂地线；④防止带接地线误合隔离开关；⑤防止人员误入带电隔离。

固定式高压开关柜外形示意图如图2－7－1所示。

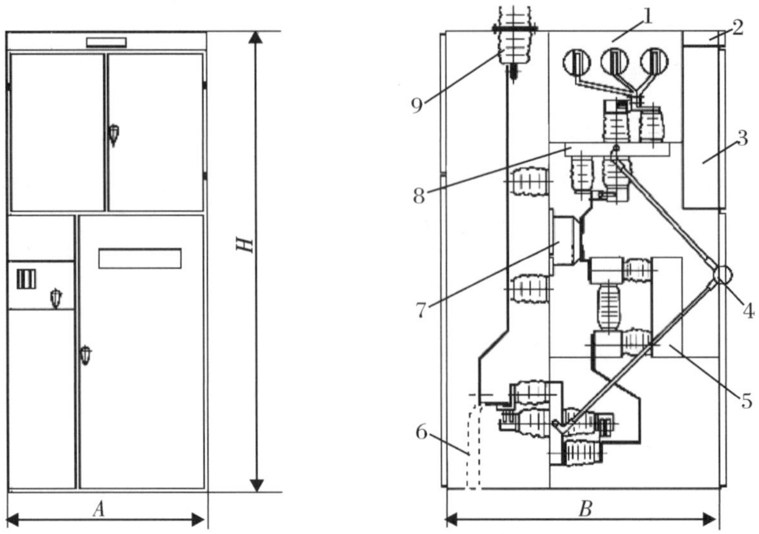

1—母线室；2—小母线通道；3—仪表室；4—操作及连锁机构；5—整体式真空断路器；6—电缆出线；7—电流互感器；8—隔离开关；9—架空出线。

图 2－7－1　GG－1GQ 箱式固定柜外形示意图

手车式（或移开式）高压开关柜是一部分电器部件固定在可移动的手车上，另一部分电器部件装置在固定的台架上。当高压断路器出现故障需要检修时，可随时将其手车拉出，然后推入同类备用校车，即可恢复供电。因此，采用手车式开关柜检修方便安全，恢复供电快，可靠性高，但价格贵。图 2－7－2 为 GC－10（F）型手车式高压开关柜的外形结构图。

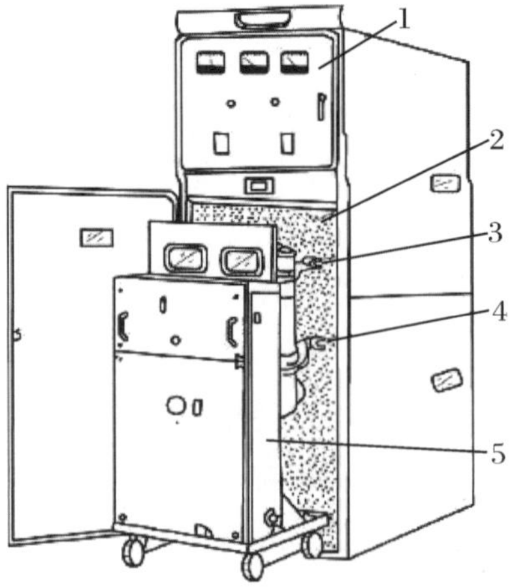

1—仪表屏；2—手车室；3—上触头（兼起隔离开关作用）；4—下触头（兼起隔离开关作用）；5—SN10－10 型断路器手车。

图 2－7－2　GC－10（F）型高压开关柜

（三）六氟化硫全封闭组合电器

六氟化硫全封闭组合电器，如图2－7－3所示，是将变电所一次接线中的高压电器元件：断路器、母线、隔离开关、接地开关、电流互感器、电压互感器、避雷器、出线套管、电缆终端等的组合，全部元件封闭于接地的金属桶体内，充以一定压力的六氟化硫气体，形成以六氟化硫为绝缘介质的金属封闭式开关设备，并通过电缆终端、进出线套管或封闭母线与外界相连。

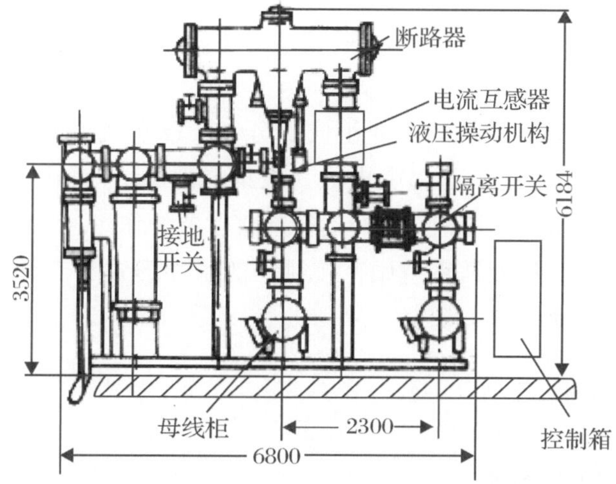

图2－7－3 六氟化硫全封闭组合电器（尺寸单位：mm）

全封闭组合电器是一种新型的组合式电气设备，它是在六氟化硫断路器的基础上进一步发展形成的，把各种控制和保护电器全部进行封闭的组合电气设备。由于六氟化硫气体绝缘性能优越，所以组合电器体积小，能节省变电站占地面积，使变电站建设成本降低。

在地铁变电所中，由于空间相对较小，对设备之间的安全距离、设备检修等方面有较高的要求，十分适合采用封装式的组合电器。

全封闭组合电器（GIS）具有很大的优越性。由于六氟化硫气体具有很高的绝缘强度，采用全封闭组合电器可缩小各元件之间的绝缘距离，从而使整套配电装置的占地面积和空间体积缩小，且现场的施工工作量大大减小。电气设备进行封装以后，避免了各种恶劣环境的影响，减少了设备故障的可能性，提高了人身安全和设备检修周期。

第三章　接触网

接触网是电力牵引系统的重要组成部分，架设在轨道的上方（或边上），是一种特殊的输电线。机车通过受电弓（或集电靴）从接触网中得到电能。所以，接触网受流质量的好坏，对机车运行起着重要的作用。

在城市轨道交通和地铁系统中，接触网的主要形式有三种：柔性接触网、刚性接触网和第三轨。

一、接触网概述

（一）接触网的组成

接触网是沿铁路线上空架设的向电力机车供电的特殊形式的输电线路。其由接触悬挂、支持装置、定位装置、支柱与基础几部分组成。

接触悬挂包括接触线、吊弦、承力索以及连接零件和绝缘子。接触悬挂通过支持装置架设在支柱上，其功用是将从牵引变电所获得的电能输送给电力机车。

支持装置用以支持接触悬挂，并将其负荷传给支柱或其他建筑物。根据接触网所在区间、站场和大型建筑物而有所不同。支持装置包括腕臂、水平拉杆、悬式绝缘子串，棒式绝缘子及其他建筑物的特殊支持设备。

定位装置包括定位管和定位器，其功用是固定接触线的位置，使接触线在受电弓滑板运行轨迹范围内，保证接触线与受电弓不脱离，并将接触线的水平负荷传给支柱。

支柱与基础用以承受接触悬挂、支持和定位装置的全部负荷，并将接触悬挂固定在规定的位置和高度上。中国接触网中采用预应力钢筋混凝土支柱和钢柱，基础是对钢支柱而言的，即钢支柱固定在下面的钢筋混凝土制成的基础上，由基础承受支柱传给的全部负荷，并保证支柱的稳定性。预应力钢筋混凝土支柱与基础制成一个整体，下端直接埋入地下。

（二）接触网的工作特点

1. 没有备用

牵引负荷是重要的一级负荷，向牵引变电所供电的电源线均设置两个回路，牵引变电所内主变压器及其他重要设备也在设计中考虑了备用措施，一旦主电源、主要设备发生故障时，备用电源、备用设备可及时（自动）投入运行，以保证对接触网的不间断供电。接触网由于与电动车组在空间上的关系，和轨道一样无法采取备用措施。所以，一旦接触网故障，整个供电区间即全部停电，在其间运行的电动车组失去电能供应，列车停运。

2. 经常处在动态运行中

和一般的电力线路只在两点间固定传输电能的作用不同，在接触网下沿线有许多电动车组高速运动取流。电动车组受电弓（或受流器）以对接触网一定的压力和速度与接触网摩擦运行，通过接触网的电流很大。运行中不可避免地会产生受电弓离线而引起电弧，再加上在露天区段还要承受风、雾、雨、雪、大气污染等的作用，使接触网昼夜不停地处在振动、摩擦、电弧、污染、伸缩的动态运行状态之中。这些因素对接触网各种线索、零件都产生恶劣影响，使其发生故障的可能性较一般电力线路的概率要大得多。

3. 结构复杂，技术要求高

接触网的运行环境和运行特点决定了接触网的结构较一般电力线路有很大的不同。为了保证电动车组安全、可靠、质量良好地从接触网取流，接触网的结构比较复杂，技术要求也较高，如对接触网导线的高度、拉力值、定位器的坡度、接触网的弹性、均匀宽度等都有定量的要求。

（三）接触网的分类

接触网分为架空式接触网和接触轨式接触网。架空式接触网用于城市地面或地下、铁路干线、工矿的电力牵引线路。接触轨式接触网一般仅用于净空受限的地下电力牵引。我国在地铁轨道系统中，架空式和接触轨式的接触网均有采用。

二、柔性接触网

（一）柔性接触网的主要组成部分

柔性接触网由支柱与基础、支持定位装置、接触悬挂等几部分组成。

1. 支柱与基础

支柱与基础用以承受接触悬挂、支持和定位装置的全部负荷，并将接触悬挂固定在规定的位置和高度上。我国接触网中主要采用等径预应力钢筋混凝土支柱和钢柱。钢支柱又有普通桁架结构式钢柱、整体型材 H 形钢柱和圆形钢柱。

基础承受支柱所传递的力矩并传给土体，是起支撑作用的。对于混凝土柱，它的地下部分代替了基础的作用，钢支柱的基础由混凝土浇筑预制而成，预留钢支柱安装的地脚螺栓。隧道内的支撑部件由埋入杆件和倒立柱等组成。

2. 支持定位装置

支持定位装置是用来支持接触悬挂，对接触线进行水平定位，保证接触悬挂高度并将悬挂的负荷传递给支柱的装置。支持定位装置可分为腕臂形式和软横跨、硬横跨（梁）形式。

腕臂形式的支持定位装置包括腕臂、拉杆及定位装置等；软横跨、硬横跨（梁）形式的支持定位装置主要包括横向承力索、上下部定位绳及定位器和吊弦等，广泛应用于城市轨道交通的车辆段和地面咽喉地区，是属于多线路上的专用支持定位装置。

硬横跨（梁）装置，其支柱所受的横向力矩小，比较稳定，且便于机械化施工，多在 3 ~4 股道上采用。

3. 接触悬挂

接触悬挂包括接触线、吊弦、承力索和补偿器及连接零件。接触悬挂通过支持装置架设在支柱上，其作用是将从整流所获得的电能输送给电动车辆。电动车辆运行时，受电弓顶部的滑板紧贴接触线摩擦滑行得到电能（简称“取流”）。

接触悬挂根据结构的不同，分为以下三种类型：

(1) 简单悬挂。

简单接触悬挂，即由一根或几根互相平行的直接固定到支持装置上的接触线所组成的悬挂，如图 3－2－1 所示。一般用于车速较低的线路上，如次等站线、库线和净空受限的人工建筑内，以及城市电车和矿山运输线等。在城市轨道交通中主要用于车辆段，也有用于正线的情况，如上海城市轨道交通 1 号线。

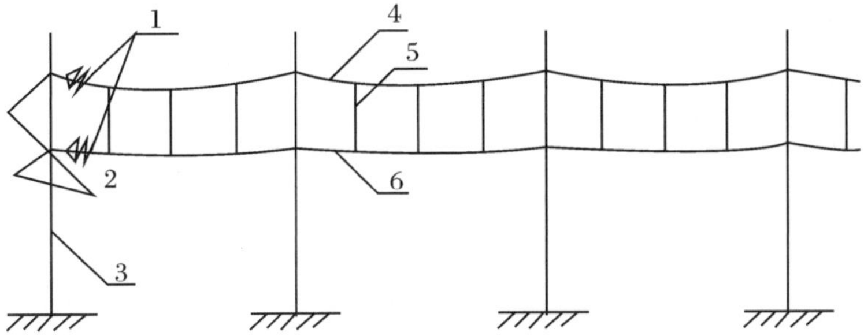

1—绝缘子；2—拉线；3—支柱；4—承力索；5—接触线；6—吊弦。

图 3－2－1　简单悬挂

简单悬挂结构简单，要求支柱高度较低，因此建设投资低，施工和检修方便。其缺点是导线的张力和弛度随气温的变化较大，接触线在悬挂点受力集中，形成硬点，弹性不均匀，不利于电力机车高速运行时取流。

为了改善简单悬挂的弹性不均匀程度，在悬挂点处加装带弹性吊索，这种带弹性吊索的简单悬挂称为弹性简单接触悬挂。这种悬挂的优点是在悬挂点处加了一个 8～16m 长的弹性吊索，从而改善了悬挂点处的弹性。根据我国的试验，这种弹性简单接触悬挂可以在速度不超过 90km/h 的线路上采用。由于弹性简单接触悬挂具有结构简单、支柱高度低、支柱负荷小、建造费用低及施工维修方便等优点，城市轨道交通车辆段一般采用这种形式的悬挂，如广州城市轨道交通 1 号线车辆段接触网。

（2）链形悬挂。

链形悬挂是一种运行性能较好的悬挂形式。它的结构特点是接触线通过吊弦悬挂在承力索上，承力索通过钩头鞍子、承力索座或悬吊滑轮悬挂在支持装置的腕臂上。使接触线在不增加支柱的情况下增加了悬挂点，通过调节吊弦长度使接触线在整个跨距中对轨面的高度基本保持一致。减小了接触线的跨中的弛度，改善了接触线弹性，增加了接触悬挂的重量，提高了稳定性，可满足高速运行时取流的要求。在地铁和城市轨道交通中，最常见的链形悬挂形式是简单链形悬挂，如图 3－2－2 所示。

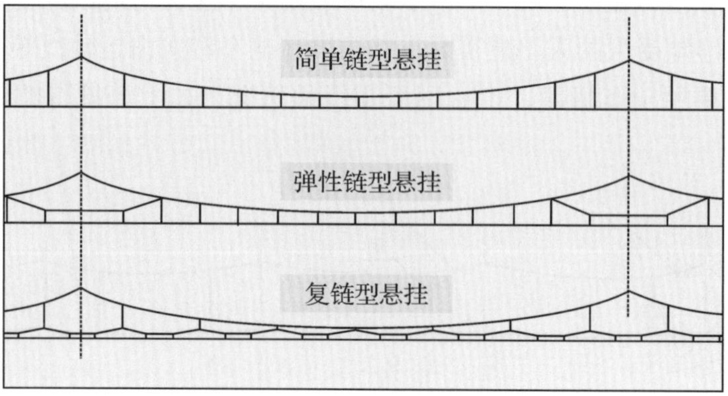

图 3-2-2　链形悬挂示意图

（3）下锚方式。

接触悬挂线索在终端支柱上的固定方式称为下锚方式，主要有未补偿下锚（硬锚）和补偿下锚两种。

承力索和接触线两端无补偿装置，称为未补偿下锚（硬锚）。在大气温度变化时，因为承力索和接触线的热胀冷缩，承力索和接触线的张力、弛度变化较大，造成受流状态恶化，一般不采用。

全补偿链形悬挂，即承力索和接触线两端下锚处均装设补偿装置。全补偿链形悬挂在温度变化时由于补偿装置的作用，承力索和接触线的张力基本不发生变化，弹性比较均匀，承力索和接触线均产生同方向纵向位移，因而吊弦偏斜大大减小（接触线和承力索为相同材质时，偏斜更小，几乎可以忽略），有利于机车高速取流。

（二）接触网供电方式

整流所向接触网（或接触轨）供电方式有两种，即单边供电和双边供电。城市轨道交通接触网（或接触轨）在每个牵引变电所附近由电分段进行电气隔离，分成两个供电分区，每个供电分区也称为一个供电臂。如列车只从所在供电臂上的一个牵引变电所获得电能，这种供电方式称为单边供电；如一个供电臂同时从相邻两个牵引变电所获得电能，则称为双边供电。

一般来说，车辆段内采用单边供电方式，正线采用双边供电方式。在采用双边供电时，当某一牵引变电所故障退出运行时，该段接触网就成为单边供电。

三、刚性接触网

刚性悬挂是和弹性悬挂相对应的一种接触悬挂方式，所谓刚性悬挂就是要考虑整个悬挂导体的刚度。架空刚性悬挂是刚性悬挂的一种，一般采用具有相应刚度的导电轨或具有相应刚度的汇流排与接触线组成。

架空刚性接触网主要用于地下铁道，至今有100多年的历史了。1895年，架空刚性悬挂首次在美国巴尔的摩第一条电气化铁路中应用。1961年，作为架空刚性悬挂主要形式的T形刚性悬挂在日本营团城市轨道日比谷线投入使用；1983年，作为架空刚性悬挂另一主要形式的Π形刚性悬挂在法国巴黎RATPA线投入使用。

架空刚性接触网有两种典型代表（以汇流排的形状分），即以日本为代表的T形结构和以法国、瑞士等国为代表的Π形结构，如图3－3－1所示。目前，国外架空刚性悬挂已得到广泛应用，如法国、瑞士、西班牙、日本、韩国等国家。

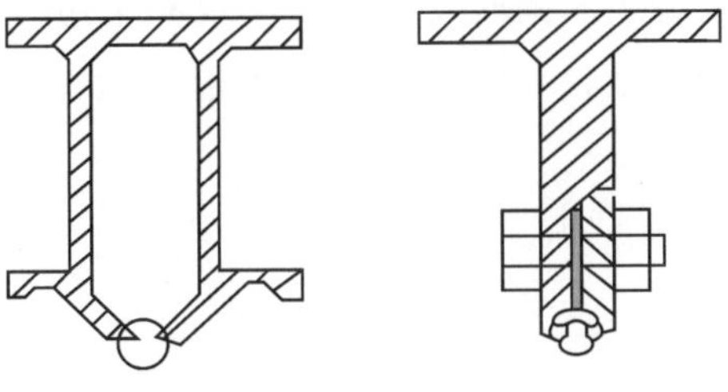

（a）Π形　　（b）T形

图3－3－1　刚性接触网汇流排

国内第一条架空刚性悬挂于2003年6月28日在广州建成（即广州地下铁道2号线、三元里—琶洲，长约18.4km），采用了PAC110型单Π形汇流排结构。

（一）刚性接触网的结构

1. 接触悬挂

架空刚性悬挂的Π形结构和T形结构，均可分为单接触线式和双接触线式。架空刚性悬挂主要由汇流排、接触导线、伸缩部件、中心锚结等组成。接触悬挂通过支持与定位装置安装于隧道顶或隧道壁上，如图3－3－2所示。

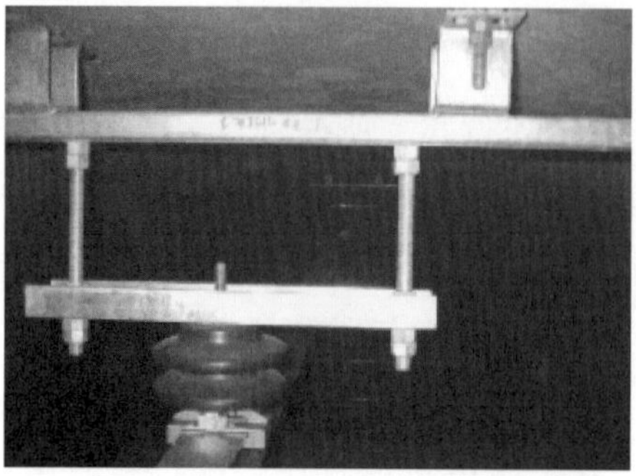

（a）垂直悬挂安装

（b）水平腕臂安装

图 3-3-2　Π 形刚性悬挂安装图

（1）汇流排和接触线。

汇流排一般用铝合金材料制成，其形状一般做成 Π 形和 T 形。Π 形结构汇流排包括标准型汇流排、汇流排终端和刚柔过渡元件。标准型汇流排一般有 PAC110 和 PAC80 两种，是刚性接触悬挂的主要组成部分，其长度一般被制成 10m 或 12m；汇流排终端用于锚段关节、线岔及刚柔过渡处，如图 3-3-3 所示，其作用是保证关节、线岔和刚柔过渡的平滑、顺畅过渡，其长度一般做成 7.5m。

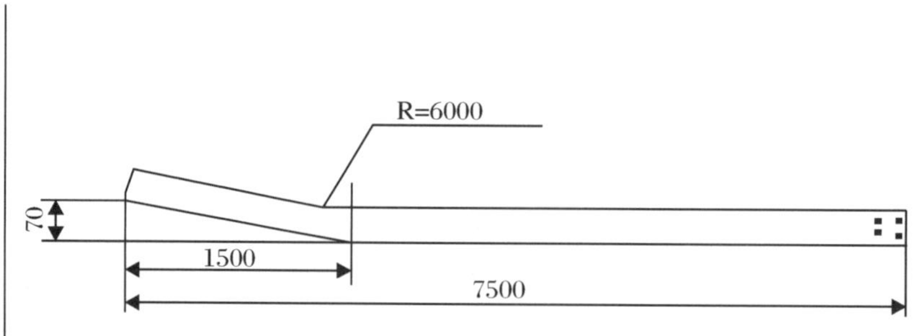

图 3-3-3　汇流排终端

（2）伸缩元件。

图 3-3-4 所示的是单线式 Π 形结构汇流排伸缩部件的结构，其功能是能在一定范围内自由伸缩，同时又能满足电气性能的要求，既能保证电气上的良好接触和导电的需要，又能保证机械上的良好伸缩性。一般一个锚段安装一个膨胀元件，其作用是补偿铝合金汇流排与银铜接触线因热胀系数不同而产生的

热膨胀误差。根据计算，半个锚段汇流排与接触线热胀差值大概是 70mm。

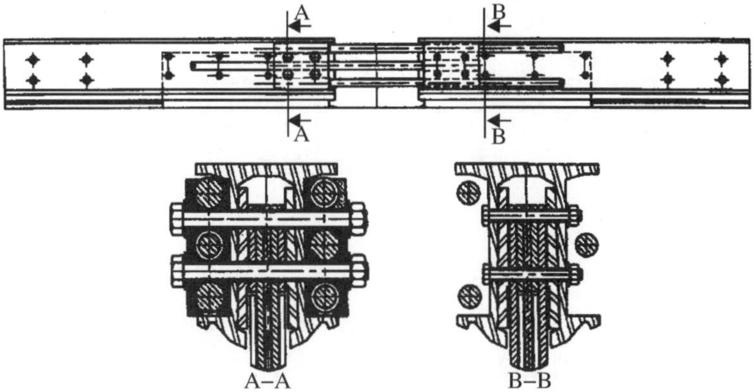

图 3－3－4　膨胀元件

（3）接头。

图 3－3－5 所示是单接触线式 Π 形汇流排接头的结构，主要由汇流排接头连接板和螺栓组成，用于连接两根汇流排。其要求是既要保证被连接的两根汇流排机械上良好对接，又要有足够的接触面积，确保导电性能良好。

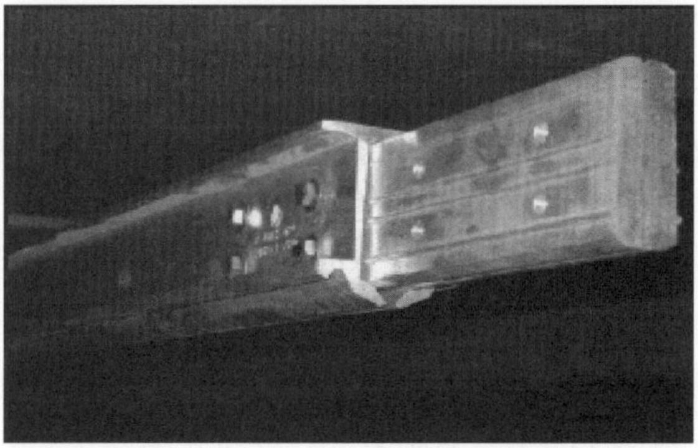

图 3－3－5　汇流排接头

（4）锚结。

图 3－3－6 所示是单接触线式 Π 形结构架空刚性接触悬挂中心锚结的结构，主要由中心锚结线夹、绝缘线索、调节螺栓及固定底座组成。其作用是防止接触悬挂窜动。

2. 支持和定位装置

架空刚性接触网的支持和定位装置主要有以下两种结构。

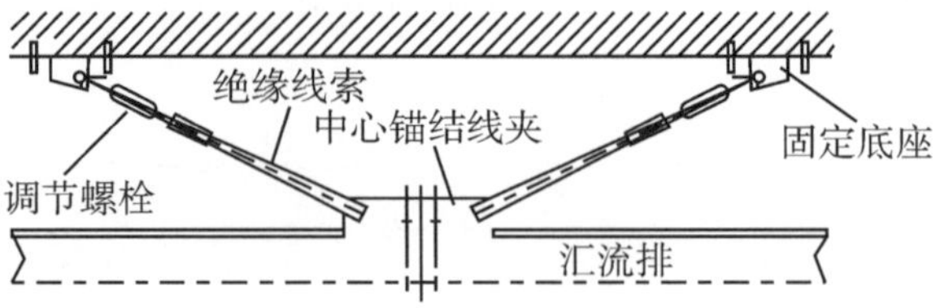

图 3-3-6 中心锚结

(1) 腕臂结构。

主要由可调节式绝缘腕臂、汇流排线夹、腕臂底座、倒立柱或支柱等组成，其特点是调节灵活、外形美观，但结构复杂，成本较高。此种结构主要用于隧道净空较高或地面的线路。

(2) 门形结构。

由悬吊螺栓、横担槽钢、绝缘子及汇流排线夹等组成。其特点是结构简单、可靠，但调节较困难。此种结构大量用于隧道内。

(二) 架空刚性接触网的特点

架空刚性接触网是与弹性（柔性）接触网相对应的一种接触网形式，与柔性接触网有明显的差别。

1. 架空刚性接触网与柔性接触网的比较

(1) 刚性悬挂、柔性悬挂都能满足最大离线时间、传输功率、电压电流、受电弓单弓受流电流以及最大行车速度的要求。

(2) 在受电弓运行的安全性以及对弓网故障的适应性方面，由于刚性较柔性有如下特点，刚性悬挂受电弓的安全性和适应性要明显好于柔性。

①刚性汇流排和接触线无轴向力，不存在断排或断线的可能，从而避免了柔性钻弓、烧融、不均匀磨耗、高温软化、线材缺陷以及受电弓故障造成的断线故障。由于这样的特点，刚性悬挂的故障是点故障，而柔性悬挂的故障范围为一个锚段，所以刚性悬挂的事故范围小。当然柔性悬挂的断线故障率还是非常小的，也是能够满足运营要求的。

②刚性悬挂的锚段关节简单，锚段长度是柔性悬挂的 1/7～1/6，固定金具窜动回转范围小，这提高了运行中的安全性和适应性。

2. 弓网摩擦副的更换周期

更换周期对受电弓以运营公里考核，对接触网则以运营弓架次总量或运营年限考核。正常的更换周期主要取决于摩擦副的磨耗量。磨耗量由机械磨耗和电气磨耗量部分组成。机械磨耗主要取决于摩擦副材质和平均接触力。电气磨耗取决于离线率和受流电流。更换周期还取决于受电弓滑板和接触线允许磨耗量的大小。

四、第三轨式接触网

第三轨式接触网是沿线路敷设的与轨道平行的附加轨，又称为第三轨，其功用与架空接触网一样，通过它将电能输送给电动车组。不同点在于，接触轨是敷设在铁路旁的钢轨。电动车组由伸出的取流靴与之接触而接受电能。

（a）上部授流接触轨　（b）下部授流接触轨　（c）侧部授流接触轨

图 3－4－1　接触轨类型

接触轨（第三轨）受电方式最早在伦敦城市轨道采用，由于接触轨构造简单，安装方便，可维修性好，并对隧道建筑结构等的净空要求较低，受流性能满足 DC750V 供电的需要，因而在标准电压 DC750V 供电系统中得到广泛的采用。其中接触轨为正极，走行轨为负极。接触轨系统允许电压波动范围为 DC500～900V。

第三轨系统可降低隧道上方净空，节省投资，具有供电线路维修工作量少，假设不影响周围的景观等优点。

第三轨系统采用高导电性的钢铝复合接触轨，因此可以不用额外敷设沿线的馈电电缆；单位电阻小，可降低牵引网电能损耗，从而有效的节约运营成本；重量轻，易于调整，接触轨之间采用接板机械连接，不需要现场焊接，因此安装简便；复合材料制成的接触轨支架具有低维护、耐腐蚀的特点，可以有效降低生命周期成本；安装位置在走行钢轨旁边，对铁路周围景观影响较小；钢铝复合轨与电力机车集电靴之间的接触面为不锈钢层，因此使用寿命长。

我国城市轨道建设起源于北京，20 世纪 60 年代初，北京在修建城市轨道时采用了接触轨（第三轨）的受电方式，接触轨安装与线路行车方向的左侧，集电靴采用上部接触方式受电。目前，我国不少城市的地铁线路采用了接触轨系统。例如北京地铁 1 号线工程，天津地铁 1 号线和武汉轨道交通 1 号线等。伴随着我国地铁建设事业的发展，接触轨技术也走过了近 40 年的发展历程。这期间接触轨技术不断发展，其主要表现为：安装方式由单一的上部接触受流方式，发展成上部接触受流方式与下部接触受流方式并存；导电轨由低碳钢材料发展成钢铝复合材料；防护罩（及支架）由木板材料发展成玻璃钢材料；绝缘子材料除电瓷外还开发出环氧树脂材料及硅橡胶材料；相应的一些施工安装方法也有所改进。目前，直流 1500V 接触轨系统也在积极研发之中，同时钢铝复合接触轨的国产化工作也正在逐步展开。

广州市轨道交通 4 号线大学城专线段工程，线路全长 14.11km，2005 年 12 月建成通车。

由于广州地铁 4 号线几次穿越珠江水系，并且一部分线路位于已建城区。针对减少车站埋深及增加选线灵活度的需求，而采用了爬坡能力大、转弯半径小的直线电机交通系统。另外，考虑到该线路平均站间距大及工程建造经历减少对城市景观的影响，采用直流 1500V 接触轨系统，接触轨材料为钢铝复合接触轨。

（一）接触轨的组成

在接触轨系统零部件中，除作为导电轨的接触轨以外，还包括绝缘支架（或绝缘子）、防护罩、隔离开关设备、电缆等。接触轨、绝缘支架（或绝缘子）、防护罩，是接触轨系统中送电、支撑、防护的三大件。

接触轨系统，其技术特征有三个：一是电压等级；二是安装方式；三是导电轨材料。

1．电压等级

目前世界上城市轨道交通中的直流牵引网电压等级繁多，接触轨系统的电压等级有：600V、630V、700V、750V、825V、900V、1000V、1200V 等，目前国内接触轨系统标称电压为直流 750V，国际上接触轨电压等级的发展趋向是 IEC 标准中的直流 600V 和 750V。

2．安装方式

接触轨系统根据受流位置的不同，可分为上接触式、下接触式及侧接触式三种形式。

3．导电轨材料

接触轨可采用低碳钢材料或钢铝复合材料。

（二）接触轨式接触网的主要结构

接触轨式接触网主要由接触轨、端部弯头、接触轨接头、防爬器和安装底座等构成。

1．接触轨

在我国城市轨道第三轨供电中，接触轨多采用50kg/m（或60kg/m）高电导率低碳钢轨，轨头宽度为90mm。低碳钢导电轨主要的特点是磨耗小，制作工艺成熟，价格较低。

接触轨单位制造长度一般为15m。当线路的曲线半径大于190m时，钢铝复合轨可以在施工现场直接打弯；当线路的曲线半径小于或等于190m时，钢铝复合轨则要在工厂预加工。

2．端部弯头

接触轨端部弯头主要是为了保证集电靴顺利平滑通过接触轨断轨处而设置的。在行车速度较高区段，端部弯头一般采用长约5.2，坡度为1∶50的标准，如图3-4-2所示。

图3-4-2 接触轨端部弯头

3．接头

接触轨接头一般分为正常接头和温度伸缩接头两种。

正常接头采用铝制鱼尾板进行各段导电轨的固定而不预留温度伸缩缝，但要求接头与支持点的距离不小于600mm，如图 3 -4 -3 所示。

图 3 -4 -3　接触轨接头

温度伸缩接头主要是为了克服接触轨随环境温度变化而引起的伸缩，在隧道内，接触轨自由伸缩段长度约按 100m 考虑；地面及高架桥上接触轨自由伸缩段长度约按 80m 考虑，如图3 -4 -4所示。

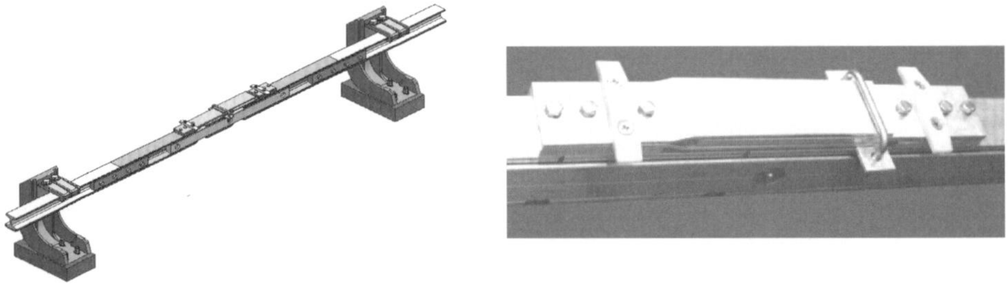

图 3 -4 -4　接触轨温度补偿接头

4. 防爬器

防爬器即中心锚结。设置防爬器主要是为了限制接触轨自由伸缩段的膨胀伸缩量。在一般区段，在两膨胀接头的中部设置一处防爬器，并在整体绝缘支架两侧安装；在高架桥的上坡起始端、坡顶、下坡终端等处安装防爬器，如图 3 -4 -5 所示。

图 3 -4 -5　防爬器

5. 安装底座

下磨式接触轨的安装底座一般采用绝缘式整体安装底座，且一般安装在轨道整体道床或者轨枕上，如图 3－4－6 所示。

图 3－4－6 接触轨绝缘式安装底座

6. 防护罩

防护罩的作用在于尽可能地避免人员无意中触碰到带电的设备，一般采用玻璃纤维增强树脂（GRP）材质的防护罩，机械性能在工作支撑条件下可承受 100kg 垂直载荷，并应在高温下具有自熄、无毒、无烟和耐火的性能，如图 3－4－7所示。

图 3－4－7 防护罩

第四章 电力监控系统

电力监控系统（以下简称 SCADA 系统）实现在控制中心（OCC）对供电系统进行集中管理和调度、实时监控和数据采集。除利用“四遥”（遥控、遥信、遥测、遥调）功能监控供电系统设备的运行情况，及时掌握和处理供电系统的各种事故、报警事件功能外，利用该系统的后台工作站还可以对系统进行数据归档和统计报表，以更好地管理供电系统。

随着计算机和通信技术的发展，自 20 世纪 90 年代末开始，以计算机为基础的变电所综合自动化技术为供电系统的运行管理带来了一次变革。它包含计算机保护、调度自动化和当地基础自动化。可实现电网安全监控、电量及非电量监测、参数自动调整、中央信号、当地电压无功综合控制、电能自动分时统计、事故跳闸过程自动记录、事件按时间排序、事故处理提示、快速处理事故、微机控制免维护蓄电池和微机远动一体化功能。它为推行变电所无人值班提供了强大的技术支持。

一、电力监控系统的基本组成与功能

（一）电力监控系统的基本组成及其功能

电力监控系统由设置在控制中心的主站监控系统，设置在各种变电所内的子站系统以及联系两者的通信通道构成。电力监控系统的设备选型、系统容量和功能配置应能满足运营管理和发展的需要。其系统构成、监控对象、功能要求，应根据城市轨道交通供电系统的特点、运营要求、通信系统的通道条件确定。

电力监控系统主站的设计，应确定主站的位置，主站系统设备配置方案，各种设备的功能、形式和要求以及系统容量，远动信息记录格式和人机界面形式要求等。电力监控系统子站的设计，应确定子站设备的位置、类型、容量、功能、形式和要求。电力监控系统通道的设计要求，应包括通道的结构形式，主/备通道的配置方式、远动信息传输通道的接口形式和通道的性能要求等。电力监控系统的结构宜采用1对N的集中监控方式，即1个主站监控N个子站的方式。系统的硬件、软件一般要求充分考虑可靠性、可维护性和可扩性，并具备故障诊断、在线修改功能，同时遵循模块化和冗余的原则。远动数据通道宜采用通信系统提供的数据通道。在设计中应向通信设计部门提出对远动数据通道的技术要求。

1. 主站监控系统的基本功能

（1）实现对遥控对象的遥控；

（2）实现对供电系统设备运行状态的实时监视和故障报警；

（3）实现对供电系统中主要运行参数的遥测；

（4）实现汉化的屏幕画面显示、模拟盘显示或其他方式显示，以及运行和故障记录信息的打印；

（5）实现电能统计等的日报、月报制表打印；

（6）实现系统自检功能；

（7）以友好的人机界面实现系统维护功能；

（8）实现主/备通道的切换功能。

2. 子站设备（远动终端）应具备的基本功能

（1）远动控制输出；

（2）现场数据采集（包括数字量、模拟量、脉冲量等）；

（3）远动数据传输；

（4）可脱离主站独立运行。

此外，子站设备（远动终端）的通信规约应对用户完全开放。

3. 变电所综合自动化装置应具备的基本功能

（1）保护、控制、信号、测量；

（2）电源自动转接；

（3）必要的安全联锁；

（4）程序操作；

（5）装置故障自检；

（6）开放的通信接口。

当采用主控单元对各变电所综合自动化装置进行管理时，除提供多种形式的现场网络接口外，变电所间断断路器联跳等功能通过综合自动化主控单元与控制中心监控主站的信息传递、交换共同来实现。重要设备之间除考虑二次回路硬线联动、联锁、闭锁外，由综合自动化软件实现逻辑判断、计算、继电器等功能，并通过下位监控单元执行操作。

（二）监控的基本内容

监控对象应包括遥控对象、遥信对象和遥测对象三部分。

1. 遥控

遥控是指调度中心向地铁沿线各被控变电所中的开关电器设备发生“合闸”“分闸”指令，实行远距离控制操作。遥控对象应包括下列基本内容：

（1）主变电所、开闭所、中心降压变电所、牵引变电所、降压变电所内1kV及以上电压等级的断路器、负荷开关及系统用电动隔离开关；

（2）牵引变电所的直流快速断路器、直流电源总隔离开关，降压变电所的低压进线断路器、低压母联断路器、三级负荷低压总开关；

（3）接触网电源隔离开关；

（4）有载调压变压器的调压开关。

2. 遥信

遥信是指调度中心对地铁沿线各变电所中被控对象（如开关电器等）的工作状态信号进行监视。遥信对象应包括下列基本内容：

（1）遥信对象的位置信号，如开关电器设备所处的“分闸”“合闸”位置信号；

（2）高中压断路器、直流快速断路器的各种故障跳闸信号；

（3）变压器、整流器的故障信号；

（4）交直流电源系统故障信号；

（5）降压变电所低压进线断路器、母联断路器的故障跳闸信号；

（6）钢轨电位限制装置的动作信号；

（7）预告信号；

（8）断路器手车位置信号；

（9）无人值班变电所的大门开启信号；

（10）控制方式。

3．遥测

遥测是指调度中心对地铁沿线各变电所中的工作状态参数远距离的测量。遥测对象应包括下列基本内容：

（1）主变电所进线电压、电流、功率、电能；

（2）变电所中压母线电压、电流、功率、电能；

（3）牵引变电所直流母线电压；

（4）牵引整流机组电流与电能、牵引馈线电流、负极柜回流电流；

（5）变电所交直流操作电源的母线电压。

二、电力监控系统的硬件构成

（一）电力监控系统的硬件应包括的主要设备

电力监控系统的硬件一般包括以下主要设备：

（1）计算机设备（主机）与计算机网络；

（2）人机接口设备；

（3）打印记录设备和屏幕拷贝设备；

（4）通信处理设备。

（二）主站监控系统

主站监控系统由局域网络、主备服务器、主备操作员计算机、维护计算机、数据文档计算机、信号系统用行调计算机、前置通信机、打印机、模拟盘等设备构成，如图 4－2－1 所示。

1．局域网络

控制中心主站网络访问方式可采用客户机、服务器访问方式，局域网络结构采用双以太网构成，相互备用。在正常情况下，两个网络同时工作，平衡网络信息流量。网络切换采取基于网络口切换的策略，每台服务器和客户机保持同时监视两个网段上与其他通信节点的连通状况。当服务器或客户机某一个网络口（如网卡）故障时，只改变本机器与其他节点的通信路径，不会影响到其他节点间的通信。当两个网段的其中之一故障时，网络通信管理程序会根据网络口的连通状况，自动在另一个网段上形成通信链路。

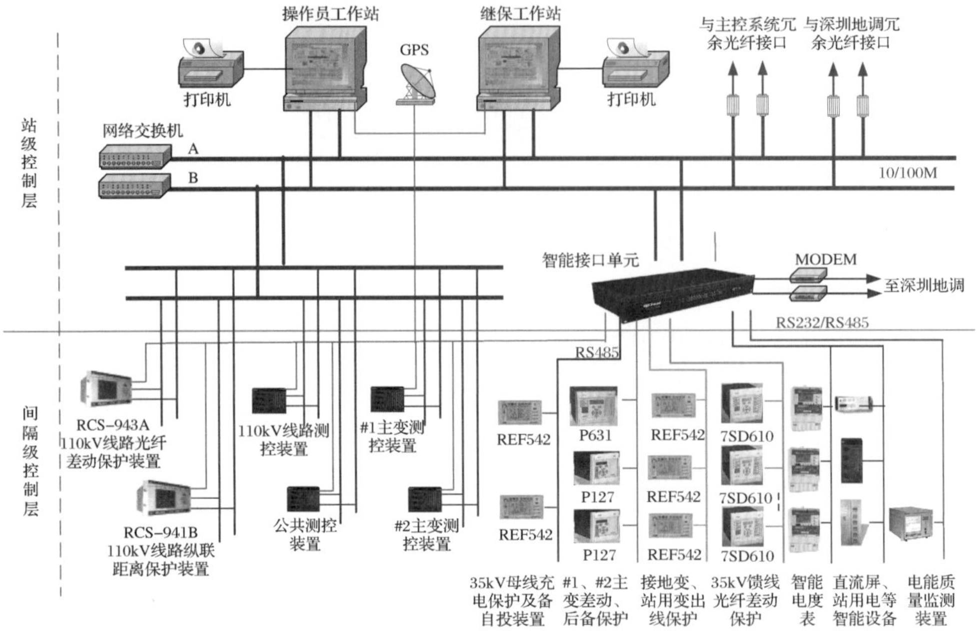

图 4－2－1 主站监控系统网络结构示意图

网络通信协议采用 TCP/IP 协议，网络传输媒介为光纤，通信速率为 100Mb/s。系统网络具有良好的扩展性，可方便增加客户机而不影响网络性能。

2. 服务器

控制中心主站配置两套功能等价、性能相同的计算机用于整个系统的网络管理、数据处理，并作为网络内其他计算机的共享资源。系统正常工作时，一台主用，另一台备用。控制命令仅通过主服务器发出。主、备服务器均能接收来自被控站的各种上传数据。当主服务器故障时，系统自动切换到另一台备用服务器上，故障信息在打印机上打印，并在另一台服务器系统故障画面上显示故障信息。

3. 工作站计算机

用于正确同步反映服务器上的所有数据（包括图像、警报、遥测量等），提供给调度员和维护员各一个工作的窗口，进行维护系统软件、定义系统运行参数、定义系统数据库及编辑、修改、增扩人机界面画面等工作。

4. 前置通信机

系统配置两套功能等价的前置通信机，通过通信系统提供的通信通道实现与被控站设备的远方通信，两套前置通信机实现相互之间的热备用。配置监视两前置通信机工作运行状态的看门狗软件。正常时，两套前置通信机同时接收来自被控站的信息，但只要一个前置通信机与系统进行信息交换，当主用前置通信机发生故障时，系统自动切换到备用前置通信机，故障信息记录在系统报警报表中。前置通信机与各被控站采用点对点的通信方式，两个串口对应一个被控站，其中一个串口作备用。前置机通信至通信设备室的每个变电所的通信电缆采用单独回路。前置通信机采用经验成熟、性能先进、质量稳定的产品，通信接口为串行 RS－422，通信传输速率不低于 9600b/s。

5. 时钟子系统

该系统数字显示时钟与本系统计算机软时钟同步，此数字显示时钟镶嵌在模拟盘中央上部，并可通过 CRT 操作键对其进行时间设定。本系统主站定时与各变电所综合自动化系统定时同步对时，每 10～15min 同步一次，同步间隔时间可调。

6. 模拟盘

为全面、系统、直观地掌握供电系统的运行情况，在控制中心设置模拟盘。模拟盘显示系统以彩色灯光（红、绿）形式模拟供电设备的运行状态，以光带方式监视接触网线路的带电状态。模拟盘应具有暗盘和亮盘两种运行方式，其控制命令由操作员控制台发出。在暗盘运行时，当被控站发生故障，模拟盘相应站名灯、事故灯，以及相关开关灯闪烁，按闪光复归键后，停闪。

三、电力监控系统的软件构成

（一）主控站系统的管理功能

主控站系统的管理功能主要由五个部分组成：数据库管理子系统、图形管理子系统、报表管理子系统、网络管理子系统和安全管理子系统。

1. 数据库管理子系统

（1）为各种应用功能模块提供共享的数据平台，提供开放式的数据库接口，实现数据库的定义、创建、录入、检索和访问。

（2）提供数据断面的管理机制，实现历史数据的存储、拷贝和再利用。

（3）数据库的控制功能可完成对数据库的安全性控制、完整性控制和数据共享时并发控制。

（4）具有故障恢复功能、安全保护功能以及网络通信功能等。

（5）可采用商用数据库管理系统保存历史数据。

2. 图形管理子系统

（1）具有风格统一、友好方便的操作界面。

（2）可完成图元编辑、引用、画面生成、调用、操作、管理等功能。允许用户自定义图元。

（3）可生成多种类型画面，有接线图、地理图、工况图、棒图、饼图、曲线图、仪表图、其他图。

（4）可在画面上完成各种操作，有图形缩放、应用切换、调度操作、任务启动等。

（5）画面显示具有网络动态着色功能。

（6）画面打印可任选：行式打印、彩色打印、激光打印。

（7）具有以下技术特点：全图形显示，可漫游变焦、自动分层、随意移动、多窗口技术、快速直接鼠标控制和多屏幕技术。

3. 报表管理子系统

（1）操作员可在显示器上以交互式定义报表格式或报表数据等。

（2）可制定任意行事的数据表格。

（3）表格可显示实时及历史数据内容。

（4）表格在窗口中提供翻滚棒操作。

（5）表格内各数据具有计算功能，用户可在表格内自动加减运算；考虑通道质量等因素，系统提供报表数据编辑修改功能。

（6）报表操作可完全在线进行，不影响系统运行。

（7）报表打印分成正常打印和异常打印，启动方式为定时启动、事件启动和召唤启动。全图形为全汉化的人机界面。

4. 网络管理子系统

（1）基于国际标准传输层协议（TCP/IP），实现网上工作站之间实时信息传输及这个网络系统的信息共享。

（2）所有工作站之间的信息交换、功能实现，在网络环境下均能实现同步变化，任一工作站的实时画面可实时在任一监视器上显示；任一工作站故障或退出，不丢失信息也不影响系统功能。

（3）可以支持双以太网结构。

（4）可以通过网桥和管理网进行信息交换，实现信息共享。

（5）支持 X5. 2 协议的远程分组交换网间通信，实现和远方机器的网间连接。

5. 安全管理子系统

采用多级安全管理策略，在用户一级采用口令和权限管理机制，给每个用户分配一个用户名和口令，并且每个用户都赋予一定的操作权限，比如电调只有对图形的读取、遥控、置数等权限，而没有修改的权限，还可定义该口令的有效时间，防止用户忘记退出时被别人冒用；在系统一级，采用防火墙技术，防止黑客进入。

（二）变电所综合自动化系统的主要功能

变电所综合自动化实现变电所各种设备的控制、保护、监视、联动、联锁、闭锁、电流、电压、功率、电度量的采集等功能。变电所间开关联跳等功能通过综合自动化主控单元与控制中心监控主站的信息传递、交换共同来实现。重要设备之间除考虑二次回路硬线联动、联锁、闭锁外，由综合自动化软件实现逻辑判断、计算、继电器等功能，并通过下位监控单元执行操作。利用下位监控单元实现对 0. 4kV 进线开关、母联开关、三级负荷总开关的控制。

1. 现场网络接口

由于变电所的二次监控单元和保护单元采用不同厂商的设备，因而也造成了下层智能设备使用不同的通信协议，因此采用具有多个支持多种介质网络的通信接口（RS - 2232、RS - 422、RS - 485、CAN、LONWORKS、以太网、MODBUS、PROFIBUS、LON 等）的主控单元对所有网络进行管理，通过现场监控网络对各开关柜内监控单元和保护单元的运行状态进行监控。主控单元与 0. 4kV 下位监控单元及公共部分 I/O 单元采用 CAN - BUS 现场总线互联，网络拓扑为总线型；主控单元与 110kV 交流、35（33）kV 交流、1500V 直流设备、所内交直流装置、变压器温控器上的智能设备的连接采用 RS - 485、LONWORKS、MODBUS、PROFIBUS、LONBUS、LON 接口实现，传输介质采用光纤/双绞线。主控单元多采用 CPU，不同设备或传输介质采用不同的接口模块，所有网络接口模块在主控单元内采用 CANBUS 通信。

除设置主控单元外，还设有 I/O 模块单元，直接控制监视不宜装设下位监控单元的开关设备，例如：接触网上网电动隔离开关、所用电交流电源的投切自动装置等。

2. 主控单元的功能

主控单元接受控制中心主机或当地维护计算机的控制命令，向控制中心主机或当地维护计算机传送变电所操作、事故、预告等信息。除实现网络接口外，还实现下述功能：

（1）实现直流馈线断路器与接触网电动隔离开关之间的软联锁。主控单元通过网络通信采集到直流馈线断路器与接触网电动隔离开关的位置状态。在操作选择、校核时，主控单元按操作对象预编程的联锁条件进行操作闭锁软件判别，决定执行或终止操作，从而实现直流馈线断路器与接触网电动隔离开关之间的软联锁。

（2）实现电源自动投切功能，采用可视化顺控流程的编程特点在主控单元固化电源自动投切的软件模块中，实现变电所 35（33）kV 高压侧电源、所用交流电源的投切自动装置的功能。其实现方法为：通过所内控制信号盘、监控网络、开关柜内下位监控单元（控制、保护设备）来实现，所有信号的传递均由所内监控网络完成。

第五章　轨道交通通信系统

一、概述

轨道交通通信系统必须保证轨道交通列车运行的安全、准点、高密度和高效率，形成运输的集中统一指挥、行车调度自动化和列车运行自动化，是连接移动设备、固定设备、运输生产基地的纽带，是轨道交通运输生产及作业人员的信息沟通工具。

轨道交通通信系统按其使用要求，分成确保行车安全提高运行效率、设备维护运营管理、为旅客服务等三类通信系统；按其服务类别，分成话音通信、控制信号传输、数据通信、图像通信，等等；按其技术类别，分成传输子系统、无线子系统、公务电话子系统、专用电话子系统、有线广播子系统、闭路电视监控子系统、时钟子系统、电源子系统、集中告警设备，等等。

（一）铁路通信系统的发展及现状

新中国成立初期，铁路长途通信一直采用的是以架空明线和电缆为传输媒质的载波通信设备，电话交换大量发展步进制自动交换机及人工长途台，在专用通信方面，全路调度、各站、养路等通信系统改造为铁路支流脉冲选叫方式。进入 20 世纪 70 年代，随着国外铁路开始应用光纤技术，我国铁路光缆、数字通信也随之进入研究阶段，进入 80 年代中后期，数字光纤通信已经在多条线上试用成功。90 年代数字光纤通信已经在铁路通信中被广泛使用，这一时期除光缆建设迅速发展以外，其他数字通信建设也得到了相应的发展。在交换方面大量采用程控交换设备，90 年代末全路长途交换网基本形成，在数据交换方面根据铁路运输管理信息系统（TMIS）、客票预定和发售信息系统及铁路其他信息业务的需要，建设了铁路第一个分组交换数据网，在专用通信方面由于光数字分插设备的应用，区段通信电缆数大幅度增加，中间站通信条件大为提高。调度等共线电话也推广采用了程控共线设备。

铁路无线通信系统使用的单信道模拟制式无线通信设备主要是为满足话音通信设计的，主要使用450M频段，共58对频点，固定分配给了无线列调、站调、公安等无线系统使用，各个部门间不能相互共享，造成频率资源的极大浪费。无线通信系统采用频点（信道）固定分配的方式，信道长期指配给某一系统（通常按专业划分）用户使用，当一个信道遇忙时，其他用户只能等待，往往造成该信道上的用户争抢或者出现阻塞，通信质量得不到保证。而信道空闲时，别的系统用户也并不能利用该信道进行通信。这无疑是对频率资源的一种浪费，也制约了用户数量的进一步发展。铁路无线通信系统枢纽地区干扰严重不具备网络能力，移动终端对讲距离受限，邻站交界区易发生业务中断，各个无线通信系统分散，不能联合组网，使得各系统之间用户无法进行联络，无线、有线调度网基本独立，无法形成有机融合的整体。无线列调系统是开放系统，并未做任何鉴权加密处理，对用户无须进行身份识别，只要无线终端用户频点和调制方式与无线列调相同，便可以加入到无线列调系统内的通信。因此话音业务可以被接收或窃听，给行车安全带来极大的隐患。

随着我国铁路信息化建设的不断发展，铁路数据信息业务量的多样化和高速率，使得GSM－R系统在国内有着广阔的发展空间，GSM－R技术也正是顺应时代的发展，利用其固有的GSM－R网络特性，为铁路信息化和自动化发展奠定良好的基础，利用通信的手段实现铁路移动设施和固定设施的无缝连接，确保列车平稳高速、安全地运行。

（二）城市轨道交通通信系统的发展及现状

城市轨道交通的专用通信网是一个能传输语言、图像、数据等各种类型信息的综合业务数字通信网。城市轨道交通通信网（其中包含多个业务网）的设备组成如图5－1－1所示。对光纤环路而言，其物理网络的拓扑结构为环形结构，各通信节点与环直接相连，物理环网在光纤切断或环内传输节点设备故障时，信号可从另一方向环回，故有很好的抗毁性。

在传输电路分析中，对环形结构的可视为总线型结构，故在图5－1－1中控制中心与各车站所组成的逻辑网络的拓扑结构表示为总线结构。

控制中心和各个车站配置的业务节点设备主要包括：公务和专用电话交换

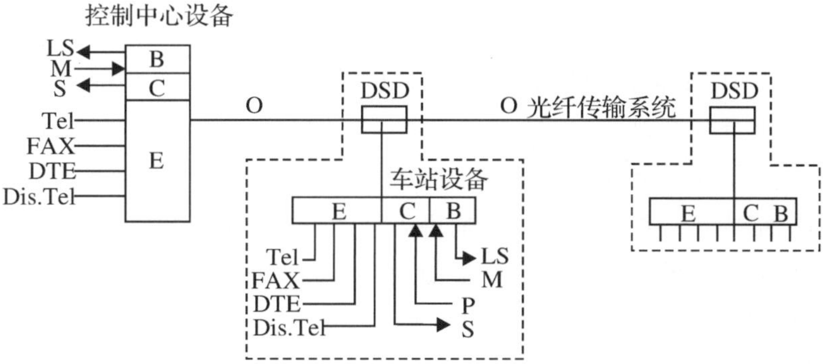

B—广播设备；C—闭路电视设备；E—交换设备；O—光纤传输系统；M—话筒；LS—扬声器；P—摄像机；S—监视器；Tel—电话机；FAX—传真机；DTE—数据终端；Dis. Tel—调度电话；DSD—数字信号分配器。

图 5－1－1　通信网设备组成

设备、广播设备和闭路电视设备。

在控制中心的公务电话交换设备，通过光纤传输系统连接车站交换机或中心交换设备的远端模块。在车站电话交换节点设备上可以连接普通电话机、传真机、电路数据终端。控制中心与各车站的交换设备之间，在逻辑上一般采用点对点的星形连接方式，构成公务电话子系统。

在控制中心的调度电话交换设备，通过光纤传输系统和 PCM 接口设备连接各车站的调度电话机。中心调度交换设备与车站调度终端之间，在逻辑上一般采用点对点的星形连接方式，构成专用电话子系统。

控制中心的广播设备通过光纤传输系统与车站的广播设备相连接，中心广播设备与各车站广播设备之间，逻辑上一般以总线方式连接，构成有线广播子系统。

控制中心的闭路电视设备通过光纤传输系统与车站的闭路电视设备相连接。中心 CCTV 设备与各车站 CCTV 设备之间采用点对点的星形连接方式，构成闭路电视子系统。

由于传输网的物理网络采用总线形（环网）结构，控制中心送出的各种信息必须按需在各个车站从总线上分出来，送到相应的车站设备，各车站送给控制中心的信息及各车站之间互相传递的信息又必须插入到总线上去，因此在各车站需配备数字信号分配器（DSD），以实现信息的分/插与连接功能。有了数字信号分配器，控制中心和各车站送出的各种信息能够汇集在同一个光纤传输系统中进行传输，并能顺利到达各自的目的地。

典型的数字信号分配器为 SDH 环网中的传输节点设备 ADM。ADM 串联在环中，将光信号转换为电信号，并进行解复用。解复用后的电信号经数字配线模块（DXC）让大部分承载信号复用和电/光转换后直通，小部分承载信号提供上下车站业务（落地）。

为了使各子系统能够相互联系，协同工作，一个可靠、合理、先进的传输主干及组网结构是必不可少的。传输主干及组网结构的优劣，直接关系到各个通信子系统的运行效能。目前，广泛使用的有以下集中主干网。

（1）SDH。

光同步数字传送网（SDH）是由一些网元（NE）组成、在光纤上进行同步传输信息传输、复用和交叉连接的网络。这种网络技术今天已经十分成熟。

SDH 的分插复用器（ADM）可以通过软件方式上下电路，省去大量复用设备，还具有一定的交叉能力。数字交叉连接设备（DXC）可在软件的控制下完成电路的交叉、调度，在电路出现阻断时，通过交叉方式进行路由迂回，实现网络恢复功能，而且，ADM 和 DXC 网管功能较强时，可通过网管信道在远距离对其进行配置。

（2）ATM。

异步转移模式（ATM）技术是未来宽带综合业务数字网的基本传送方式，它是在同步转移模式（STM）技术基础上发展起来的，且进一步改进了 SDH 传输和业务连接方面的弱点，并集传输、交换、复接及有效支持各种业务接入于一体。

在以 ATM 为基础的网络上，信元的复用与交换处理方式和所传送的信息类型（语音、数据、视频等）无关。因为 ATM 网络所处理的是形式相同的固定长度信元，所以可省去许多不必要的检验，能直接运用硬件加快处理速度，并提高了交换与复用效率。信元的复用与交换处理方式与实际信息类型无关这一特性，使相同设备理论上可处理低频宽和高频宽的信息。因此，ATM 可以按需分配频宽。同时，由于使用很短的信元和高速传输速率，使得传输延迟及延迟抖动量都非常小，故 ATM 的服务范围非常广泛。

（3）OTN。

西门子公司的开放式传输网（OTN）是一种灵活和支持多协议的开放式网络。它根据语音、数据、LAN 以及视频等业务的相关标准设计了接口卡，从而使符合这些标准的设备可以通过 OTN 结点机毫无限制地直接互联。若能直接接入普通电话机、数据终端设备、影像设备（摄像机、显示器等），还可与交换机用户电路或 2Mb/s 的 E1 口连接。此外它还提供带宽达 15kHz 的音频接口，在网络方面支持 10M/100M 以太网的接入。

二、铁路调度通信网

铁路通信系统是实现铁路专用通信业务的系统，铁路调度通信系统是其重要组成部分，目前正由模拟通信技术向数字通信技术方向演进。

（一）铁路调度通信网的网络结构

铁路调度通信网的网络结构根据铁路运输调度体制，分为干线、局线、区段三层，各层网络自成系统独立组网，铁路局和铁路局下属的调度区段为各层网络的相切点，如图 5－2－1 所示。

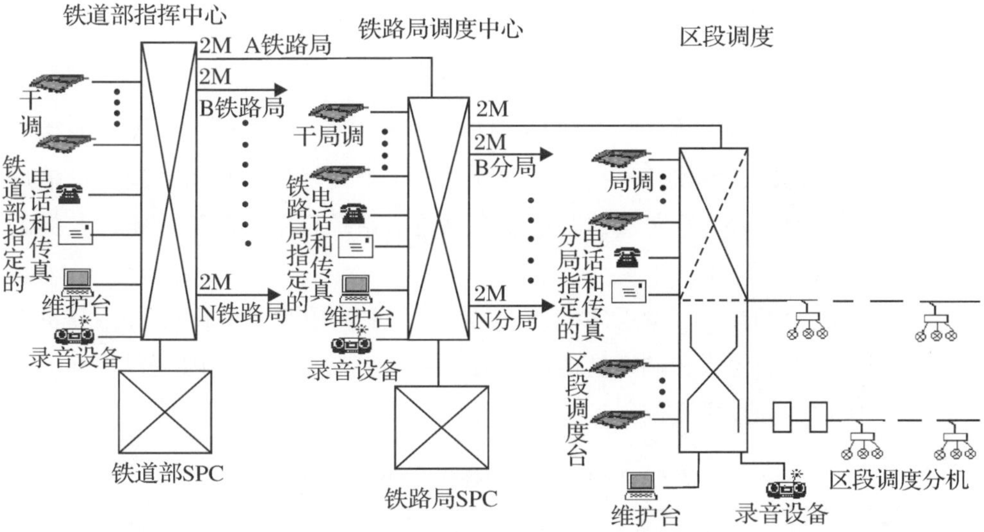

图 5－2－1 铁路调度通信网的网络结构

1. 铁道部干线调度通信网

（1）网络组成。

铁道部干线调度通信网络由设在铁道部的 Hicom 382 数字调度交换机为汇接中心，与设在各铁路局的 Hicom 372 数字调度交换机用 2M 数字中继通道相连接，相邻铁路局的 Hicom 372 数字调度交换机之间也以 2M 数字中继通道相连作为直达路由，从而构成一个复合星形网络的干线调度通信网，如图 5－2－2 所示。

（2）网络编号及呼叫方式。

干线调度专用网用户与局线调度专用网用户的电话号码，全路统一编号，

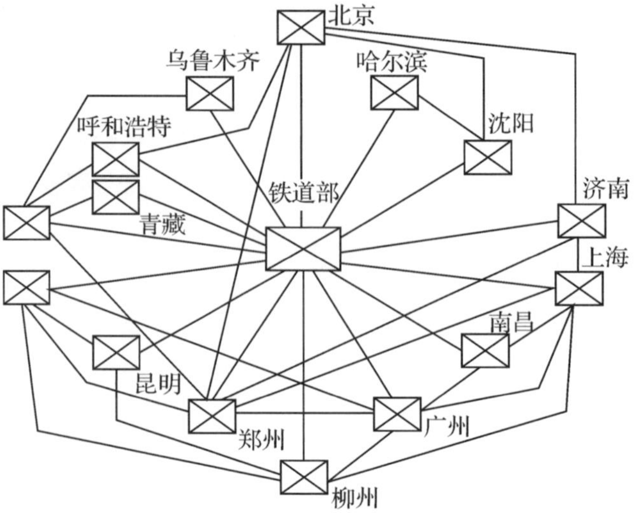

图 5－2－2　铁道部干线调度通信网络

采用五位码（ABCDE）编号，前两位 AB 为调度局向号，后三位 CDE 为用户号，分别以铁道部、各铁路局、各铁路分局为一个编号区，根据铁道部运输局运基通信〔2003〕455 号文《铁路运输应急通信系统技术体制》规定，各局的调度区号见表 5－2－1。

纳入调度台的用户，调度员无须拨号，单键直呼所属调度分机，分机遇忙，调度员可强插通话，调度员还可进行全呼、组呼。调度网内用户相互间呼叫，听一次拨号音直拨五位码。

表 5－2－1　铁道部各分局的调度区号

通达地点	20	长春分局	30	济南铁路局	43	柳州铁路局	13
北京铁路局	21	大连分局	34	济南分局	46	成都铁路局	61
北京分局	22	通辽分局	36	青岛分局	40	成都分局	61
天津分局	23	吉林分局	37	徐州分局	45	重庆分局	63
石家庄分局	23	通化分局	38	上海铁路局	41	贵阳分局	65
太原分局	27	锦州分局	39	上海分局	42	兰州铁路局	71
大同分局	29	呼和浩特铁路局	81	杭州分局	47	兰州分局	70
哈尔滨铁路局	33	郑州铁路局	53	蚌埠分局	48	银川分局	72
哈尔滨分局	83	郑州分局	52	南京分局	49	武威分局	79
佳木斯分局	84	武汉分局	51	南昌铁路局	18	乌鲁木齐铁路局	73
齐齐哈尔分局	35	安康分局	54	广州铁路集团公司	57	乌鲁木齐分局	76
海拉尔分局	85	西安分局	55	羊城总公司	50	哈密分局	77
牡丹江分局	86	洛阳分局	59	怀化总公司	56	青藏铁路公司	75
沈阳铁路局	31	襄樊分局	15	长沙总公司	58	昆明铁路局	67
沈阳分局	32						

（3）网络同步。

网内同步采用主从同步方式，铁道部 Hicom 382 调度交换机配置的时钟作为第一从时钟，从铁道部 SPC 上提取的时钟为主时钟，各铁路局 Hicom 372 调度交换机通过数字传输通道（PCM 30/32 的 TSO）保持与第一从时钟同步。同时，为了保证调度网络的可靠性，铁道部 Hicom 382 调度交换机配置的时钟，采用双工热备份方式作为调度网络的副时钟（精度为 ±5PPM）。当铁道部 SPC 主时钟故障或与铁道部 SPC 相连的数字链路故障时，各铁路局与 Hicom 382 副时钟同步；各铁路局 Hicom 372 调度交换机本身也配有时钟（精度为 ±1PPM），如果铁道部副时钟或铁路局与铁道部 Hicom 382 的数字链路中断，铁路局 Hicom 372 自身的时钟自动进入工作状态。

（4）接口及信令。

交换机之间的局间中继接口采用 30B + D 数字接口，用 2M 数字通道相连接。局间信令采用西门子专用 ISDN 网络共路信令（CorNET 信令）。CoRNET 信令属于 ISO 标准 OSI 参考模型的第三层——网络层，网络层的主要功能是利用数据链路层所保证的相邻节点间的无差错数据传输功能，通过路由选择和中继功能实现两个端系统之间的连接，此外在功能上还覆盖了原 CCITT 有关用户—网络接口 ISDN D 信道协议的 Q. 930、Q. 931 标准和 EMCA Q SIG 协议的内容，从而在以 CorNET 互联的 Hicom 交换机专网范围内提供大量公共 ISDN 网络所没有的服务，由此组成一个统一的 ISDN 调度网络，实现全部 ISDN 功能的全网透明传输，如全网范围内的遇忙/无应答呼叫转移、遇忙/无应答回叫、会议电话、热线、强插、强拆、多次中央呼叫等调度功能。

2. 铁路局局调通信网

铁路局的干调数字交换机用数字中继通道与各调度区段数字调度交换机（也可利用区段数字调度设备）相连，构成星形网络结构的局调调度通信网。不在调度区段指挥中心所在地的局调分机，利用区段数字调度通信或专线延伸至区段站、编组站、中间站。

（1）网络的组成。

①以用户线方式组网。

利用局调通信网中的 Hicom 372 调度交换机，直接将局调用户用 PCM 加环路设备进行远距离放号到所辖各分局，如图 5 - 2 - 3 所示。

以用户线方式组网简单，但存在问题较多：A. 要占用大量的长途数字通

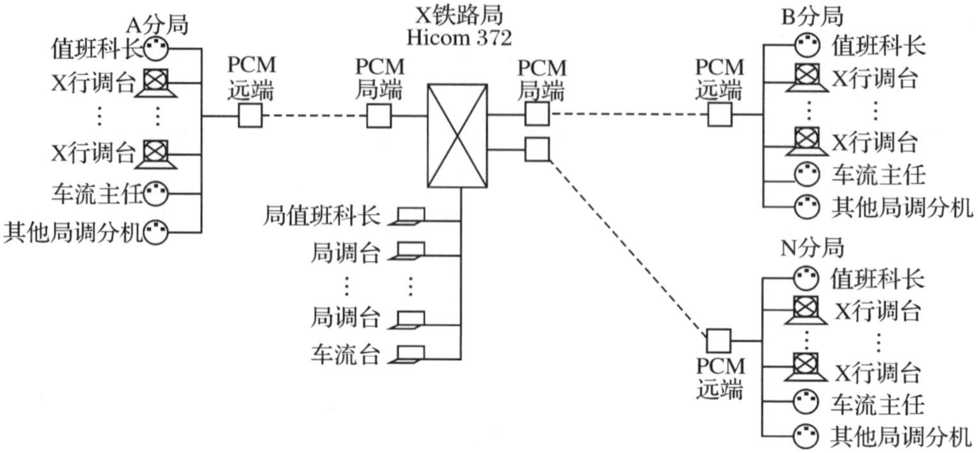

图 5-2-3　用户线组网方式

道资源，且利用率又不高；B. 运用不方便，分局要增减变更电话，需由路局来安排和控制；C. 组网不灵活，有的局调用户要延伸至沿线中间站，困难较多；D. 占用干调交换机的端口资源，大部分铁路局的 Hicom 372 所剩可用端口已经不多，势必要对 Hicom 372 扩容改造。鉴于上述问题，目前还没有采用用户线方式组网。

②以中继线方式一组网。

以中继线方式一组网，就是利用 Hicom 调度交换机系列组网，铁路局所在地仍利用干调通信网中的 Hicom 372 调度交换机，各分局设 Hicom 315 调度交换机，各交换机之间用 2M 数字中继通道相连组成星形局调网络。

同一系列的调度交换机组网，网管、信令都比较容易解决，配置也比较灵活，但也存在一些问题：A. 对沿线中间站的局调用户，延伸放号比较困难；B. 未经数字化改造的模拟通信区段更无法放号，因为 Hicom 系列的调度分机不能数模兼容；C. 不能充分利用已有的区段数字调度设备，这对通信资源是一种浪费，所以目前以这种方式组网的不多。

③以中继方式二组网。

就是利用区段数字调度设备组成局线调度通信网络，在铁路局所在地设数字专用通信主系统与干调 Hicom 372 调度交换机及所属各分局的区段调度设备主系统之间以 2M 数字中继方式相连，从而构成一个星形的局线调度通信网络，如图 5-2-4 所示。

以 A、B 两个分局为例。A 分局的局调用户包括：

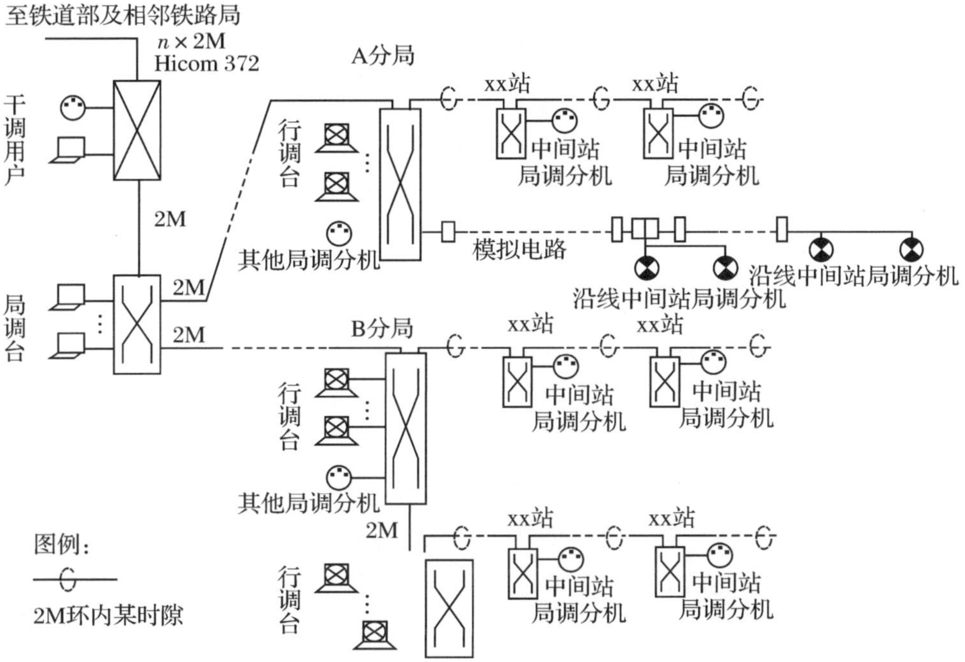

图 5-2-4 中继方式二组网

A. 分局所在地的区段行调台及其他局调用户。从区段数字调度主系统的用户端 El（2B+D 或 Z 接口）引出。

B. 沿线中间站的局调用户。从区段数字调度通信网络的 2M 自愈环内占用 1~3 个共线时隙，以共线方式延伸至中间站，共线时隙的数量视该区段的局调用户数量而定，要保证局调台无阻塞呼叫，一旦局调台占用该共线时隙之后，同时为便于其他上级调度用户（如干调）也能接入，必须再增加若干条共线时隙。

C. 模拟区段的局调用户。利用区段数字调度设备数模兼容的特点，可以从主系统的模调接口直接接入。

B 分局的局调用户，在两个不同型号的区段数字调度设备中，它们之间用 2M 数字中继方式相连接，与铁路局数字调度主系统相连的相当于交换网络中的汇接点，另一台相当于节点。

(2) 网络编号及呼叫方式。

采用五位码编号，铁路分局为一个单独编号区，前两位为调度局向号，后三位为用户号，分局编号区的用户号编号原则见表 5-2-2。

表 5 –2 –2 分局编号区的用户编号原则

百位号	1	2	3	4	5	6	7	8	9	0
用户属性	运输部门电话及传真	运输部门电话及传真	机务、电力部门电话及传真	车辆部门电话及传真	工务部门电话及传真	电务部门电话及传真	预留	预留	区段调度台及应急通信	预留

（3） 网络同步。

局调网内同步采用主从同步方式，铁路局的局调交换机配置的时钟作为第一从时钟，从干调网内铁路局的 Hicom 372 上提取的时钟作为主时钟，各铁路分局的局调交换机通过数字传输通道（PCM 30/32 的 TS0）保持与第一从时钟同步。

当 Hicom 372 主时钟或与干调网相连的 2M 数字链路故障时，各分局与局调的副时钟同步。各分局的局调交换机本身也配有时钟，当局调交换机副时钟或与局调交换机相连的 2M 数字链路故障，各分局的局调交换机自身的时钟自动进入工作状态。

（4） 接口及信令。

铁路局的局调设备与 Hicom 372 调度交换机及各分局的区段数字调度主系统用 2M 数字中继接口相连接，采用数字用户 1 号信令（DSSl）。区段数字调度主系统之间（在同一分局内）也用 2M 数字中继接口相连接，采用数字用户 1 号信令（DSSl）。区段数字调度系统从主系统到分系统采用内部信令，如图 5 –2 –5 所示。

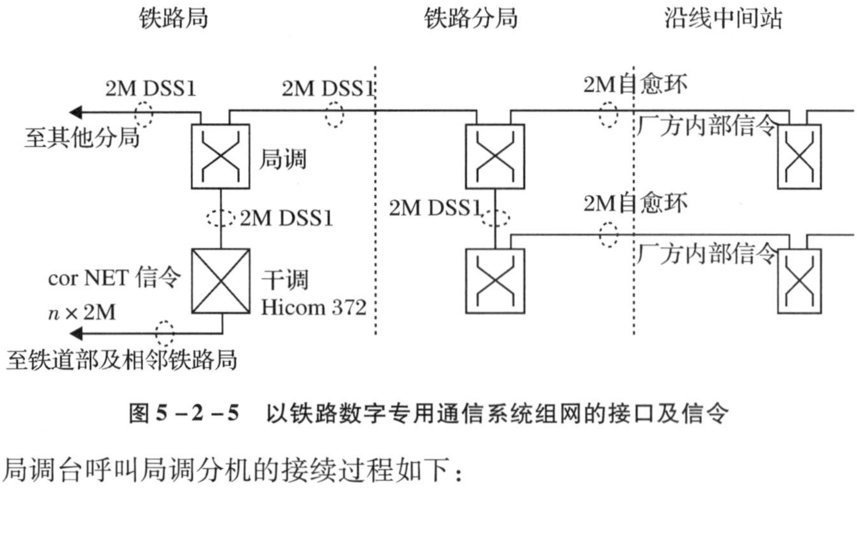

图 5 –2 –5 以铁路数字专用通信系统组网的接口及信令

局调台呼叫局调分机的接续过程如下：

局调台单键直拨，由设在铁路局的专用通信系统送出五位号码，至分局区段调度主系统，经识别后属分局本地用户，直接向该用户振铃，如果属分局本地网用户（即沿线某中间站用户），由分局区段调度主系统转发，要经过一次信令转换，局—分局用 DSS1 信令，分局—中间站用内部信令，如果呼叫的是某中间站的模拟局调分机，要经过一次信号的变换将五位码变换成相应的双音频信号。

3. 区段调度通信网

铁路局下属的调度区段运输指挥中心设区段数字调度机（俗称主系统），与所辖区段沿线各中间站车站数字调度机（俗称分系统），用 2M 数字通道呈串联型逐站向连，并由末端车站环回，组成一个 2M 自愈环，如图 5 - 2 - 6 所示。

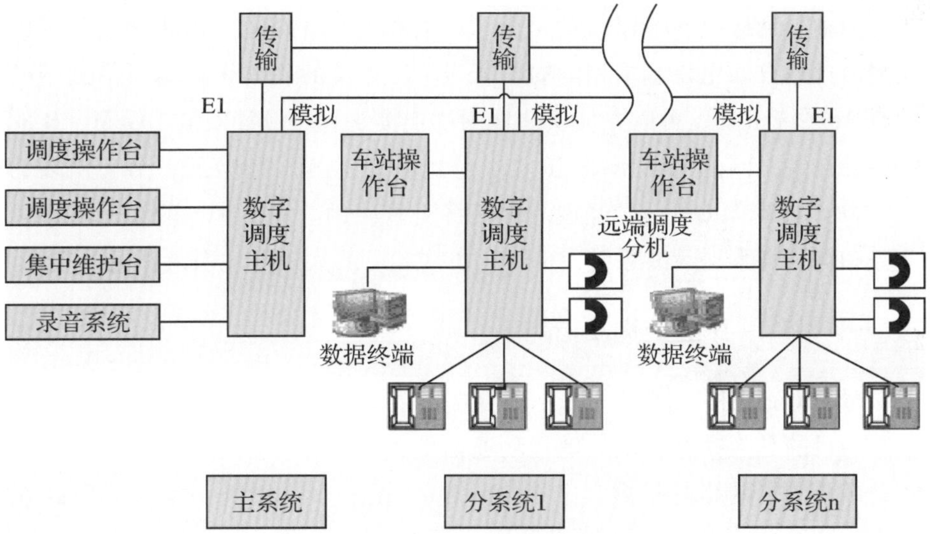

图 5 - 2 - 6　区段调度通信网络

如图所示，主系统放置于调度区段中心调度所或大型调度指挥中心，主要用于接入各调度操作台和各种调度电路，是整个系统的核心。分系统放置于调度区段管辖范围内各车站，通过数字传输通道与主系统相连，主要用于接入车站操作台、远端调度分机、站间电话、区间电话、站场电话等。

三、高速铁路综合数字移动通信系统 GSM - R

GSM - R（GSM for Railway）是在 GSM 蜂窝系统上增加了调度通信功能和

适合高速环境下使用的要素组成，能满足国际铁路联盟提出的铁路专用调度通信的要求。由于 GSM－R 可实现跨越国界的高速和一般列车之间的通信；能将现有的铁路通信应用融合到单一网络平台中，以减少集成和运行费用；而且由于 GSM－R 是由已标准化的设备改进而成，GSM 平台上已经提供了大量的业务，因而引入铁路专用的功能时只需最低限度的改动，故能保证价格低廉、性能可靠地实现和运行；在 GSM Phase 2 + 中添加了 ASCI（增强的语音呼叫业务）特性，能灵活地提供专网中所需的语音调度服务如 VBS、VGCS 和 eMLPP，因此 GSM－R 是面向未来的技术，它将从广阔的 GSM 公网市场和 GSM 技术的不断演进中获益，具有巨大的发展空间，GSM－R 在欧洲取得巨大的成功，目前超过 30 个铁路公司已承诺在其国际路网中使用该技术。

GSM－R 系统很多技术借鉴了公网的 GSM 技术，保留了 GSM 的大体结构，使得从一开始 GSM－R 系统就是一个成熟可靠的系统，它的绝大多数软硬件都已在现网中得到检验。不仅如此，由于两者都可以工作在 900M 频段，因此在无线网络规划方面也是基本相同的，GSM－R 系统的规划设计也可借助于已成熟的 GSM 系统工具，可以方便快捷地为用户提供网络设计安装。GSM－R 的基本特性已在铁路网的 MORANE 试验中得到安装、测试和验证。出于众多的需要，GSM 新技术如 GPRS 已经规范化并将安装使用。向 UMTS 的演进将提供新的业务和更加强大的无线系统。GSM－R 据此可最大限度地引入新的业务。

（一）GSM－R 的结构及功能

GSM－R 陆地移动网络是由一个管理者或专门的机构组织建立并执行操作的，它的目的是为铁路提供陆地移动通信的各种业务。GSM－R 陆地网络可以看作是某个固定网络的扩展，如 ISDN；或者是一个采用统一编号方案的 MSC 的集合。MSC 作为陆地移动网络和固定网络的接入单元。作为铁路专用的网络，GSM－R 可以有限地、有条件地与地面的公众或专用网络进行互联。一个 GSM－R 陆地移动系统由若干个功能实体组成，这些功能实体所实现的功能的集合就是网络能够提供给用户的所有基本业务和补充业务，以及对于用户数据和移动性的操作和管理。GSM－R 陆地移动网络由三个子系统组成，其基本结构如图 5－3－1 所示。

移动台是接入 GSM－R 网络的用户设备，包括移动终端（ME）和终端设备（TE），或通过终端适配器与 ME 连接的 TE。移动台除了具有通过无线接口（Um）接入到 GSM－R 系统的一般处理功能外，还为移动用户提供了人机接

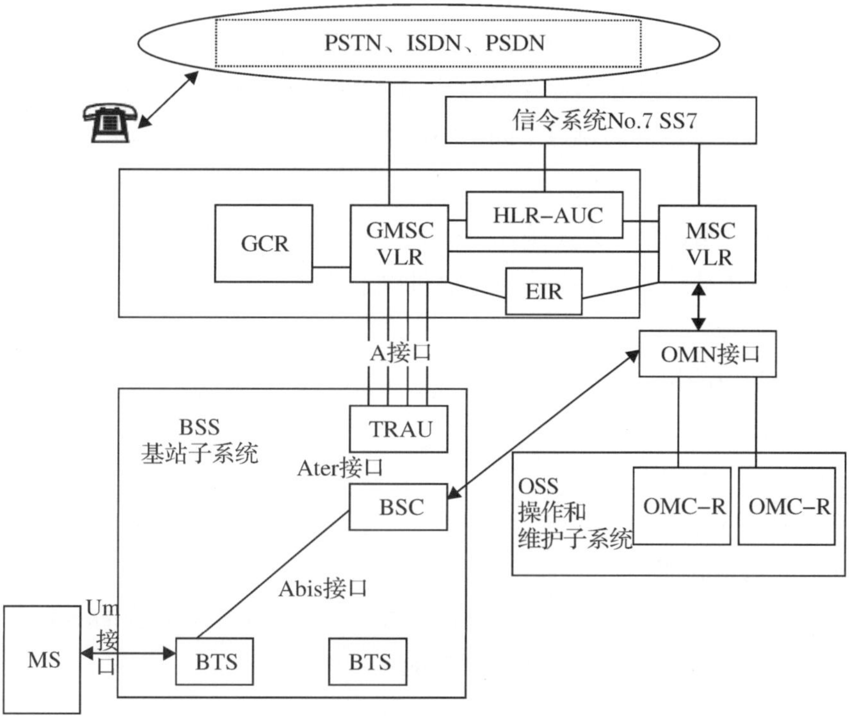

图 5 -3 -1　GSM - R 陆地移动网络的基本结构

口。

基站子系统（BSS）由一个基站控制器（BSC）和若干个基站收发信机（BTS）组成，BTS 主要负责与一定覆盖区域内的移动台（MS）进行通信，并对空中接口进行管理。BSC 用来管理 BTS 与 MSC 之间的信息流。BTS 与 BSC 之间通过 Abis 接口通信。BSS 中还可能存在编码速率适配单元（TRAU），它实现了 GSM - R 编码速率向标准的 PSTN 或 ISDN 速率的转换。TRAU 与 BSC 通过 Ater 接口连接。

网络子系统（NSS）建立在移动交换中心（MSC）上，负责端到端的呼叫、用户数据管理、移动性管理和与固定网络的连接。NSS 通过 A 接口连接 BSS，与固定网络的接口决定互联网络的类型。

操作和维护子系统（OSS）是相对独立的子系统，为 GSM - R 网络提供管理和维护功能，它的具体功能由操作维护中心（OMC）来完成，其中 OMC - R 负责管理 BSS，OMC - S 负责管理 NSS。OSS 主要提供移动用户管理、移动设备管理、网络操作和控制三类功能。

任何 GSM－R 陆地移动通信网络都必须与固定网络连接，一同完成移动用户与移动用户之间、移动用户与固定用户之间的通信。

组成 GSM－R 网络的各个子系统之间、BSS 与移动台之间、与固定网络之间的互联都提供了标准的接口。网络中的不同设备可以通过标准的接口来实现移动业务的本地和国际互联。

GSM－R 网络的信令系统采用 NO. 7 信令网传送呼叫控制信息和其他信令信息。GSM－R 网络为支持基本业务提供以下功能：

①呼叫处理；

②用户身份的鉴权；

③紧急呼叫；

④语音组呼和语音广播；

⑤短消息业务；

⑥信令信息的加密。

除此之外，GSM－R 网络还为支持各种补充业务提供了相应的功能。

为支持蜂窝系统的操作提供以下功能：

①位置登记；

②切换；

③呼叫重新建立。

GSM－R 网络还具有网络管理功能和一些附加功能，如呼叫处理的排队、安全功能、不连续发送和接收（DTX/DTR）等。与 GSM 网追求最大用户系统容量不同，GSM－R 系统更侧重于系统的有效性，这是铁路特殊的需求，因此 GSM－R 在网络覆盖上有更多的重叠，网络设施也采用冗余备份。可选择将 GSM 系统的 MSC、VLR、EIR、GCR、SSP、HLR、AUC 置于一个网元中，且随着网络的增长而分散到多个网元中，这样可以形成一个经济、便于维护的网络结构。典型的基于 GSM/GSM－R 的铁路通信网与普通的 GSM PLMN 并无大的区别，在其网络的网元、标准接口和连接的扩展上也无大的区别。在公网的基础上引入一系列的新技术，即可用于铁路部门。铁路网与公网的主要区别在于由铁路网特殊需求引起的网络结构和规划上的区别。

1. BSS 结构和功能

BSS 是 GSM－R 系统网络中最基本的组成部分，它有两种基本组成设备，分别是基站收发信机（BTS）和基站控制器（BSC）。一台 BSC 可以管理多达几十个 BTS。此外，还有一种可选择设备——速率适配单元（TRAU）。BSS 的总体结构如图 5－3－2 所示。

GSM－R 系统的网络子系统（NSS）提供了处理建立、维持和清除呼叫的所有信令协议的功能，以及为移动环境下通信提供的特定功能。NSS 提供的主要功能如下：

①为用户移动特征提供的特定功能，如寻呼；

②呼叫过程中对无线资源的管理；

③管理与 BSS 之间的信令协议；

④位置登记，即 VLR 之间的互联；

⑤切换过程；

⑥查询 HLR 获得 MS 的漫游号码；

⑦与其他的移动功能实体交换信令信息；

⑧管理语音组呼、语音广播、增强多优先级与强拆的呼叫建立；

⑨用户的鉴权。

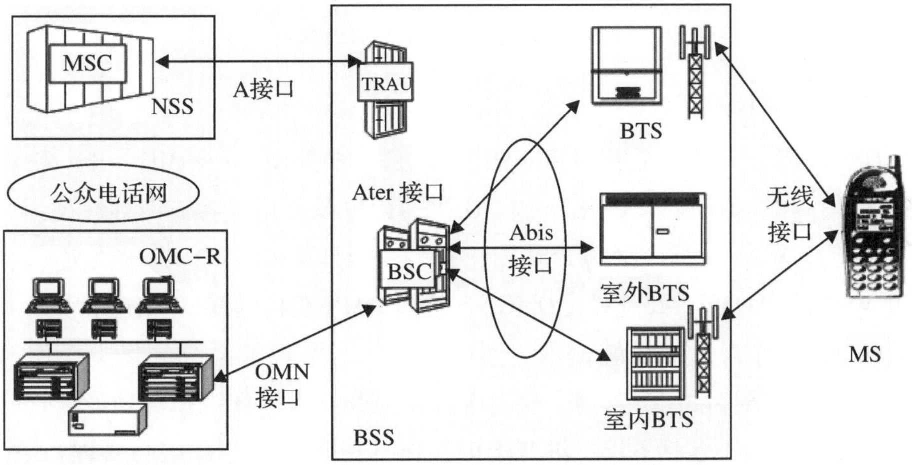

图 5－3－2 BSS 的总体结构

2. NSS 结构和功能

基本的 NSS 由五个功能实体组成，分别是：移动交换中心（MSC），归属位置寄存器（HLR），拜访位置寄存器（VLR），设备识别寄存器（EIR）和互联功能单元（IWF）。另外，NSS 中还可以有实现语音组呼和语音广播的实体（GCR），用于短消息业务的短消息服务中心（SMS－SC）和统计服务器，这些功能实体可以根据具体的需要进行选择，结构如图 5 –3 –3 所示。

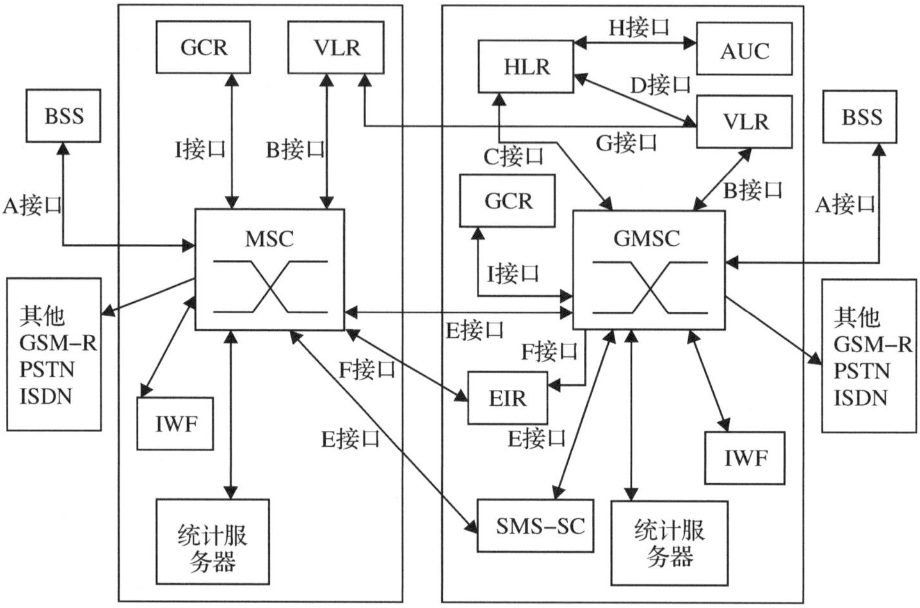

图 5 –3 –3 NSS 的总体结构

3. OSS 结构和功能

OSS 可以分为两部分：对应 BSS 的操作与维护中心（OMC – R）和对应 NSS 的操作与维护中心（OMC – S）。OMC – R 与 BSC 的连接有两种途径：一种是直接通过 X. 25 数据网络与 BSC 相连；另一种是 BSC 先与 TRAU 相连，然后通过 MSC 再与 OMC – R 连接。OMC – S 通过 OMN 接口与 MSC 相连。

OSS 是操作人员与系统设备之间的中介，它实现了系统的集中操作与维护，完成了包括移动用户管理、移动设备管理及网络操作维护等功能。它的一侧与设备相连（不包括 BTS，对 BTS 的操作维护是经过 BSC 进行管理），另一侧是作为人机接口的计算机工作站。这些专门用于操作维护的设备被称为操作维护中心 OMC。系统的每个组成部分都可以通过特有的网络连接至 OMC，从而实现集中维护。

（二）GSM – R 的工作原理

蜂窝移动通信系统诞生于 20 世纪 80 年代，第一代的模拟蜂窝系统解决了移动电话业务中长期存在的阻塞和服务质量差的问题。随着数字通信技术的发展，模拟蜂窝系统在用了十年左右的时间就被淘汰了，新的数字移动通信系统成为移动通信的主流。下面将从面状覆盖和线状覆盖两种覆盖方式的角度来介绍数字蜂窝网络。

1．面状覆盖

（1）小区形状。

在面状覆盖的服务区中，通常采用正六边形的小区形状。六边形比正方形和正三角形在半径相同的情况下，覆盖面积要多30%～100%。因此，采用六边形的设计需要较少的小区，较少的发射基站。

（2）频率复用。

在蜂窝系统中，系统会给每一个小区的基站分配一组信道，只要相隔距离足够远，相同的信道可以在另一个小区重复使用，这就是频率复用的思想。我们把由若干个使用全部频率的小区组成的集合称为一个簇，把不同簇中使用相同频率的小区称为同频小区，任意两个同频小区之间的距离称为同频复用距离。为了避免同频小区之间的干扰，必须选定一个合适的同频复用距离，如图5－3－4所示。

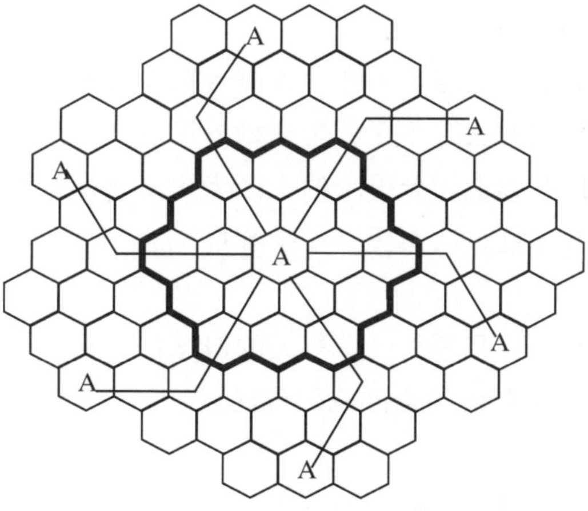

图5－3－4　寻找同频小区的方法

构成一个簇必须满足：簇的区域能彼此邻接且无空隙地覆盖整个面积；相邻簇间同频小区的距离相等且为最大。设一个簇中的小区数为N，满足以上条件的N的取值是有限的，可以通过式5－1确定N的值。

$$N = i^2 + ij + j^2 \qquad （式5－1）$$

其中，i，j为非零正整数。这一公式提供了寻找最近的同频小区的方法：

沿某一小区的任意一条六边形链移动 i 个小区后，逆时针旋转 60°后再移动 j 个小区，此时到达的小区即为同频小区。图 5－3－4 为 $i=3$，$j=2$，$N=19$ 的情况。

设两个同频小区之间的同频复用距离为 D，小区的半径为 R，可用下式计算：

$$D=\sqrt{3N}R \quad \text{（式 5－2）}$$

由式 5－2 可见，小区的半径越小，同频复用距离就越小，频率利用率就越高。但是如果同频复用距离 D 越小，同频小区之间的干扰就会越大。为了更好地表达频率复用率与系统容量之间的关系，我们引用 D 与 R 的比值来作为衡量系统容量的一个重要参数，这一比值称为同频复用比，用 Q 来表示：

$$Q=\frac{D}{R}=\sqrt{3N} \quad \text{（式 5－3）}$$

可见，Q 的值只与簇的大小有关，Q 的值越小，系统容量越大；但是 Q 值大可以提高传播质量，因为同频干扰小。在实际的蜂窝系统设计中，要恰当地选择 Q 值，在容量和干扰之间进行折中。目前常用的蜂窝网簇的结构有 $N=$ 12、9、7、4 和 3。

（3）提高系统容量的方法。

随着用户数量的增长，需要不断地提高蜂窝系统的容量。实际中，常使用的提高蜂窝系统容量的方法有小区分裂和划分扇区。小区分裂根据用户密度的变化，在现有小区的基础上划分更小的小区来提高频率复用率。划分扇区利用天线的方向性来控制干扰，从而提高系统容量。

（4）位置理论。

在蜂窝网络中有以下几类与区域有关的概念：

小区：一个 BTS 所覆盖的全部或部分区域（扇区），是最小的可寻址无线区域。

位置区：移动台可以任意移动但不需要进行位置更新的区域，一个位置区可由一个或多个小区组成。当 MSC 寻找移动台时，只需要在移动台所属的位置区进行呼叫，而不需要在整个 MSC 区内呼叫移动台，如图 5－3－5 所示。

MSC 区：一个 MSC 管辖下的所有覆盖区域，一个 MSC 区可有一个或若干个位置区组成。

服务区：移动用户可以获得服务的所有区域。

MSC 可以通过位置区识别码（LAI）和全球小区识别码（GCI）来识别位

置区和小区。位置区识别码由三部分组成：LAI = MCC + MNC + LAC，全球小区识别码是在 LAI 的基础上再加上小区识别码（CI）构成的，其结构为 GCI = MCC + MNC + LAC，GCI 可以全球范围内唯一地标示一个小区。

MSC 可以通过 BSC 的信令点代码（CCS7 地址）寻址一个小区，虽然在呼叫建立的过程中 MSC 不需要知道用户所在小区的位置，但是为了测量话务量，MSC 仍需要知道用户所在的小区。用户在 MSC 的 VLR 中的位置不是建立在小区的基础上的，在 VLR 中存储的是用户的位置区，即利用位置区来寻找用户。可以将一个或多个位置区为一地分配给一个 BSC，通过 BSC 的信令点代码在所在的 MSC 中实现位置区和所有小区的地址逻辑。还可以给小区分配一个位置标志码，它是一个与小区相关的完整的电话号码，可以用作 GSM 紧急呼叫的拨号信息，或者用来替代该信息，用作紧急呼叫的拨号短代码。

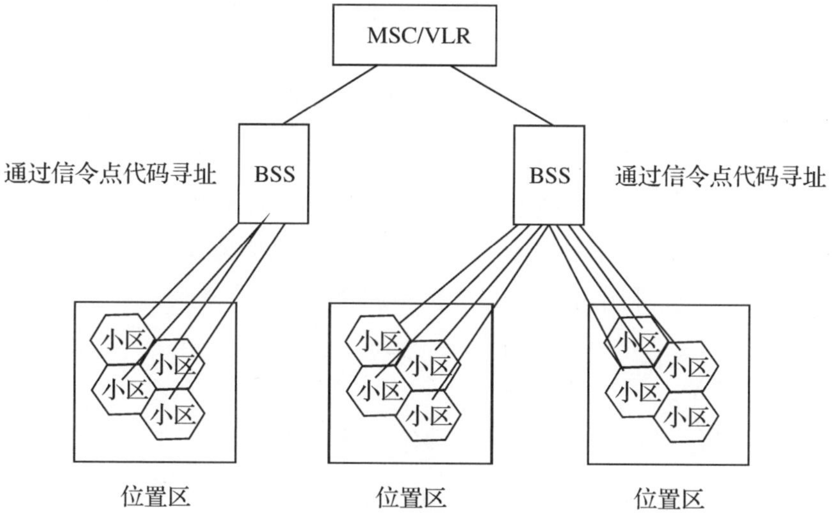

图 5－3－5　小区和位置区

越区切换时移动用户从一个 MSC/VLR 切换到另一个 MSC/VLR 区域中，因此前一个 MSC 必须知道后一个 MSC 的位置区。对于一个 MSC，它不仅应该知道与它相邻的、可能发生越区切换的 MSC 的位置区，还应该知道其他的一些外部位置区。

移动用户在位置区中必须进行位置登记，移动台的位置信息存储在位置寄存器功能单元（HLR 和 VLR）中。移动台要不断地向 MSC 的 VLR 提供自己的位置信息，这一过程叫作位置更新。

位置区的划分要考虑两方面的原因：登记和寻呼。如果一个位置区包括了整个 MSC 的业务域，那么它的登记的代价是最小的，即位置更新的次数最小，但是寻呼的代价是最大的，即 MSC 需要向所属的所有移动台发出寻呼信息。反之，如果一个位置区就是一个小区，那么寻呼的代价最小，登记的代价最大。

2. 线状覆盖

通常面状覆盖用于城市、乡村等地域宽阔的地带，而在铁路、公路、狭长的水面上这样的呈带状的地区，往往采用线状覆盖的方式。应用于铁路的 GSM－R系统，应当采用线状覆盖的方式。线状覆盖使用的蜂窝基本原理与面状覆盖类似，只是在小区频率组的分配和重叠区的问题上要单独考虑。铁路沿线的覆盖示意如图 5－3－6 所示。

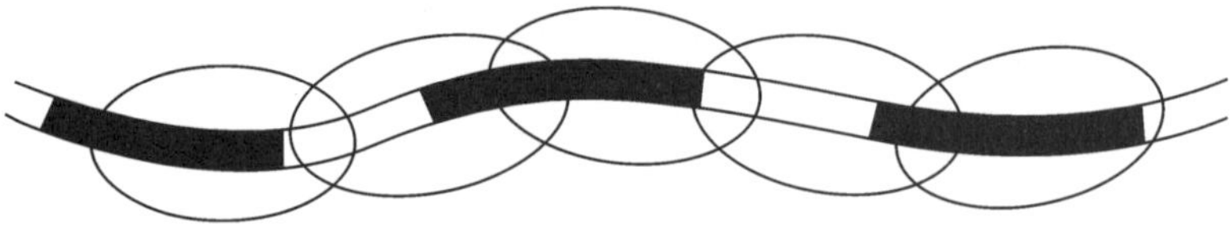

图 5－3－6　铁路沿线的覆盖示意

（1）频率的分配。

在线状覆盖中，一般以圆形小区为模型来进行分析和设计，如图 5－3－7 所示。沿着覆盖区域的分布按照 n 个小区为一组的间隔可以进行频率复用，n 的取值要考虑到频率利用率、同频干扰和建网成本，一般可以取 2、3、4。

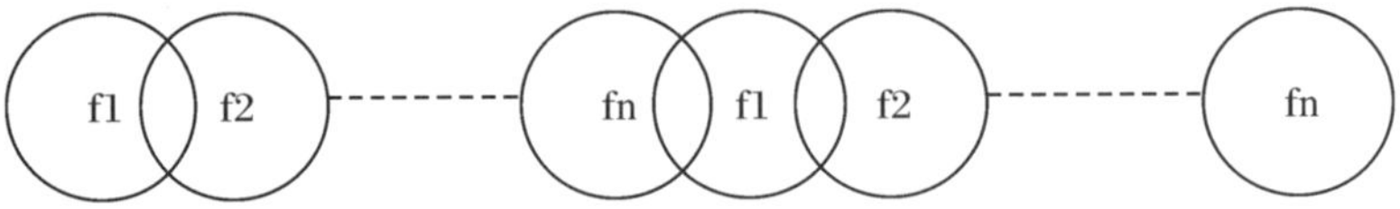

图 5－3－7　线状覆盖的频率复用

（2）重叠区的确定。

在铁路或公路的覆盖中，移动台往往处于高速移动状态，信号的场强变化复杂，很难确定相邻小区的覆盖边界，通常从场强的平均变化这一意义上来理解覆盖区域。为了保证在覆盖区域尽可能不出现弱场区，要保证相邻小区间有一定的重叠范围。确定重叠区的大小是一个很复杂的问题，如果重叠区太小，可能会出现弱场区；重叠区太大，同频干扰增大，越区切换时间太长，不易控制，因此要恰当设计重叠区域的大小。

在图 5－3－8 中，假设移动台位于小区 A 的边界 P 点，小区半径为 R，路径损耗指数为 4。那么采用两小区、三小区、n 小区的频率复用方案得到的移

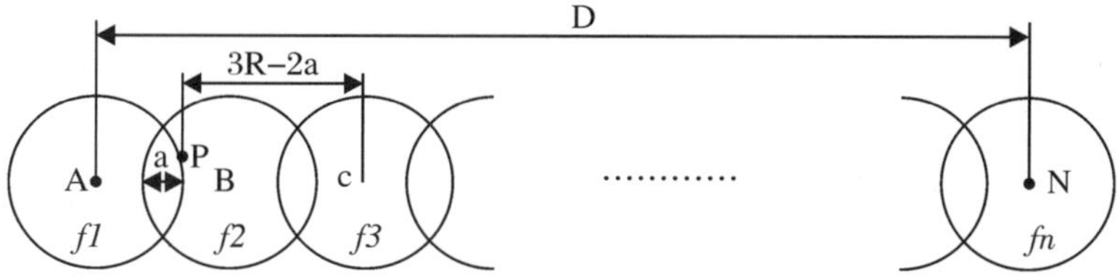

图 5－3－8　线状覆盖的同频干扰

动台接收 C/I 值分别为：

①两小区复用

$$\frac{C}{I} = -40\log = \frac{R}{3R-2a} \ (dB) \qquad (式 5-4)$$

②三小区复用

$$\frac{C}{I} = -40\log \frac{R}{5R-3a} \ (dB) \qquad (式 5-5)$$

③n 小区复用

$$\frac{C}{I} = -40\log \frac{R}{(2n-1)\ R-na} \ (dB) \qquad (式 5-6)$$

因此，根据相关公式和 S/I 的设计要求，可以求出重叠区的宽度 a。

（3）平衡设计。

线性覆盖在线性区域的两侧应该是对称的，在高速移动的环境中要尽量使小区的数目最小，中继效率最大，每个小区的信道都可以为两个方向的用户服务，这就要求较高的基站发射功率。但是基站的高发射功率可能会造成上下行链路的不平衡，结果上行链路会因为噪声太大而无法使用。平衡的设计保证上下行链路具有同等的强度，使得任意小区的双向用户都有较好的接收质量。平衡设计的关键是要在四面建立天线群系统。两个发射天线和两个接收天线分别指向道路两边，下行链路的信号从小区沿着道路向两个方向辐射。两个接收天线按同样的方式朝向两个方向。每个天线与一个多路耦合器连接，多路耦合其又预选滤波器、放大器和分离器组成。两个接收机的多路耦合器连接一个接入信道和所有的话音信道。美国的农村服务区高速公路系统采用的就是这种方案。

（4）小区分层。

根据覆盖地区的人口密度和移动台移动速度的要求，可以按照覆盖范围的大小将小区分为以下四种类型：

①扩展小区：半径35～120km，主要由于沿海地区海域的覆盖。

②宏小区：半径1～35km，用于高速公路和人口较稠密的地区。要求具有高的抗干扰灵敏度和安全的频率复用模型。

③微小区：半径0.1～1km，用于城市繁华地段。要求用高的干扰隔离度，使用少量频率就可以实现密集频率复用。

④微微小区：半径小于0.1km，用于室内环境，如商场、会议中心、办公楼等。

根据小区的大小不同，天线假设的高度也不一样。一般来说，宏小区的天线架设在建筑物的顶部，微小区的天线架设在地域建筑物，微微小区的天线一般安装在室内。在进行实际的覆盖设计时，可以根据实际的地形环境和业务密度将集中小区结合使用。这里介绍分层小区的覆盖。分层小区主要用于高速公路和城市主干道覆盖，它解决了用户的切换和大业务密度之间的矛盾，常采用的是两层的结构。

四、城市轨道交通通信系统

城市轨道交通通信系统是指挥列车运行、公务联络和传递各种信息的重要手段，是保证列车安全、快速、高效运行不可缺少的综合通信系统。城市轨道交通通信系统主要由下列子系统组成：传输系统、公务电话系统、专用电话系统、无线集群通信系统、闭路电视监控系统、有线广播系统、时钟系统、乘客导乘信息系统、通信电源和接地系统、城市轨道交通地下部分的公共覆盖系统。

（一）传输系统

城市轨道交通的传输网是城市轨道交通通信网的基础。城市轨道交通传输网要求具有高可靠性和丰富的业务接口。

城市轨道交通传输网的底层一般采用SDH光纤自愈环路，在光纤切断或故障时能自动进行业务切换，故具有很高的可靠性。

1. 系统组成

传输网络一般包括4个基本组成部件：构成系统骨干的光纤、网络节点、用户接口卡和网络管理系统，如图5－4－1所示。

（1）光纤骨干网，贯穿整个传输介质，它有光纤、电缆两种传输介质。短

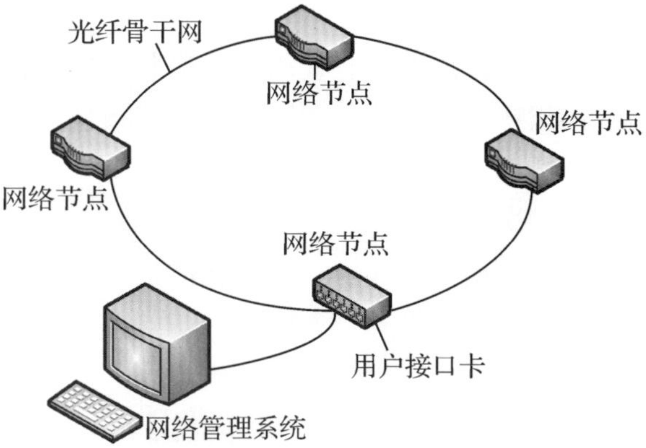

图 5－4－1　传输网的基本组成

距离连接使用电缆或多模光纤和 LED 光源；长距离只能使用单模光纤，可靠保障。

（2）网络节点，是用户访问网络、使用网络的途径，为用户接口卡提供电源，接收用户接口卡信息并发送到光纤网络，接收光纤网络信息并传送到用户接口卡。

（3）用户接口卡，是用户接入系统的硬件工具，使自身系统无限向外延伸。它有硬件和软件两种形式：硬件，即卡板自身跳线和微动开关实现；软件，即通过网络中心实现。

（4）网络管理系统，基于主流、成熟的操作系统和友好的操作界面，它对传输网络进行配置、扩展、管理和维护。

2. 网络业务

传输业务的多样性是城市轨道交通传输系统的主要特点。所传输的业务包括：电话（窄带音频）、广播（宽带音频）、城市轨道交通信号（中/低速数据）、视频（高速数据）等业务。

在城域网（MAN）中，传输网按其功能划分为骨干层、汇聚层与接入层。而在城市轨道交通通信网中，传输网按其功能可分为骨干层与汇聚接入层。

城市轨道交通传输网分为城市轨道交通专用传输网和民用（GSM、CDMA 接入）传输网，这是两个完全隔离的网。

在城市轨道交通专用传输网中具体传送的信息为：调度电话、广播、公务电话、集群无线基站的 2 Mbit/s 的数字链路；RS－232、RS－422、RS－85 接口点对点低速电路数据业务；10/100/1 000 Mbit/s 的以太网业务；ATM 业务。

3. 网络拓扑结构

网络的拓扑结构分为两方面的内容：逻辑拓扑和物理拓扑。网络的逻辑拓扑描述的是信息流在网络中流通的路径；网络的物理拓扑描述的是传输网络节点及连接节点的光纤介质的实际分布及连接方式。

(1) 网络的逻辑拓扑。

传输网络的逻辑拓扑一般可分为双环和菊花链两种。图 5－4－2 是城市轨道交通中应用较普遍的双环结构。

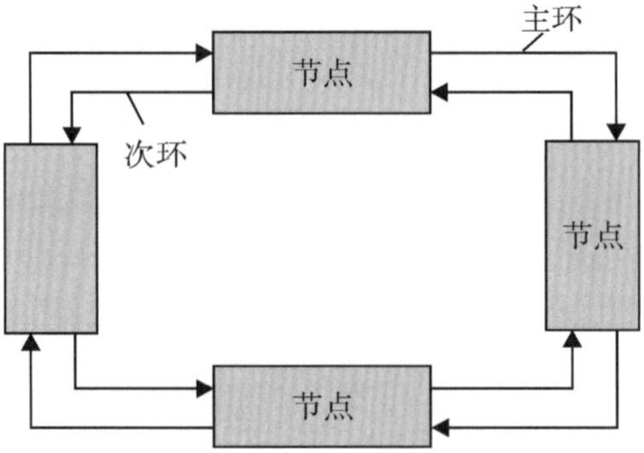

图 5－4－2 环形结构

城市轨道交通系统的传输网络的首选逻辑拓扑是双环结构，因为这种拓扑结构在故障情况下可提供更好的系统恢复能力。当然，根据用户的实际应用需求，传输网络也可以设置为菊花链结构。

当传输网络设置为双环结构时，系统的光纤环路是闭合的，一旦闭合的光纤环路在某种情况下出现开路状态，如光纤破损或光纤连接头松脱等，系统可以采取回环（Loopback）的方式对此事件做出反应，使信息流避开故障点，并自动向系统提交故障信息报告。

双环路的逻辑拓扑能保证高质量的服务，可为用户提供高度可靠、有效的网络。采用双环路逻辑拓扑的系统能自动地修复网络多种故障。

(2) 网络的物理拓扑结构。

一种形式的逻辑拓扑结构能够由多种形式的物理拓扑结构来实现，如点对点型、星型、环型及总线型（也称菊花链型）等，如图 5－4－3 所示。这些拓扑结构是简单的，它们遵循标准的安装惯例并且可以根据需要灵活地搭配使用。采取何种形式的物理拓扑结构由整个网络的实用性及所需成本决定。以下分别介绍这四种物理拓扑结构。

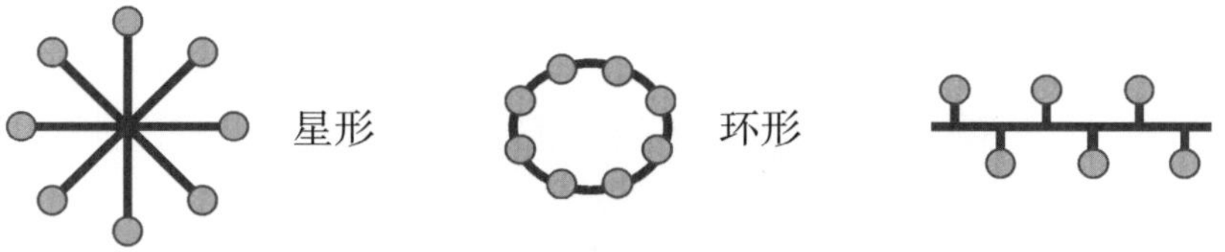

图 5－4－3　网络的物理拓扑机构

①星形拓扑结构。星形拓扑结构是非常形象的，以中心节点为中心，其他节点用电、光缆以放射状态与中心节点相连。在中心节点处常常会配置一个光缆配线架，在这个光缆配线架上，任一节点的接收光纤总是连接到另一节点的发送光纤。与环形的拓扑结构相比较，星形的拓扑结构需要更多的设备和光电缆来组成，由此带来较高的成本，而且这种结构受地理环境的影响较大。

②环形拓扑结构。环形拓扑结构的安装所需光电缆较星形拓扑结构要少，同时，采用双环路结构的环形网络在故障发生时会自动地在两个环路中选择路由完整的路径传送信息流。环形网应用得较广泛，如校园、铁路和机场等。

③点对点型拓扑结构。当点对点型拓扑结构采用两个环路连接，并且其中任一环路是作为备用环路存在时，这种拓扑结构具有与物理的环形拓扑结构相同的容错能力。

④菊花链形拓扑结构或总线拓扑结构。采用物理的菊花链形拓扑结构或总线型拓扑结构的网络对于光纤破损等光开路情况并不具备自动路由能力。当光纤破损等造成光开路情况发生时，可采用光旁路的方式应对。这样，故障节点（例如由节点电源故障、系统自检时发生内部故障引致时）将会从网络中被旁路掉。当网络采用菊花链形拓扑结构或总线拓扑结构时，为确保旁路情况下系统信息的正常传送，在光开销预算时要以三个连续的节点为一组考虑。采用菊花链形拓扑结构或总线型拓扑结构组网会受地理条件的限制，而且，由于必须在网络中配置光旁路开关，用户不得不采用较昂贵的光学收发装置。

4. 传输介质

城市轨道交通通信传输系统的传输介质，有双绞线电缆、同轴电缆、微波波导和光纤电缆。

（1）双绞线电缆。

双绞线电缆是将一对或一对以上的双绞线封装在一个绝缘外套中而形成的一种传输介质，是目前局域网最常用的一种布线材料。为了降低信号的干扰程度，电缆中的每一对双绞线是由两根绝缘铜导线相互扭绕而成，双绞线也因此而得名。双绞线电缆如图 5 –4 –4 所示。

图 5 –4 –4 双绞线电缆

双绞线分为非屏蔽双绞线（UTP）和屏蔽双绞线（STP）两大类。屏蔽双绞线在双绞线与外层绝缘封套之间有一个金属屏蔽层。屏蔽层可减少辐射，防止信息被窃听，也可阻止外部电磁干扰的进入，使屏蔽双绞线比同类的非屏蔽双绞线具有更高的传输速率。

双绞线常见的有 3 类线、5 类线和超 5 类线，以及最新的 6 类线。前者线径细而后者线径粗。

一类线：主要用于语音传输（一类标准主要用于 20 世纪 80 年代之前的电话线缆），不用于数据传输。

二类线：传输频率为 1MHz，用于语音传输和最高传输速率 4Mbit/s 的数据传输。

三类线：电缆的传输频率 16MHz，用于语音传输及最高传输速率为 10Mbit/s 的数据传输。

四类线：该类电缆的传输频率为 20MHz，用于语音传输和最高传输速率 16Mbit/s 的数据传输。

五类线：该类线缆增加了绕线密度，外套一种高质量的绝缘材料，传输率为 100MHz，用于语音传输和最高传输速率为 100Mbit/s 的数据传输，这是最常用的以太网电缆。

超五类线：该类线具有衰减小、串扰少，并且具有更高的衰减与串扰的比值和信噪比，更小的时延误差，性能得到很大的提高。此类线主要用于千兆位以太网（1000Mbit/s）。

六类线：该类电缆的传输频率为 1～250MHz。六类布线系统在 200MHz 时综合衰减串扰比应该有较大的余量，它提供 2 倍于超 5 类的带宽。六类布线的传输性能远远高于超五类标准，最适用于传输速率高于 1Gbit/s 的应用。

（2）同轴电缆。

同轴电缆是由相互绝缘的同轴心导体构成的电缆，内导体为铜线，外导体为铜管或网。电磁场封闭在内外导体之间，故辐射损耗小，受外界干扰小，如图 5－4－5 所示。

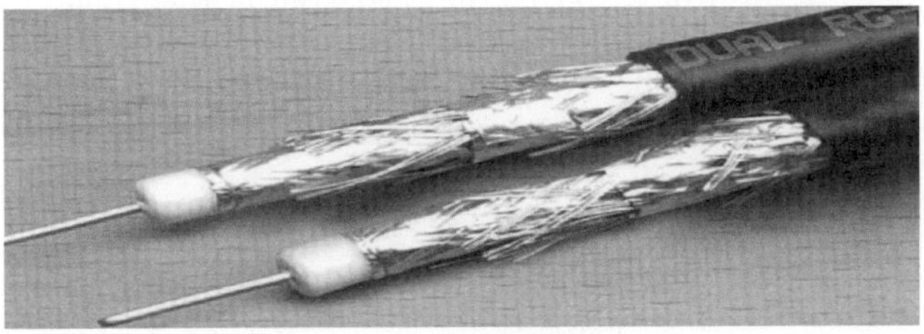

图 5－4－5　同轴电缆

同轴电缆的得名与它的结构相关。同轴电缆也是局域网中最常见的传输介质之一。它用来传递信息的一对导体是按照一层圆筒式的外导体套在内导体（一根细芯）外面，两个异体间用绝缘材料互相隔离的结构制造的，外层导体和中心轴心线的圆心在同一个轴心上，所以叫作同轴电缆。同轴电缆之所以设计成这样，也是为了防止外部电磁波干扰异常信号的传递。同轴电缆的构成，如图 5－4－6 所示。

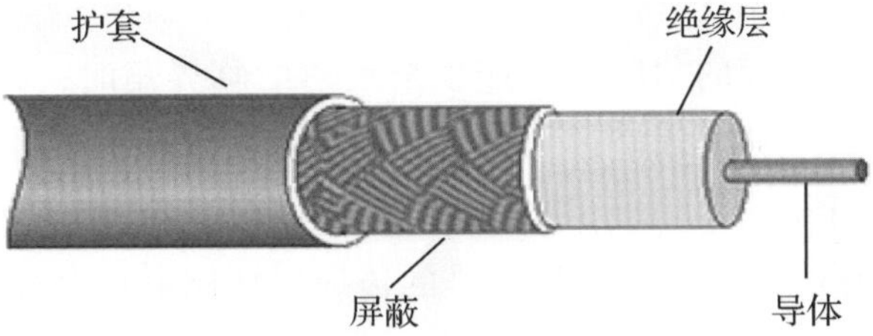

图 5－4－6　同轴电缆的构成

同轴电缆根据其直径大小，可以分为粗同轴电缆（简称“粗缆”）与细同轴电缆（简称“细缆”）。粗缆适用于比较大型的局部网络，它的标准距离长，可靠性高，由于安装时不需要切断电缆，因此可以根据需要灵活调整计算机的入网位置，但粗缆网络必须安装收发器电缆，安装难度大，所以总体成本高。相反，细缆安装则比较简单，造价低，但由于安装过程要切断电缆，两头需装上基本网络连接头（BNC），然后接在T形连接器两端，所以当接头多时容易产生不良的隐患，这是目前运行中的以太网所发生的最常见故障之一。

（3）光纤电缆。

光纤是光导纤维的简写，是一种利用光在玻璃或塑料制成的纤维中的全反射原理而达成的光传导工具。细微的光纤封装在塑料护套中，使得它能够弯曲而不至于断裂。通常，光纤一端的发射装置使用发光二极管（Light Emitting Diode，LED）或一束激光将光脉冲传送至光纤，光纤的另一端的接收装置使用光敏元件检测脉冲。光导纤维是由两层折射率不同的玻璃组成，如图5－4－7所示。

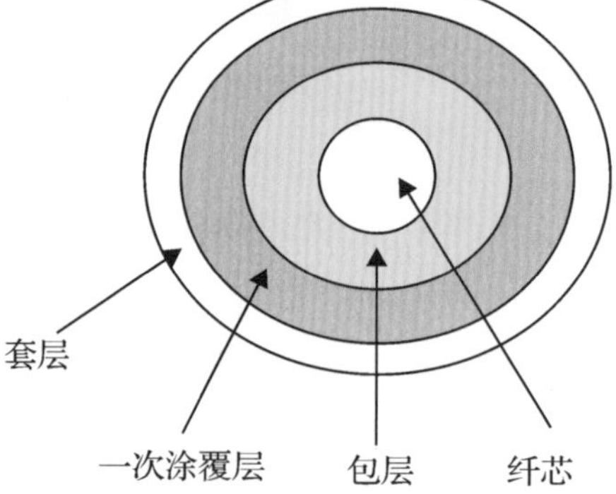

图5－4－7　光纤结构

光纤内层为光内芯，直径在几微米至几十微米，外层的直径0.1～0.2nm。一般内芯玻璃的折射率比外层玻璃大1%。根据光的折射和全反射原理，当光线射到内芯和外层界面的角度大于产生全反射的临界角时，光线透不过界面，全部反射。这时光线在界面经过无数次的全反射，以锯齿状路路线在内芯向前传播，最后传至纤维的另一端。均匀光纤导光原理，如图5－4－8所示。

在日常生活中，由于光在光导纤维的传导损耗比电在电线传导的损耗低得多，光纤被用作长距离的信息传递。光纤和其他几种介质的比较，如表5－4－1所示。

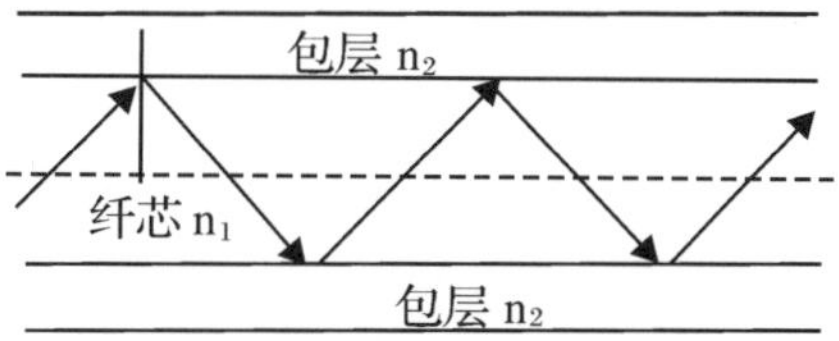

图 5－4－8　均匀光纤传导原理

表 5－4－1　光纤和其他几种介质的比较

名称	带宽（MHz）	衰减系数（dB/km）	中继距离（km）	敷设安装	接续
对称电缆	6	20	1～2	方便	方便
同轴电缆	400	19	1.6	方便	方便
微波传输	40－120	2	10	特殊	传输介质
光纤光缆	>10GHz	0.2	>50	方便	特殊

从表 5－4－1 中可以看出，光纤具有以下一些优点：

①频带宽。频带的宽窄代表传输容量的大小。载波的频率越高，可以传输信号的频带宽度就越大。在 VHF 频段，载波频率为 48.5～300MHz。带宽约 250MHz，只能传输 27 套电视和几十套调频广播，可见光的频率达 100000GHz，比 VHF 频段高出 100 多万倍。尽管由于光纤对不同频率的光有不同的损耗，使频带宽度受到影响，但在最低损耗区的频带宽度也可达 30000GHz。目前，单个光源的带宽只占了其中很小的一部分（多模光纤的频带有几百兆赫，好的单模光纤可达 10GHz 以上），采用先进的相关通信可以在 30000GHz 范围内安排 2000 个光载波，进行波分复用，可以容纳上百万个频道。

②低损耗。在同轴电缆组成的系统中，最好的电缆在传输 800MHz 信号时，每公里的损耗都在 40dB 以上。相比之下，光导纤维的损耗则要小得多，传输 1.31um 的光，每公里损耗在 0.35dB 以下；若传输 1.55um 的光，每公里损耗更小，可达 0.2dB 以下。这就比同轴电缆的功率损耗要小 1 亿倍，使其能传输的距离远得多。

③质量轻。因为光纤非常细，单模光纤芯线直线一般为 4～10um，外径也只有 125um，加上防水层、加强筋、护套等，用 4～48 根光纤组成的光缆直径还不到 13mm，比标准同轴电缆的直径 47mm 要小得多；加上光纤是玻璃纤维，比重小，使它具有直径小、质量轻的特点，安装十分方便。

④抗干扰能力强。因为光纤的基本组成是石英，只传光，不导电，不受电

磁场的作用，在其中传输的光信号不受电磁场的影响，故光纤传输对电磁干扰、工业干扰有很强的抵御能力。

⑤保真度高。光纤传导一般不需要中继放大，不会因为放大引入新的非线性失真。只要激光器的线性好，就可高保真地传输电视信号。

⑥工作性能可靠。我们知道，一个系统的可靠性与组成该系统的设备数量有关。设备越多，发生故障的机会就越大。因为光纤系统包含的设备数量少（不像电缆系统那样需要几十个放大器），可靠性自然也就高，加上光纤设备的寿命都很长，无故障工作时间达50～75万h，其中寿命最短的是光发射机中的激光器，最低寿命也在10万h以上。因此，一个设计良好、正确安装调试的光纤系统的工作性能是非常可靠的。

⑦成本不断下降。目前，有人提出了新摩尔定律，也叫光学定律（Optical Law）。该定律指出，光纤传输信息的带宽，每6个月增加1倍，而价格降低1倍。光通信技术的发展，为Internet宽带技术的发展奠定了非常好的基础。这就为大型有线电视系统采用光纤传输方式扫清了最后一个障碍。由于制作光纤的材料（石英）来源十分丰富，随着技术的进步，成本还会进一步降低；而电缆所需的铜原料有限，价格会越来越高。显然，今后光纤传输将占绝对优势，成为建立全省以至全国有线电视网的最主要传输手段。

光纤具有以下的种类：

多模光纤。中心玻璃芯较粗（50um或62.5um），可传多种模式的光。但其模间色散较大，这就限制了传输数字信号的频率，而且随距离的增加会更加严重。例如：600MB/km的光纤在2km时则只用300MB的带宽了。因此，多模光纤传输的距离就比较近，一般只有几公里。单模光纤：中心玻璃芯较细（芯径一般为9um或10um），只能传一种模式的光。因此，其模间色散很小，适用于远程通信，但其色度色散起主要作用，这样单模光纤对光源的谱宽和稳定性有较高的要求，即谱宽要窄，稳定性要好。

单模光纤（Single-mode Fiber）。一般光纤跳纤用黄色表示，接头和保护套为蓝色；传输距离较长。而多模光纤（Multi-mode Fiber）一般光纤跳纤用橙色表示，也有的用灰色表示，接头和保护套用米色或者黑色；传输距离较短。

（二）公务电话系统

城市轨道交通的公务电话相当于企业总机，采用通用的程控数字用户交换机组网，并通过中继线路接入当地市话网。一般情况下，中心交换机安装在控制中心和车辆段，而在各车站配置车站交换机或中心交换机的远端模块。中心交换机与车站交换机之间通过城市轨道交通专用传输网进行点对点的连接。为减少城市轨道交通通信设备的类型，目前城市轨道交通多数采用具有调度功能的交换机组成公务电话网。

1. 程控数字交换机的结构

电话交换机的主要任务，是实现用户间通话的接续，它基本划分为两大部分：话路设备和控制设备。话路设备主要包括各种接口电路（如用户线接口和中继线接口电路等）和交换（或接续）网络；控制设备在纵横制交换机中主要包括标志器与记发器，而在程控交换机中，控制设备则为电子计算机，包括中央处理器（CPU）、存储器和输入/输出设备。程控数字交换机的结构，如图5－4－9所示。

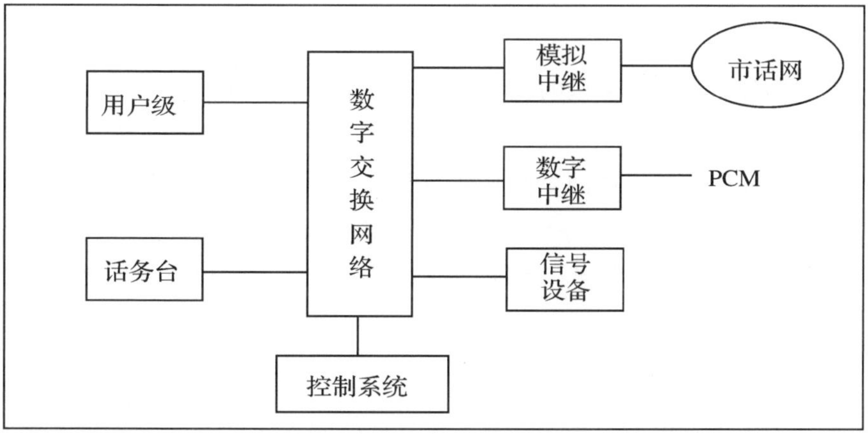

图5－4－9　程控数字交换机的结构

（1）交换网络。

交换网络的基本功能是根据用户的呼叫要求，通过控制部分的接续命令，建立主叫与被叫用户间的连接通路。目前，主要采用由电子开关阵列构成的空分交换网络和由存储器等电路构成的时分接续网络。

（2）用户电路。

用户电路的作用，是实现各种用户线与交换之间的连接，通常又称为用户线接口电路。根据交换机制式和应用环境的不同，用户电路也有多种类型，对于程控数字交换机来说，目前主要有与模拟话机连接的模拟用户线电路，及与数字话机、数据终端（或终端适配器）连接的数字用户线电路。

（3）出入中继器。

出入中继器是中继线与交换网络间的接口电路，用于交换机中继线的连接，它的功能和电路与所用的交换系统的制式及局间中继线信号方式有密切的关系。对模拟中继接口单元，其作用是实现模拟中继线与交换网络的接口，基本功能一般是发送与接收表示中继线状态（如示闲、占用、应答、释放等）的线路信号，转发与接收代表被叫号码的记发器信号，供给通话电源和信号音，向控制设备提供所接收的线路信号。

数字中继线接口单元的作用，是实现数字中继线与数字交换网络之间的接口，它通过 PCM 有关时隙传送中继线信号，完成类似于模拟中继器所应承担的基本功能。但由于数字中继线传送的是 PCM 群路数字信号，因而它具有数字通信的一些特殊问题，如帧同步、时钟恢复、码型交换、信令插入与提取等，即要解决信号传送、同步与信令配合三方面的连接问题。

（4）控制设备。

控制部分是程控交换机的核心，其主要任务是根据外部用户与内部维护管理的要求，执行存储程序和各种命令，以控制相应硬件实现交换及管理功能。

程控交换机控制设备的主体是微处理器，通常按其配置与控制工作方式的不同，可分为集中控制和分散控制两类。为了更好地适应软硬件模块化的要求，提高处理能力及增强系统的灵活性与可靠性，目前程控交换系统的分散控制程度日趋提高，已广泛采用部分或完全分布式控制方式。

2. 公务电话的组成

在城市轨道交通中，为满足对内和对外的语音通信的需求，提高城市轨道交通人员的信息沟通、运营管理和维修组织的效率，提供便捷的语音通话，公务电话系统采用专网建设。

城市轨道交通电话的分布决定了网络结构的特点，考虑程控电话网络的设计需要：用户线路距离短、保证通话质量、用户线路传输衰耗小、可靠性高，程控电话交换网络采用环形结构。环形电话网络，如图 5-4-10 所示。

在图 5-4-10 中，公务电话是由三台用户程控交换机通过传输系统以环形网络构成。其优点是当任意两台交换机间线路中断，通过迂回传输线保持通话，以保证网络的可靠性，并且采用同一厂家设备组成同类网使终端之间的连接采用相同方式。

各车站通过传输系统节点实现话路集中分配，两台交换机间使用 2M 数字

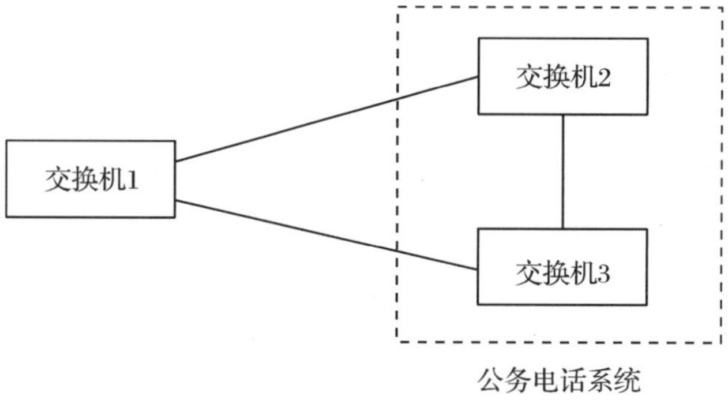

图 5－4－10　环形电话网络

中继，本网和市话局采用全自动呼出呼入方式，本网出局直接进入电话局程控交换机，入局由电话机程控交换机选组直接接出。

3．公务电话的功能

（1）电话交换功能。城市轨道交通内部用户之间的呼叫的交换。

（2）非话业务功能。非话业务包括电路数据业务、传真业务等，并能识别非话业务。

（3）计费功能。对各种业务进行计费。

（4）程控新业务。为用户提供多种程控新业务服务，如多方会议、三方通话、呼叫转移、忙时等待、缩位拨号、预先录音通话等。

（5）编号。根据用户的需要，可将公务电话内部用户的电话号码进行统一的编排，城市轨道交通前期的编号多为 4 位，后随着程控网络的不断扩大，4 位号码不能满足电话容量的发展，现在程控电话网的编号已经由 4 位升级到 5 位，甚至 6 位。

（6）与市话网的连接。城市轨道交通公务电话网是一个独立的电话网，为了与外部进行通话，公务电话网与市话网络相连。

（7）特种功能。114 查号，即程控电话设立 114 电话自动查号台，采用计算机查号，负责地铁内部各单位的电话查号工作；112 故障台，即为提高通话质量、快速处理用户申告，设立 112 故障申告台。同时，根据要求和运营的需要，还设立 119 火警台、120 急救台和 110 匪警台等。

（三）专用电话系统

专用电话系统包括：调度、站内、站间和区间（轨旁）电话子系统。

1. 调度电话

城市轨道交通的调度电话子系统主要包括调度总机、调度台和调度分机三部分，并通过传输系统或通信电缆相连接。在控制中心安装有调度机或交换/调度机作为调度总机，为调度人员提供专用直达通信服务。一般在城市轨道交通中设有行车调度、电力调度、维修调度、环控调度、公安调度的（虚拟）调度专网和调度台（其中行车调度专网设 2 个调度台）。调度台应具有选呼、组呼、群呼、强插、强拆、会议、应急处理等特定功能。调度分机安装在控制中心、车辆段以及各车站。调度台可单键直接呼叫分机；分机呼叫调度台分为一般与紧急两类呼叫，如图 5－4－11 所示。

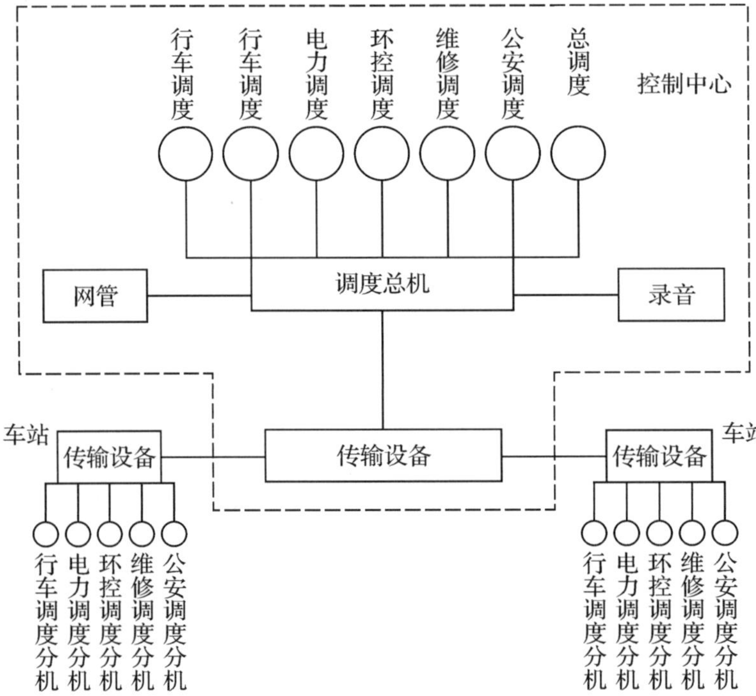

图 5－4－11　调度电话的组成

2. 站内电话

在车站内的站厅、站台、售票厅、客服中心和站控室等不同的工作地点，工作人员通常会有频繁的通信联系，若这些车站内的通信通过公务电话会加重公务电话交换机和传输系统的负荷，另外，拨号连接的方式不适合站内通信，所以在车站内部配置相对独立的电话交换系统。站内电话可以用普通拨号方式建立连接，各分机与车站值班台采用热线通话方式，分机间的通话由车站值班室转接，热线方式比较常用。还有延时热线方式，分机摘机后等待5s不拨号即呼叫车站值班室；若摘机后5s内拨了其他号码则与其他分机通话。

站内电话可提供车站内部人员的直接通话和本站值班员与相邻车站或大区间值班员的双向热线通话；同时也能使乘客或车站工作人员在紧急情况下使用紧急电话。

站内电话子系统由车站公务电话交换机、车站值班台（主机）和电话分机组成。车站电话交换机通常采用小型程控交换机实现，与公务电话交换机相连；车站值班台，设在车站控制室，供值班人员使用，一般用数字电话实现。电话分机，站内用户用普通电话机连接，一般一个车站有几十门分机。

3．*站间及轨旁电话*

站间电话是供相邻车站值班员之间联系的直通电话，行车电话机的双方任何一方摘机即可与对方通话；站间行车电话通话范围是局限于两个车站值班员之间，不允许越站通话。站间电话，如图5－4－12所示。

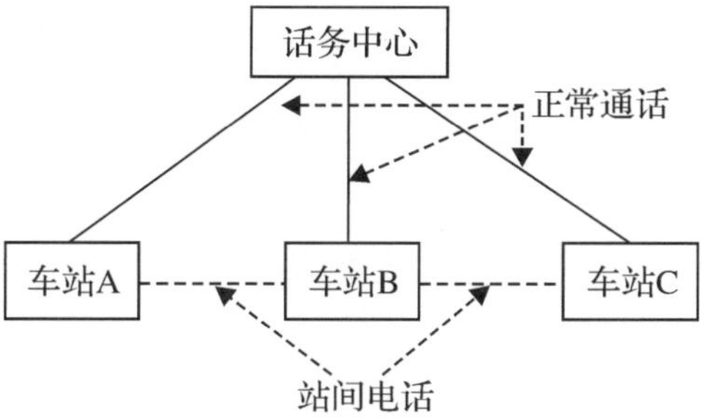

图5－4－12　站间电话

图5－4－13　轨旁电话

轨旁电话是为系统运营和维护及应急需要，安装在隧道里的电话，它是列车司机和维修人员在紧急情况下及时联系车站及相关部门的一种手段。轨旁电话由轨旁电缆连接站内交换机，具有抗冲击性和防潮等特性，区间内150～200m安装一部电话，3～4部轨旁电话机并接使用同一号码，并且用多部电话交叉配置的方式以增加可靠性。轨旁电话可同时接站内电话和工务电话，通过插座或开关实现号码转换，如图5－4－13所示。

（四）无线集群通信系统

目前国内地铁无线通信系统所采用的组网方案是集群方案。所谓集群方案是在专用频道方案基础上发展起来的一种系统资源共享、频率资源共享、多用途高效能、技术先进的无线调度通信系统，在我国多种行业和部门中获得广泛的应用。集群通信的最大特点是多用户共享多频率。话音通信采用 PTT（Push To Talk），以一按即通的方式接续，被叫无须摘机即可接听，且接续速度较快，并能支持群组呼叫等功能，它的运作方式以双工、半双工为主，主要采用信道动态分配方式，每个用户都有自己的身份并分成不同的工作小组具有不同的优先等级和特殊功能，通信时可以单呼、组呼和紧急呼叫。

在一个多信道调度无线系统中，“集群”是指向正在申请服务的用户自动分配信道，集群系统分配信道的基本技术有以下几种。

1. 信息集群

信息集群称为消息集群，在整个通话期间，给该通话组用户分配一条无线信道。从移动台按键开始，此信道就被占用，只有通话双方结束通话后的一定时间，此信道才被释放。这种技术效率低，因为在每次通话结束后所约定的时间内如果没有通话，此信道仍然会被占用。

2. 传输集群

传输集群又称发射集群。当 A、B 双方用户在单工或半双工工作时，A 用户按下讲话键后，就占用一个空闲信道，当 A 用户第一个消息发送完毕松开讲话键时，就有一个“传输完毕”的信令送到基地台的控制器，这个信令用来指示基地台这个信道可以被别的用户使用。因而在传输集群方式中不会由于通话暂停而仍然占用信道，从而提高信道利用率。

3. 准传输集群

准传输集群也称为准发射集群，它是相对于传输集群而言的，是为了克服传输集群的缺点而改进的。准传输集群兼顾信息集群和传输集群的优点，它缩短了信道的保留时间，用户每次发话完毕，松开讲话键后，信道保留 0.5 ~ 1s，而不会使消息中断。

随着数字通信技术的快速发展，数字集群正在逐步取代模拟集群。目前，国内外采用的数字集群技术主要有 TETRA、iDEN、GoTa 和 GT800，如表 5 – 4 – 2 所示。

表5-4-2　数字集群技术比较

	TETRA	iDEN	GoTa	GT800
多址方式	TDMA	TDMA	CDMA	TDMA
载波带宽	25KHz	25KHz	1.25MHz	200KHz
开放程度	较低	不开放	较高	较高
集群业务的支持能力	较强，支持的集群类补充业务丰富	较强，支持的集群类补充业务丰富，比TETRA少	较强，支持的集群类补充业务丰富，比TETRA少	较强，支持的集群类补充业务丰富，比TETRA少
数据速率	低	低	高	中等
未来发展	—	Wi-iDEN	EV-DO，EV-DV（可以平滑演进）	TD-SCDMA（不是平滑演进）
直通工作	支持	不支持	不支持	不支持
单载单扇最大组容量	4	6	3×30（3个组，每组30个用户），5×20，10×11	7组或3组
频率规划	中	中	少	多
呼叫建立时间（理论值）	<500ms	<1s	<1s	<1s
话权申请时间（理论值）	<200ms	<200ms	<200ms	<200ms

我国现今已投入运营的地铁无线通信系统大部分采用数字集群系统A体制方案既TETRA系统，如图5-4-14所示。与其他几种数字集群系统相比，TETRA是一种较为成熟的标准。其优点是指挥调度功能比较齐全，组网方式灵

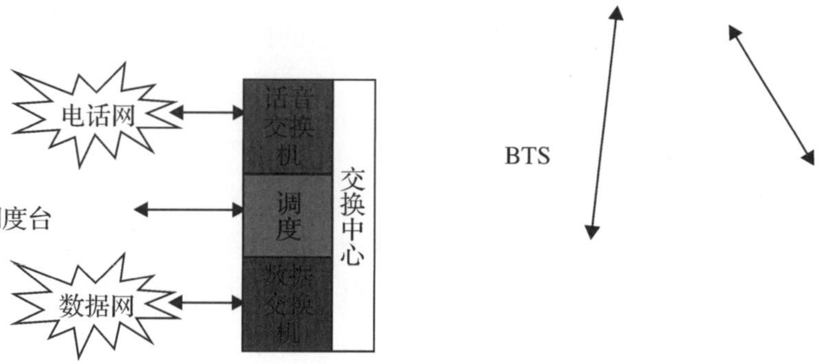

图5-4-14　TETRA集群通信网配置示意图

活、抗干扰能力强、频谱利用率高，系统容量大，能提供语言、数据通信业务和灵活的网络管理功能，加密和脱网功能较强，可以实现脱网直通模式和端到端加密。TETRA 集双向无线电对讲机、移动电话、数据传送等多功能于一体，在地铁无线调度通信中具有良好的适宜性。

目前，国内地铁主要采用以下几种集群组网方案：

方案一：多基站小区制。

该方案在控制中心设置集群交换机和调度台，在地铁沿线各车站、车辆段设置集群基站，在车辆段设车辆段调度台。交换控制设备与基站之间通过有线传输通道连接，地铁沿线架设漏泄同轴电缆实现车站站台及隧道内的场强覆盖；各地下站站厅用小天线覆盖。各基站均采用 2 载频基站，每个基站 2 载频共 8 个信道。

方案二：多基站中区制（光纤直放站）。

该方案是由交换机 + 多基站 + 光纤直放站的方式组成链状网，集群基站与控制中心交换机通过 E1 进行连接，设在各车站的集群基站或光直放远端站通过漏缆覆盖整个隧道和站台区间，用小天线覆盖地铁车站站厅层，在车辆段设置地面集群基站及天线覆盖车辆段区域。该方案基站均采用 2 载频；光纤直放站远端机通过光纤与设在基站处的光纤直放站近端机相连；在控制中心设置直放站网络管理终端。

方案三：多基站中区制（射频直放站）。

该方案在基站设置方式上与光纤直放站方案基本相同，不同的是在其他车站设置射频放大设备。交换控制设备与基站之间通过有线传输通道连接，地铁沿线架设漏泄同轴电缆。以漏缆加射频中继器的方式覆盖地铁隧道和站台区间，因多级射频中继器极联后会引起噪声积累，使信噪比变差，所以基站左右只能连接一个中继器，每个基站覆盖三个车站的区间。车辆段仍采用基站加天线方式覆盖，站厅用小天线覆盖。

（五）闭路电视监控系统（CCTV）

闭路电视监控系统为控制中心调度管理人员、车站值班员、列车司机及站台监视亭值班员等对车站的站厅、站台、出入口等主要区域提供监视服务。

1. 闭路电视监控系统的组成

闭路电视监控系统由摄像机（含监听头，即话筒）、控制部分、传输部分、监视器、报警部分和网管部分等六部分组成，如图 5－4－15 所示。

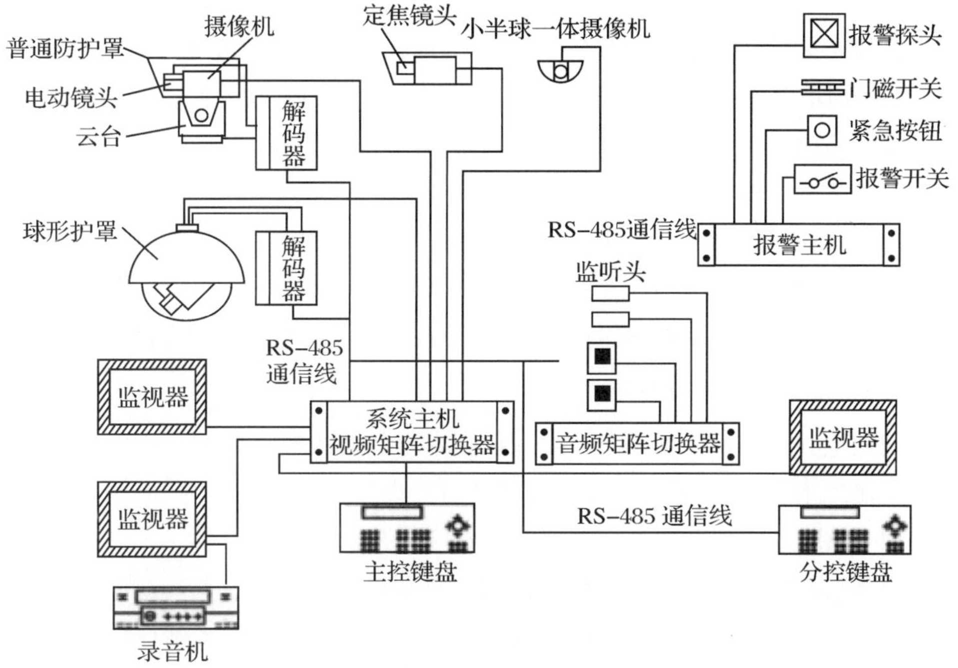

图 5－4－15　闭路电视监控系统的组成

监视画面要求具有 DVD 质量。采用控制中心和车站两级互相独立的监控方式，平常以车站值班员控制为主，控制中心调度员可任意选择上调各车站的各摄像头的监视画面。在紧急情况下，则转换为以控制中心调度员控制。出于安全与事故取证要求，车站和控制中心的 CCTV 设备还应具有录像功能。

控制中心的行车调度员实时监视全线各车站的情况，车站的值班员能够实时监视本站情况，列车司机能在驾驶室看到乘客上下车的情况（站台与列车间用无线传送视频信号）。

2．闭路电视监控系统组网

城市轨道交通的闭路电视监控系统由模拟、数字和网络三种组网方式。

在模拟闭路电视网络中，摄像头与监视器之间传输的是模拟视频信号，图像的切换和分割由硬件（视频矩阵和图像分割设备）完成。各车站传送至控制中心模拟视频信号，采用点对点的模拟光纤传输。

在数字闭路电视网络中，车站和控制中心仍以模拟组网，与模拟闭路电视区别仅在于：各车站与控制中心之间利用城市轨道交通传输网传送视频信号。

因城市轨道交通传输网只能传输数字信号，为了将模拟视频信号从站点传到控制中心，需要经过编解码器进行模/数与数/模转换。在传输网采用 MSTP 技术后，目前亦有将模拟视频信号经压缩编码、成帧后，利用城市轨道交通传输网的分组数据通道以总线方式传送视频信号，其主要优点为可以按需动态分配带宽。

在网络闭路电视网络中，带有编码器的网络摄像头和带有解码器的数字监视器以及数字录像硬盘均接入站点的 Ethernet 或 ATM 局域网，监视器可根据摄像头的 IP 地址调看图像，并用软件进行图像分割，省略了视频矩阵和图像分割等硬设备。各站点局域网与控制中心局域网通过城市轨道交通传输系统互联成广域网，控制中心可以根据摄像头 IP 地址直接选调全线各摄像点的监控画面。

3. 闭路电视系统的功能

闭路电视在使用上要满足车站和控制中心的两级监视要求，所以闭路电视需要满足以下功能：

（1）图像显示。

摄像机的图像可同时在本站和控制中心显示；

中心调度员能够在远程，通过计算机控制终端遥控全线车站任何一台球形一体化摄像机的转动及其变焦镜头的焦距调节；

车站值班员能够控制本站一体化摄像机的转动及其变焦镜头焦距的调节；

司机可监视本侧站台乘客情况；

中央控制室和车站综控室可根据预先设置程序，在室内监视器上自动按顺序循环显示图像；

中心调度室和车站综控室可手动切换，在室内监视器上和大屏幕上固定显示任意一幅图像。

（2）硬盘录像功能。

控制中心的数字监控硬盘录像设备，录制电视墙及行车、防灾调度的彩色监视器输出的内容；中心的录像功能有 LONG PLAY（24h）和 NORMAL（3h）两种模式。LONG PLAY，图像是不连续地跳跃的，24h 不间断录像；NORMAL，连续录取图像。正常时使用 LONG PLAY，有突发情况或需实时录像时转到NORMAL模式。在无视频信号输入时，录像自动停止。

（3）字符叠加编辑功能。

摄像机输出的图像均应叠加上相应位置的中文字符；

字符位置可随意调整，各站字符单元应为统一字库，可根据摄像机的不同位置，随意变更位置名称的字符。

（4）网管功能。

本工程在控制中心的网络管理中心，设置一套闭路电视系统的网管终端设备。该套设备主要负责对闭路电视监视系统的运行情况进行综合的监视与管理，在必要时对系统数据及配置作及时的修改。

（5）故障管理。

能识别系统故障，并能对闭路电视系统设备发生的故障进行定位；能报告所有警告信号及其记录的细节；具有警告过滤和遮蔽功能；提供声光警告显示功能。

管理终端具有与调度员相同的监控功能，可对系统信息集中管理，对设备工作状态、图像质量、优先级控制等重要参数进行设置与监控，并具有向上级输出故障警告信息功能。

（6）系统管理。

设备管理系统，应可以与其选用的切换矩阵控制设备配套使用。所有系统控制功能，均应在该操作平台上点击屏幕即可实现。用户菜单，可以对系统进行快速简单的设置。其具有直观性以及图像标示、全线线路图及各站建筑示意图等功能，使操作和控制过程简化。

（六）有线广播系统（PA）

城市轨道交通广播系统由控制中心广播系统、车站广播系统、车辆段广播系统、车载广播系统组成，如图 5－4－16 所示。在地铁运营中，广播系统主要用于控制中心调度人员、车站值班员、站台值班员向车站旅客进行公众语音广播，通告地铁列车运行、安全、向导等服务信息，向工作人员发布作业通知，当车站发生火灾等灾难时，广播系统可兼作消防广播用途，广播包括防灾内容紧急广播。

有线广播系统具有自动和人工广播，以及相应的选择功能及优先级功能，采用车站和控制中心两级控制方式。平时以车站广播为主，控制中心可以插入；但在紧急情况下，则以控制中心广播为主。

1. 控制中心广播系统

控制中心共有型车调度、电力调度和防灾调度三个播音台、三台互锁，同时只允许一个播音台播音。三个播音台分别设有广播区域选择键盘和送话器，

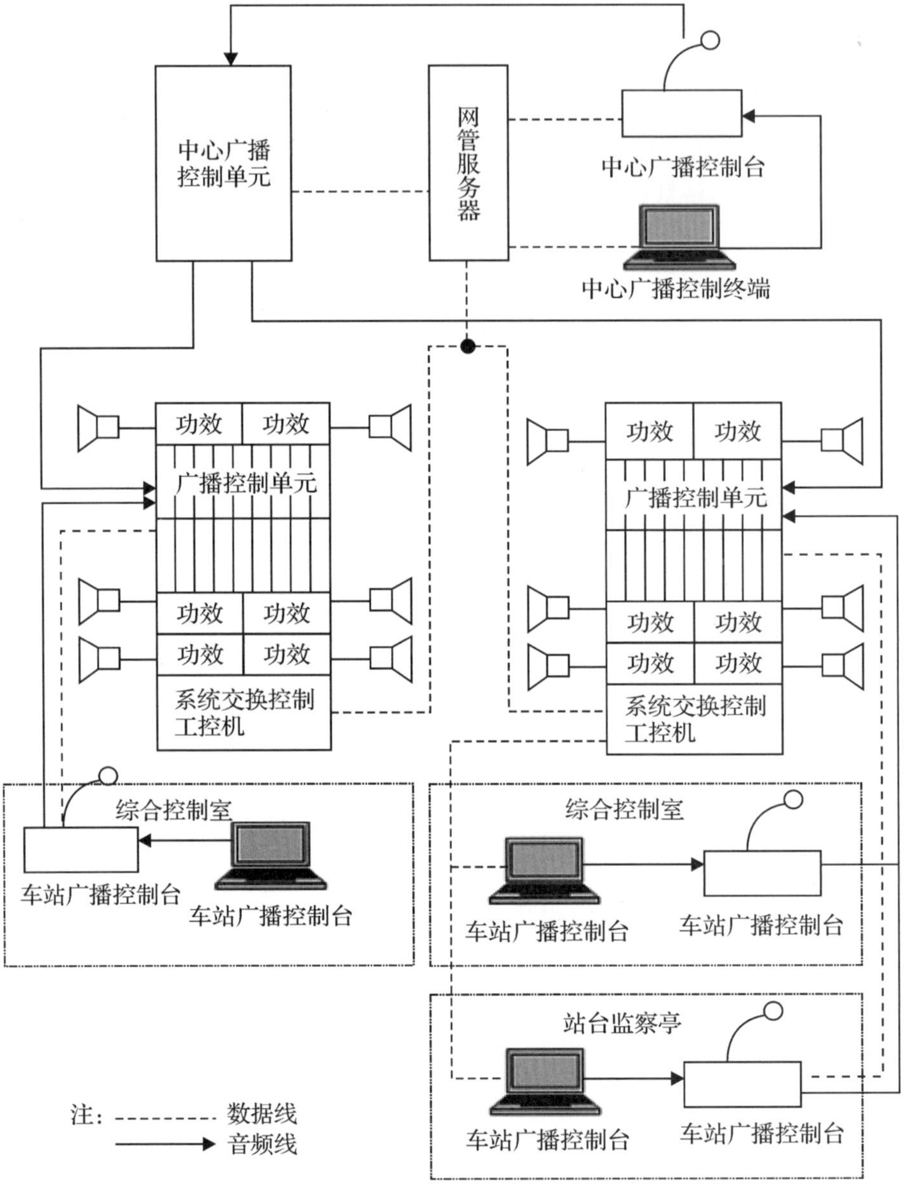

图 5-4-16 广播系统的组成

选择控制信号，经控制与接口单元通过 PCM 信道将其送至车站控制单元，并显示在相应播音台上。播音信号经放大处理后，经屏蔽广播线传至所选的车站，所有车站各个区域或选定车站、区域的广播。

控制中心广播设备主要包括中心广播控制终端、中心广播控制台、中心广播机柜设备、中心网络管理服务器。

2. 车站广播系统

车站广播系统由车站值班员操作，通过操作车站广播控制台的键盘对信源、广播区、控制模式进行选择，对车站各广播区定向广播。车站分为上行站台、下行站台、站厅、办公区四个广播区域。

车站广播系统是由车站广播控制台、广播控制单元、DVD 机或 CD 播放机、功率放大器、系统控制切换设备、接口装置、扬声器系统组成。

3. 车辆段广播系统

车辆段广播系统的结构与车站相同，由于广播分区较少，相应的设备数量也随之减少。控制中心广播系统对车辆段、停车场广播系统只进行网管操作，不进行广播操作。

4. 车载广播系统

车载广播系统为乘客提供语音通信和语音广播功能。系统设备通过 CAN 总线、广播音频列车线及对讲音频列车线连接。CAN 总线传送系统内部控制信号，广播音频列车线传送列车广播音频信号，对讲音频列车线传送司机室对讲和紧急报警音频信号。广播系统与列车通信网络（TCN）间通过多功能车辆总线（MVB）进行通信，此通道用于传送 PIS 系统所需的站台信息、服务信息及控制信息，同时上传 PIS 系统的状态信息。车载无线电台为司机室广播主机提供一对平衡音频接口和一对无源广播申请控制信号，以实现 OCC 对客室乘客的直接广播功能。

车载广播系统有两种模式：一种是为地面上行驶的列车设计的；另一种是为隧道内行驶的列车设计的。

（1）地面列车车载广播系统。

由于列车行驶在地面，车上可接收到 GPS 定位信号，车载广播一般采用 GPS 接收机定位触发，实现自动广播方式。其系统设备由 GPS 接收机、车载广播控制设备、车厢扬声系统组成。

（2）隧道列车车载广播系统。

地铁内的列车一般行驶在隧道内，无法接收 GPS 定位信息，需要通过轨道电路触发设备来实现自动播发广播信息的功能。其系统设备由轨道电路触发设备、车载接收设备、车载广播控制设备、车厢扬声系统组成。

（七）时钟系统

时钟系统是为保证轨道交通运营准时、服务乘客、统一全线设备标准时间而设置的。城市轨道交通的两类时钟系统均同步于美国GPS（俄罗斯格林纳斯、欧洲伽利略、中国北斗一号作备用）或CCTV时间信息。

时钟系统按控制中心一级母钟和车站/车辆段二级母钟两级组网方式设置，系统主要包括：GPS信号接收单元、控制中心主/备一级母钟系统、车站（车辆段）主/备二级母钟、时间显示单元（简称子钟）、时钟系统网管终端、电源、接口设备及传输通道等构成。控制中心设置一级母钟与控制中心中的子钟，沿线各车站、车辆段/停车场设置二级母钟和子钟，如图5-4-17所示。

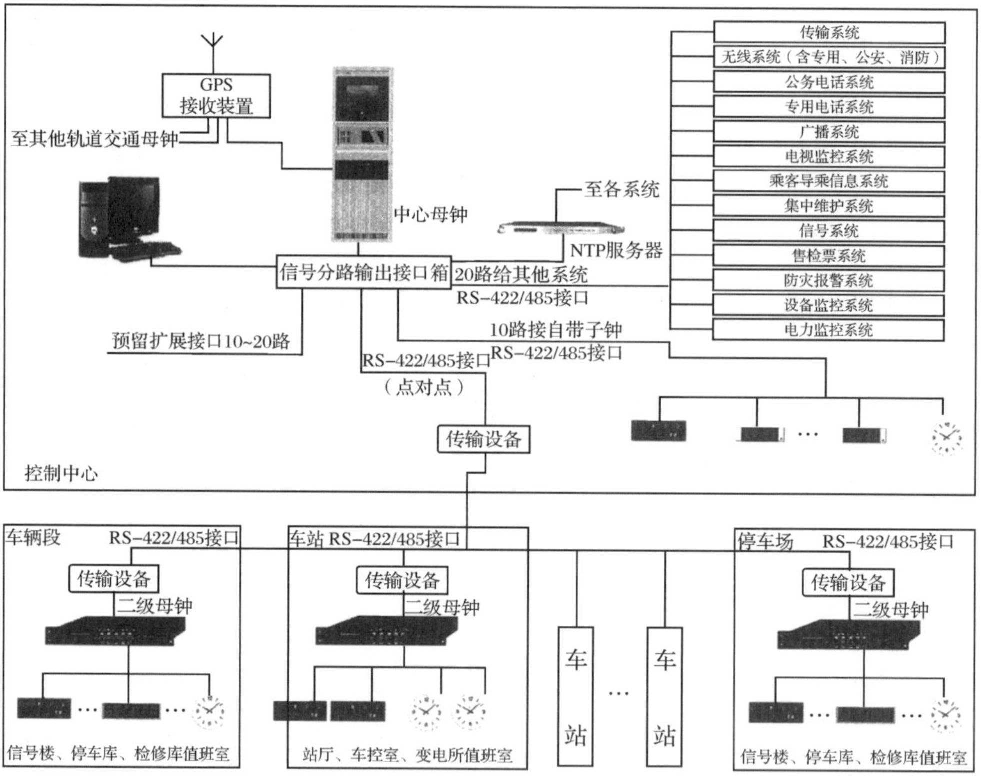

图5-4-17 时钟系统的组成

控制中心一级母钟接收并同步来自GPS卫星的时标信号，配置在控制中心一级母钟为其他各机电系统提供统一的时间信号，使各子系统的定时设备与时钟系统同步，控制中心一级母钟并通过传输线路向各车站和车辆段的二级母钟传送时标信号，从而实现城轨全线执行统一的时间标准。

1. 一级母钟

一级母钟的主要功能是作为基础主时钟系统，它的时间依靠接收外部同步时标信号（GPS 时钟作为主用时钟、CCTV 时间信号作为备用时钟）来进行校准，以免产生累积误差，外部同步时标信号采用 GPS 接收机接收卫星时标信号，对自身时钟进行校准，从而消除累积误差。当接收外部同步时标信号的装置出现故障时，一级母钟将利用自身的高稳定度晶振产生的时钟信号驱动二级母钟正常工作，并向时钟网管设备提供告警信息。当外部时间信号设备恢复时，一级母钟将自动跟随。

一级母钟通过串口或以太网口定时（每秒）将同步时标信号发送给车站/车辆段的二级母钟，同步二级母钟。

2. 二级母钟

在各车站、车辆段及停车场的通信设备用房内设置二级母钟，通过传输通道接收控制中心母钟发出的时标信号，产生并输出时间控制信号，用于驱动本站所有的子钟。同时，二级母钟向控制中心一级母钟回送的各站二级母钟及子钟的运行状态信息。二级母钟预留系统监测数据接口，以便接入便携式终端进行设备维护管理。

3. 子钟

子钟一般设置在车站的站台、站厅及办公场所，接收二级母钟发出的时标驱动信号，进行时间信息显示。子钟能够脱离二级母钟单独运行，子钟显示方式为指针或数字方式。考虑到乘客导乘信息系统在站台、站厅区均设有 PIS 显示屏，此设备上已显示了时间信息，故在车站站台、站厅区可少设子钟。

当子钟接收不到来自二级母钟发送的时间信号时，仍能依靠自身的晶振独立运行。此时与标准时间的校准可通过子钟上的按键，人工手动进行校准时。当重新接收到二级母钟发送来的时间信号后，回送自身的工作状态。

（八）乘客导乘信息系统（PIS）

乘客导乘信息系统（PIS）是依托多媒体网络技术，以计算机系统为核心，以车站和车载显示终端为媒介向乘客提供信息的系统。在正常情况下，提供乘车须知、服务时间、列车到发时间、列车时刻表、管理者公告、政府公告、出行参考、媒体新闻、赛事直播、广告等实时动态的多媒体信息；在火灾、阻塞及恐怖袭击等非正常情况下，提供动态紧急疏散提示。车载设备通过无线传输实时或预录接收信息，经处理后在列车客室 LCD 显示屏上进行音频视频播放。使乘客通过正确的服务信息引导，安全、便捷地乘坐地铁。

在列车运行中车载设备要实时接收来自地面运营中心的节目，在列车车厢显示屏上播出视频和音频。同时通过车厢内监控摄像头，监控旅客乘车情况，将监控视频信息实时上传至运营中心，作为管理部门安全决策的支持信息。

PIS 系统可分为：中心子系统、车站子系统、车载子系统、网络子系统、广告制作子系统，典型的 PIS 结构如图 5－4－18 所示。

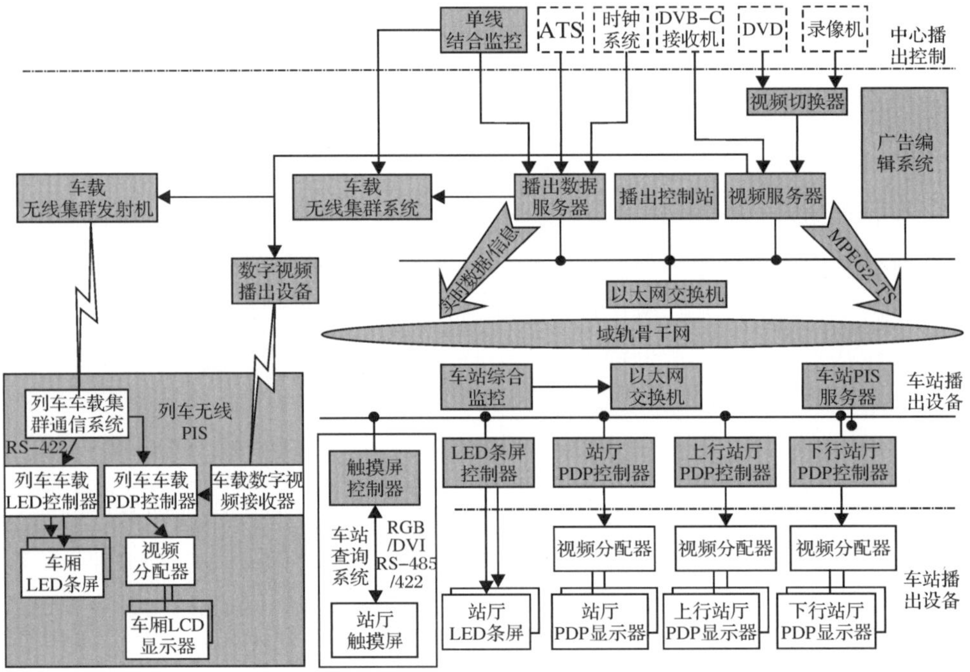

图 5－4－18 典型的 PIS 结构

1．中心子系统

中心子系统主要负责外部信息流的采集、播出版式的编辑、视频流的转换、播出控制和对整个 PIS 设备工作状态的监控以及网络的管理。

中心子系统主要设备有：中心服务器、视频流服务器、中心操作员工作站、中心网管工作站、播出控制工作站、数字电视设备、外部信号源等，它们构成了一个完整的播出和集中控制系统。同时，中心子系统还将提供多种与其他系统的接口。

2. 车站子系统

车站子系统的主要构成为：车站数据服务器、车站播控服务器、车站操作员工作站、屏幕显示控制器、网络系统等。车站子系统通过传输通道转播来自控制中心的实时信息，并在其基础上叠加本站的信息，如列车运行信息和各类个性化信息等。

所有这些设备分为控制和现场显示两部分。

控制部分包括车站服务器/车站播控站、车站操作员工作站、TS 流解码器、PDP/LED 显示控制器、外部系统接口、网络部分等。

现场显示部分包括所有的 PDP 和 LED 显示屏。

3. 网络子系统

网络子系统是指城市轨道交通主干通信网提供给 PIS 的通道，该通道用来传输从 OCC 到各车站的各种数据信号和控制信号。

中心局域网、广告中心局域网、车站局域网都是通过网络交换机连接本局域网内的各种设备，再由交换机经防火墙设备连接至传输网上。

4. 广告制作子系统

PIS 的广告制作子系统主要提供直观方便的用户界面，供业务人员、广告制作人员制作广告节目（如广告片、风光片和宣传片，并可承接城市轨道交通以外的一些广告制作），编辑广告时间表，控制指定的显示屏或显示屏组播放显示指定的时间表，并将制作好的素材经审核通过后通过网络传输到控制中心和各车站进行播出。

广告制作子系统主要包括：图像存储服务器（可无限扩容）、非线性编辑设备（用于节目的串编）、视频合成工作站（用于高端广告片、形象片的制作）、数字编辑录像机、数字编辑放像机、数字/模拟摄像机、网络系统、合同管理软件系统和屏幕编辑预览系统等。

5. 车载子系统

传统的 PIS 只有车站乘客导乘信息系统。随着无线局域网（WLAN）的成熟与普及，很多新建的城市轨道交通线路增设了基于 WLAN 的车载乘客导乘信息系统，它可以实时播放新闻和广告等音/视频信息供列车上的乘客观看，同时实现运营控制中心（OCC）对列车车厢的实时监控，提高了对城市轨道交通运营与安全的管理能力。

PIS 车载子系统是指车辆段、轨道交通沿线、列车上的 PIS 设备。主要包括：车辆段 PIS 监控站、车辆段和车站 PIS 数字视频发送设备、无线集群通信系统、车载 PIS 数字视频接收设备、车载 LCD/LED 显示控制器。

PIS 车载系统获取信息的来源通常有四种方法：一是在列车上播放预先录制节目的 DVD 光盘，主要是广告信息；二是在固定的地点（如车辆段）通过有线或无线的方式向列车传输信息，在行驶过程中列车 PIS 可播放这些信息；三是通过车载无线集群系统向列车传送信息，该方式可保证信息的实时性，例如，天气预报、文字新闻、其他信息等；四是通过全线无缝覆盖的无线宽带传输网络，以提供行驶过程中列车 PIS 的实时音/视频信息源。

随着数字电视技术（DVB）的发展，采用移动数字电视技术进行数字化的视频图像接收成为可能，也可用于轨道交通的车载 PIS。

（九）通信电源和接地系统

城市轨道交通通信的电源系统必须是供电设备独立，并具有集中监控管理的系统。通信电源系统应保证对通信设备不间断、无瞬变地供电，以满足通信设备对电源的要求。

城市轨道交通通信设备应按一级负荷供电。由变电所引接双电源双回线路的交流电源至通信机房交流配电屏，当使用中的一路出现故障时，应能自动切换至另一路。

对要求直流供电的通信设备，采用集中方式供电。直流供电系统可由直流配电盘、高频开关型整流模块、直流变换器、逆变器、阀控式密闭铅蓄电池组等组成，并应具有遥信、遥测、遥控性能和标准的接口及通信协议。

对要求交流不间断供电的通信设备，可根据负荷容量确定采用逆变器供电或交流不间断电源（UPS）的供电方式。

通信设备的接地系统设计，应做到确保人身安全、通信设备安全和通信设备的正常工作。城市轨道交通车站根据条件可采用合设接地方式，也可采用分设接地方式。分设接地方式由接地体、接地引入线、地线盘及室内接地配线组成。

第六章　轨道交通信号与控制系统

一、概述

轨道交通可分为铁路和城市轨道交通两种。

铁路作为国家重要的基础设施、国民经济的大动脉和大众化的交通工具，在现代运输体系中发挥着中流砥柱的作用。

随着国民经济的发展，城市规模在不断扩大，城市人口急剧增加，随之出现的交通拥堵问题日趋严重。城市轨道交通作为新的交通运输方式以其不可比拟的优势快速发展起来，在城市公共交通中发挥着越来越大的作用。

信号控制系统是运输的基础设施，是保证行车安全、提高运输效率、提供列车运行信息和改善劳动条件的重要设备。

（一）铁路信号控制系统的发展及现状

铁路信号控制系统的发展和我国铁路的发展密切相关，和科技进步紧密相关。铁路信号控制系统的发展水平是铁路现代化的一个重要标志。

由于历史的原因，我国铁路信号控制系统和我国铁路一样，在诞生初期由不同的外国资本控制，信号显示不统一、信号制式混乱、设备简陋。新中国成立后，我国铁路信号控制系统坚持走自我发展的道路，经过 50 多年的不断摸索，已基本上发展成制式统一体系完整、产品配套并有自己独立的科研、教育、设计、工业生产、施工维修队伍等，具有我国特色的一整套的铁路信号系统。

传统的铁路信号控制系统主要包括车站联锁设备、区间闭塞设备、编组站驼峰控制系统、行车调度控制系统和改造以及由机车信号和超速防护系统组成的列车运行控制系统组成。20 世纪 90 年代以来随着我国列车速度的不断提高，传统信号控制系统得到迅速发展。计算机联锁已经逐渐取代电器联锁，成为车站联锁设备发展的方向；区间闭塞设备从最原始的路签（路牌）闭塞已经发展到无绝缘移频自动闭塞；编组站驼峰控制系统基本实现了路网性编组站和区域性编组站的驼峰自动化或半自动化；行车调度控制系统也由原来的继电系统、半导体分立元件、集成电路时代发展到现在以计算机技术和现代通信技术为基础的微机自动化时代；列车运行控制系统已由列车自动停车时期发展到了列车超速防护时期，铁路信号控制系统正向真正意义上的数字化、信息化、自动化、现代化方向迈进。

进入 21 世纪以后铁道部先后进行了多次大提速，200km/h 动车组的开行、青藏线和客运专线的建设更是加快了我国铁路信号技术发展的步伐。计算机联锁得到了稳步快速发展；ZPW－2000A 自动闭塞系统的应用加快了铁路自动闭塞制式的统一；研究成功了分散自律调度集中（Centralized Traffic Control，简称 CTC），并在西哈段投入运营；铁路列车调度指挥系统（Train operation Dispatching Command System，简称 TDCS）投入运用，实现了铁道部、铁路局两级调度管理的局域网、广域网和分组交换数据网三大网络。

随着列车运行速度的进一步提高，仅依靠地面信号行车已经不能保证行车安全，必须要求机车信号为主体信号采用“目标距离”模式的列车运行控制方式。我国铁路列车运行控制系统（China Train Contml System，简称 CTCS）的研制成功，改变了以车站联锁和自动闭塞为核心的传统铁路信号控制系统的设计理念及方法，成为我国铁路信号发展的重要里程碑，也是我国今后铁路信号控制系统的发展方向。

（二）城市轨道交通信号系统的发展及现状

城市轨道交通的信号控制系统主要是列车自动控制系统（Automatic Train-Control，简称 ATC），它包括列车自动监控子系统（Automatic Train Supervision. 简称 ATS）、列车自动防护子系统（Automatic Train Protection，简称 ATP）、列车自动运行子系统（Automatic Train Operation，简称 ATO）。其中列车自动防护子系统除包括地面和车载设备外，还包括车站正线联锁设备。

我国的城市轨道交通发展较晚，第一条城市轨道交通线路北京地铁一号线，于 1971 年建成通车，由于当时国内政治和经济的原因，第一条北京地铁所有使用的技术装备全部由我国制造，包括信号控制设备。在建设初期总体设计方案考虑建设一整套国产的列车自动控制系统，但终因当时我国电子工业水平落后而告失败。因此我国最早的城市轨道交通信号控制系统基本由当时铁路上广泛采用的调度集中、电气集中、移频轨道电路和机车信号设备组成。

以后由于城市轨道交通建设规模大、周期长、投资高、技术难度大，设备国产化率低等因素，使得我国城市轨道交通建设一度发展缓慢，直到 1995 年，也只有北京、上海、天津三个城市共近 50km 地铁开通运营。而信号控制系统在早期城市轨道交通建设中遭到挫折之后，并没有及时总结经验，逐步发展和完善，导致在以后的地铁旧线改造、新线建设中，没有成套的、成熟的、可靠的信号控制系统可供选用，只好依靠全盘引进。全盘引进虽然解决了当时的技术难题，但是使建设成本大大提高。为了解决城市轨道交通建设造价过高不适合我国经济实力的问题，国务院在 1995 年 12 月发布国办 60 号文，暂停了地铁项目的审批，并要求做好发展规划和国产化工作，同时，国家计委开始研究制定城市轨道交通设备国产化政策。

随着我国经济的高速发展，城市化进程的加快，以及城市轨道交通设备国产化率的提高，从 1999 年开始恢复了城市轨道交通的建设，进入 21 世纪后轨道交通更是进入高速发展期。截至 2014 年，我国先后有北京、天津、上海、广州、大连、长春、武汉、重庆、深圳、南京、沈阳、西安、郑州、成都、哈尔滨、乌鲁木齐、杭州、苏州、无锡、宁波、合肥、青岛、福州、泉州、南昌、长沙、贵阳、昆明、南宁、东莞等 20 多座城市建成或正在建设城市轨道交通。这期间随着我国微电子技术的进步和铁路信号控制系统技术的发展，以及对城市轨道交通设备国产化的要求，我国城市轨道交通信号控制系统在引进国外先进技术的同时不断加快国产化进程，并取得了一定成绩。但是，由于种种原因还没有完全实现国产化。

（三）轨道交通信号与控制系统的发展趋势

近 20 多年来，在运输市场激烈竞争的压力下，各国铁路，特别是发达国家铁路为实现提速、高速和重载运输，积极引进采用新技术，大幅度提高了现代化通信信号设备的装备水平，新型技术系统不断涌现。

1. 故障——安全技术的发展

随着计算机技术、微电子技术和新材料的发展，故障——安全技术得到了飞速发展。高可靠性、高安全性的故障——安全核心设备出现了“二取二”

“二乘二取二”和“三取二”等不同结构形式，其同步方式有软同步和硬同步。西门子公司、阿尔斯通公司、日本京山公司、日本日信公司等推出了不同类型的采用硬件同步方式的安全型计算机。故障——安全技术的提高为高可靠和高安全的铁路信号系统的发展打下坚实的基础。

2. 高水平的实时操作系统开发平台

实时操作系统（RTOS，Real Time Operation System）是当今流行的嵌入式系统的软件开发平台。RTOS 最关键的部分是实时多任务内核，它的基本功能包括任务管理、定时器管理、存储器管理、资源管理、事件管理、系统管理、消息管理、队列管理、旗语管理等，这些管理功能是通过内核服务函数形式交给用户调用的，也就是 RTOS 的应用程序接口（API，Application Programming Interface）。在铁路、航空航天以及核反应堆等安全性要求很高的系统中引入 RTOS，可以有效地解决系统的安全性和嵌入式软件开发标准化的难题。随着嵌入式系统中软件应用程序越来越大，对开发人员、应用程序接口、程序档案的组织管理成为一个大的课题。在这种情况下，如何保证系统的容错性和故障—安全性成为一个亟待解决的难题。基于 RTOS 开发出的程序，具有较高的可移植性，可实现 90% 以上设备独立，从而有利于系统故障—安全的实现。另外，一些成熟的通用程序可以作为专家库函数产品推向社会，嵌入式软件的函数化、产品化能够促进行业交流以及社会分工专业化，减少重复劳动，提高知识创新的效率。

在铁路这样恶劣工作环境下的计算机系统，对系统安全性、可靠性、可用性的要求更高，必须使用安全计算机，以保证系统能安全、可靠、不间断地工作。而安全计算机系统的软件核心就是 RTOS。目前，英国的西屋公司（Westinghouse）已经在列车运行控制系统中采用了 RTOS，瑞典也有很多铁路通信和控制系统采用 OSE 实时操作系统。

3. 数字信号处理新技术的应用

随着铁路运输提速、重载的发展，基于分立元器件和模拟信号处理技术的传统铁路信号设备越来越满足不了铁路运输安全性和实时性的要求。因此，全面引进计算机技术，利用计算机的高速分析计算功能，来提高信号设备的技术水平已非常紧迫。数字信号处理技术（DSP，Digital Signal Processing）的出现为铁路信号信息处理提供了很好的解决方法。

与模拟信号处理技术相比较，数字信号处理技术具有更高的可靠性和实时性。数字信号处理的频域分析和时域分析的两种传统分析方法有着各自的优缺点。频域分析的优点是运算精度高和抗干扰性能好，而缺点是在强干扰中提取信号时容易造成解码倍频现象，例如将移频的低频 11Hz 误解成 22Hz；时域分析的优点是定型准确，而缺点是定量精确地剔除带内干扰难度大。

随着数字信号处理技术的新发展，在铁路信号处理中引入了新的实用技术，如 ZFFT（ZOOM - FFT）、小波信号处理技术、现代谱分析技术等。

目前，我国的轨道电路的信号发送、接收以及机车信号的接收普遍采用了数字信号处理技术，日本的数字 ATC 和法国 UM2000 数字编码轨道电路也都采用了数字信号处理技术。

4. 计算机网络技术的发展

随着计算机网络技术的飞速发展，实施企业网络化管理已成为企业实现管理现代化的客观要求和必然趋势。

铁路信号系统网络化是铁路运输综合调度指挥的基础。在网络化的基础上实现信息化，从而实现集中、智能管理。

网络化。现代铁路信号系统不是各种信号设备的简单组合，而是功能完善、层次分明的控制系统。系统内部各功能单元之间独立工作，同时又互相联系，交换信息，构成复杂的网络化结构，使指挥者能够全面了解辖区内的各种情况，灵活配置系统资源，保证铁路系统的安全、高效运行。

信息化。以信息化带动铁路产业现代化，是铁路发展的必然趋势。全面、准确获得线路上的信息是高速列车安全运行的保证，因而现代铁路信号系统采用了许多先进的通信技术，如光纤通信、无线通信、卫星通信与定位技术等。

智能化。包括系统的智能化与控制设备的智能化。系统智能化是指上层管理部门根据铁路系统的实际情况，借助先进的计算机技术来合理规划列车的运行，使整个铁路系统达到最优化；控制设备的智能化则是指采用智能化的执行机构，以准确、快速地获得指挥者所需的信息，并根据指令来指挥、控制列车的运行。

近年来，我国铁路行业已成功地推广应用了原 TMIS 和 DMIS（现称 TDCS）等系统，在利用信息技术方面取得了长足的进步。具有代表性的列车调度指挥系统 TDCS，以现代信息技术为基础，综合运用通信、信号、计算机网络、多媒体技术，建立了新型现代化运输调度指挥系统（铁道部、铁路局、基层信息采集网）。

5. 通信技术与控制技术相结合

随着计算机技术（Computer）、通信技术（Communication）和控制技术（Control）的飞跃发展，向传统的以轨道电路作为信息传输媒体的列车运行控制系统提出了新的挑战。综合利用3C（Computer、Communication、Control）技术代替轨道电路技术，构成新型列车控制系统已成必然。

用3C技术代替轨道电路的核心是通信技术的应用，目前计算机和控制技术已经渗透到列控系统中，称为“基于通信的列车运行控制系统”（Communication Based Train Control，简称CBTC）。

如上所述，世界发达国家陆续试验的CBTC系统有ATCS、ARES、ASTREE、CARAT、FZB等。所有上述各类系统，均具有两个基本特点：

①列车与地面之间有各种类型的无线双向通信，可分为连续式和点式，其中又可分为短距离传输（指1m以内）和较长距离传输（远至几公里甚至几十公里）的移动通信。

②它们仍然保留闭塞分区，其中最简易的方式CBTC仍采用固定的闭塞分区，但是闭塞分区的分隔点不是用轨道电路的机械绝缘节或电气绝缘节（如无绝缘轨道电路），而是用应答器或计轴器，或其他能传送无线信号的装置构成分隔点，这种简易形式仍然保留固定长度的闭塞分区（FAS，Fixed Autoblock System），简称为CBTC－MAS。

在CBTC中进一步发展的闭塞分区不是固定的，而是移动的（MAS，Moving Autoblock System），简称CBTC－MAS。被欧洲联盟采用的ERTMS/ETCS的2级和3级是当前CBTC的代表。ERTMS/ETCS经过多个试验项目的测试和认证后，进行了商业项目的建设，德国铁路计划到2021年在所有的高速铁路装备ETCS2级设备。

通信技术与控制技术的结合重新规划了铁路信号系统的结构与组成，为列车运行控制的未来发展开辟了新天地。

6. 通信信号一体化

随着现代铁路的发展，铁路通信信号技术发生了重大变化，车站、区间和列车控制的一体化，铁路通信信号技术的相互融合，以及行车调度指挥自动化等技术，冲破了功能单一、控制分散、通信信号相对独立的传统技术理念，推动了铁路通信信号技术向数字化、智能化、网络化和一体化的方向发展。

从铁路信号系统纵向发展看，德国已经形成从LZB、FZB发展到ERTMS

的发展趋势。LZB 利用轨道电缆环线传输列车运行控制系统行车指令和速度指令机车信号，取消地面闭塞信号机，保留闭塞分区，列车按固定闭塞方式（即 FAS）运行。FZB 是基于无线的列车运行控制系统，是新一代移动自动闭塞系统（即 MAS），其目的是实现低成本、高性能的列车运行控制系统，并已加入 ETCS。ERTMS/ETCS（欧洲铁路运输管理系统/欧洲列车控制系统）是欧盟支持的统一的行车控制系统，采用 GSM－R 作为传输系统，其成功应用将进一步推动铁路通信信号的技术进步，加快实现铁路通信信号一体化的进程。从信号系统的横向发展来看，日本新干线在 1995 年成功开发和投入运行的 COSMOS 系统，则是通信信号一体化的又一个成功案例。该系统包含运输计划、运行管理、维护工作管理、设备管理、集中信息管理、电力系统控制、车辆管理、站内工作管理等 8 个子系统，以通信信号一体化技术，实现中心到车站各子系统的信息共享，并使系统达到很高的自动化水平。另外，成功地应用了安全光纤局域网，使之成为联锁系统、列车运行控制系统的安全传输通道，达到通信技术与信号安全技术的深度结合，实现了通信信号一体化。

7. 安全性与可靠性分析

保证铁路运输的安全，要求铁路信号系统具有高可靠性和高安全性。安全评估理论的建立与推广为定量评估铁路信号系统的可靠性和安全性提供了重要手段。在故障—安全理论的发展上，20 世纪 90 年代初，IEC（International Electrician Committee，国际电工委员会）将故障—安全的概念进行了量化，制定了安全相关系统的设计和评估标准 IEC61508。该标准提出了安全相关系统的“安全完善度等级（SIL，Safety Integrity Level）”的概念，它是一个对系统安全的综合评估指标。IEC61508 对安全系统提出了如下要求：

①功能性（Functionality），包括容量和响应时间；

②可靠性和可维护性（Reliability and Maintainability）；

③安全性（Safety），包括安全功能和相关的硬件、软件安全完善度等级（SIL）；

④效率性（Efficiency）；

⑤可用性（Usability）；

⑥轻便性（Portability）。

随后欧洲和日本相应地以 IEC61508 标准为基础，制定了相关的信号系统的设计评估标准以及安全认证体系。

欧洲电工标准委员会（CENELEC）基于IEC61508标准为基础，附加列车安全控制系统的技术条件制定了一些安全相关系统开发和评估的参考标准。这些标准包括：

EN50126铁路应用：可信性、可靠性、可用性、可维护性和安全性（RAMS）规范和说明；

EN50129铁路应用：信号领域的安全相关电子系统；

EN50128铁路应用：铁路控制和防护系统的软件；

EN50159－1铁路应用：在封闭传输系统中的安全通信；

EN50159－2铁路应用：在开放传输系统中的安全通信。

1996年3月，日本铁道综合技术研究所颁布了《列车安全控制系统的安全性技术指南》，该标准也是以IEC61508为基础，并吸收了日本计算机控制的铁道信号系统的经验而制定的。

8. 信号系统的规范化和标准化

随着全球经济一体化的发展，铁路信号系统市场也出现了全球一体化，主要体现在技术规范和安全规范的全球化，如ERTMS/ETCS。

“统一规范、统一标准”是铁路信号系统的发展方向。信号系统的规范化和标准化的制定（如欧洲铁路运输管理系统ERTMS规范），体现了以下的优势：新产品开发费用低；由于规范化和标准化的制定考虑了系统的连续性，所以新产品能与老系统兼容；规范明确定义所有接口（机械、电器、逻辑）标准，系统实现了模块结构，从而实现设备的互通互联；公开规范和标准，开放市场，促进竞争，降低成本，从而获取最佳产品和最佳价格。

二、铁路信号基础设备

铁路信号设备是保证列车行车安全的重要基础设备，其可靠性的高低直接关系到行车安全和运输效率。铁路信号基础设备主要有：信号机、轨道电路、转辙机、应答器、计轴器。

（一）信号机

信号机是用来指示列车运行及调车作业的信号设备。

1. 信号机的显示

信号机有三种基本颜色显示：红、黄、绿。红色灯光作为停车信号；黄色灯光作为注意和减速信号；绿色灯光按规定速度运行的信号。

除此之外，信号机还有三种辅助颜色显示：蓝、月白、紫。蓝灯作为调车禁止信号使用；白灯作为调车容许信号使用；紫色作为道岔表示器表示道岔直向开通的灯光。

2. 信号机的设置

（1）信号机设置的原则。

①一般设于线路左侧：满足我国的左侧行车制，在特殊情况下可以经铁路局的批准设在线路的右侧。如果两线路之间不足以装设信号机时，可采用信号托架和信号桥（设于左侧或中心上方）。

②信号机柱的选择：为了提高通过能力，以及运输效率；进站、正线出站、通过、预告、接车进路信号机采用高柱；站内调车、侧线出站采用矮柱。

③信号机的建筑限界：对于正线信号机和通行超限货物列车的站线信号机，限界所属轨道中心至信号机突出边缘距离为 2440mm，站线信号机为 2150mm 在曲线线路上，应按有关规定进行加宽。

④交流电力牵引区段的信号机设置：线间距离有 5300mm、5530mm 两种。

（2）信号机的设置位置。

①进站信号机：作用是防护车站，指示列车的运行条件，保证接车进路的正确和安全可靠，凡车站的列车入口处必须装设进站信号机。设置在距离最外方进站道岔尖轨尖端（顺向为警冲标）大于 50m、小于 400m 处。

②出站信号机：作用是防护区间，作为列车占用区间的凭证，指示列车能否进入区间；与发车进路以及敌对进路相联锁，指示站内停车位置。发车线端部必须设置出站信号机。设置在警冲标外方 3. 5 ~4m 处，防止侧面冲突。

③进路信号机：作用是指示列车由一个车场开往另一个车场。接车、发车、接发车进路信号机。设置在车场的转场处。

④通过信号机：作用是防护闭塞分区，指示列车能否进入运行前方的闭塞分区。设置在每个闭塞分区的入口处，不设在启动困难的上坡处，确实需要装设则加装容许信号。上下行尽量并设。

⑤遮断信号机：作用是在繁忙道口、有人看守的桥梁、隧道以及可能危及行车安全的塌方落石地点进行防护。设置在距离防护地点大于 50m 处。采用方形背板，并在机柱涂黑白相间的斜线。

⑥预告信号机：作用是预告进站等主体信号机的显示。设置在与主体信号

机距离大于 800m 处。

⑦调车信号机：作用是指示站内各种调车作业。设置在有调车作业的集中联锁的车场。A. 单置调车信号机。B. 并置调车信号机。C. 差置调车信号机。D. 尽头线调车信号机（阻挡、折返、阻挡兼折返信号机）。

3. 信号表示器的设置

①进路表示器：设在出站以及发车进路兼出站信号机上，指示发车进路开通的方向。

②发车表示器：反映列车出发时，车站值班员是否向运转车长发出了发车信号，或运转车长是否向司机发出了发车信号。

③发车线路表示器：调车场的编发线上，补充说明哪条线路发车。

④调车表示器：指挥调车人员进行调车。

4. 信号机及信号表示器命名

①进站信号机：是按列车运行方向。如 X（下行）、S（上行）、X_f（多路进站口）。

②出站信号机：是按列车运行方向，右下角加股道号。如 X_1，S_5 等，多车场先加入车场号再加股道号。

③调车信号机：从列车到达方向顺序编号，上行咽喉用双数，下行咽喉用奇数。如：D_2，D_9，多车场以百位表示车场。如：D_{101}，D_{305}。

④接车进路信号机：是按列车运行方向。如：XL，SL。当有并置或有连续布置的接车进路信号机则在其右下角加序号。

⑤发车进路信号机：是按列车运行方向，右下角加车场号再加股道号。如：S_{13}，X_{23}。

⑥预告信号机：第一字母为 Y，后面缀主体信号机编号。如：Yxd。

⑦通过信号机：以该信号机所在地点坐标公里数和百米数上行为偶数下行为奇数。如：100Km + 350m——1003，1004。

5. 信号机的分类

按机构类型分，信号机主要有透镜式色灯信号机、LED 信号机和组合式色灯信号机三种类型。

透镜式色灯信号机采用透镜组将光源发出的光束聚集成平行光束，故称为透镜式。这种信号机结构简单，安装方便，控制电路所用电缆芯线少，因此得到广泛应用。

透镜式色灯信号机有高柱型和矮柱型两种。高柱型信号机的信号机构安装在信号机柱上，矮柱型信号机的机构安装在混凝土基础上。高柱型透镜式色灯信号机如图 6－2－1 所示，它由机柱、机构、托架、梯子等部分组成。机柱用于安装机构和梯子；机构的每个灯位配备有相应的透镜组和灯泡，给出信号显示；托架用来将机构固定在机柱上，每一机构需上、下托架各一个；梯子用于信号维修人员攀登及作业。矮柱型透镜式色灯信号机如图 6－2－2 所示，它用螺栓固定在信号机基础上，没有托架，也不需要梯子。

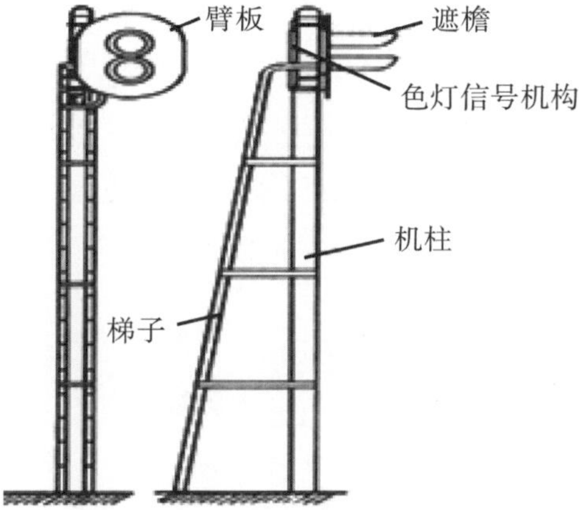

图 6－2－1　高柱型透镜式信号机

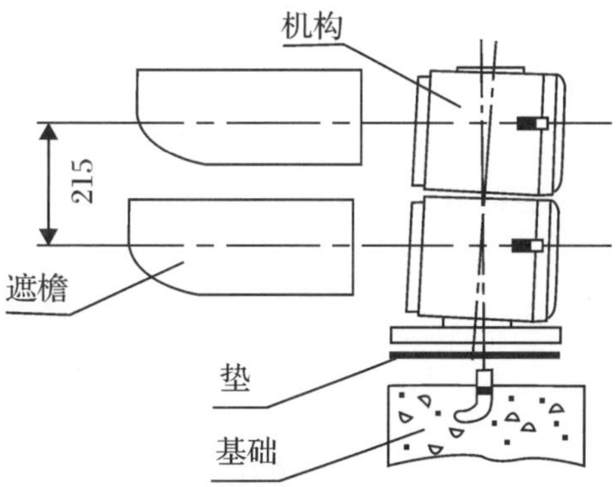

图 6－2－2　矮柱型透镜式信号机

LED 色灯信号机构大小同透镜式色灯信号机，机构采用铝合金材料，信号点灯单元由 LED 发光二极管构成。LED 信号显示系统作为一种节能、免维护的新型光源系统被成功运用，如图 6－2－3 所示。

图 6－2－3　LED 信号机

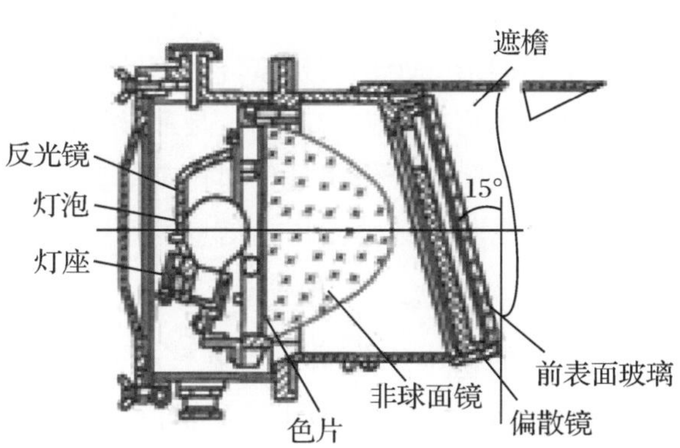

图 6－2－4　组合式信号机

组合式色灯信号机是为了改善曲线区段信号显示连续性而研制的新型信号

机，适用于瞭望困难的线路，适用于曲线半径300~20000m的各种曲线和直线轨道上，在距信号机5~1000m距离内得到连续显示。其主要特点是增加了反光镜和偏散镜，采用非球面镜，构成光系统，如图6-2-4所示。

（二）轨道电路

利用轨道电路可以自动检测列车、车辆的位置，控制信号机的显示；通过轨道电路可以将地面信号传递给机车，从而可以控制列车运行。

1. 轨道电路的组成

①送电端由轨道电源、限流器、引接线及变压器箱或电缆盒等组成。

②钢轨由轨条、轨端接续线和钢轨绝缘等组成。

③受电端是由升压变压器、轨道继电器、引接线及变压器箱或电缆盒等组成，如图6-2-5所示。

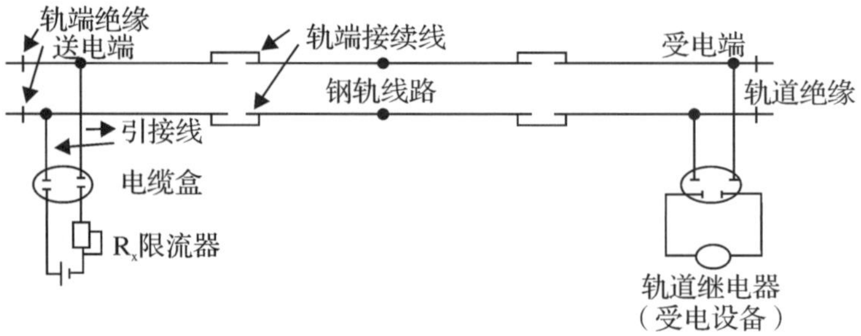

图6-2-5 轨道电路的基本组成

2. 轨道电路的作用

轨道电路的第一个作用是监督列车的占用。利用轨道电路监督列车在区间或列车和调车车列在站内的占用，是最常用的方法。

轨道电路的第二个作用是传递行车信息。对于ATC系统来说，带有编码信息的轨道电路是其车地之间传输信息的通道之一。

3. 轨道电路的基本工作状态

轨道电路的基本工作状态有调整、分路和断轨三种状态。轨道完整和空闲，轨道继电器正常工作时的状态叫作轨道电路的调整状态；当轨道电路区段内有车时，轨道继电器应被分路而释放，这种状态叫作轨道电路的分路状态；当轨道电路的钢轨在某处折断时，轨道电路通过大地构成回路，接收端设备还有一定值的电流，为确保安全，接收设备应不处于工作状态，这种状态叫作轨道电路的断轨状态。

4. 轨道电路的分类

①按所传送的电流特性分类：工频连续式轨道电路和音频轨道电路。

②按分割方式分类：有绝缘轨道电路和无绝缘轨道电路。

③按使用处所分类：区间轨道电路和车辆段内轨道电路。

④按轨道电路内有无道岔分类：无岔区段轨道电路和道岔区段轨道电路。

5. 工频交流连续式轨道电路

我国铁路非电气化区段广泛采用工频交流连续式轨道电路，其组成结构如图 6 –2 –6 所示。

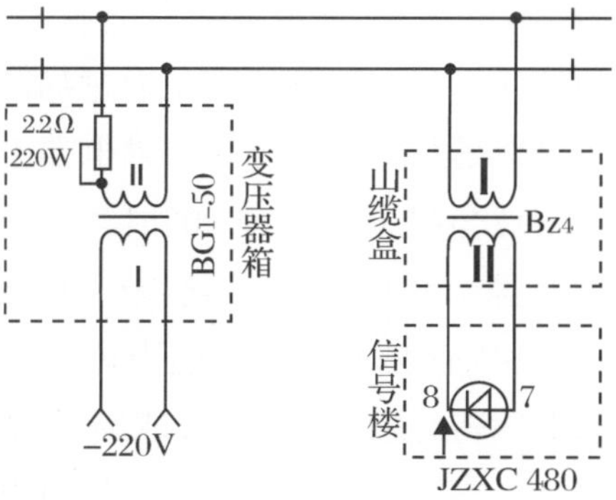

图 6 –2 –6　工频交流连续式轨道电路

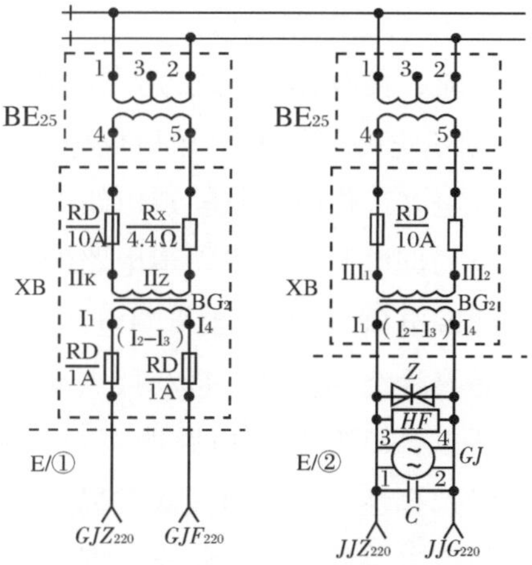

图 6 –2 –7　25Hz 相敏轨道电路

工频交流连续式轨道电路由送电端、受电端、钢轨绝缘、钢轨引接线、轨端接续线、钢轨等组成。送电端设备主要有 BG1 –50 型轨道变压器、R –2. 2/220 型变阻器；受电端设备主要有 BZ4 型中继变压器、JZXC –480 型轨道继电器。

工频交流连续式轨道电路的工作原理是：

电源采用交流，钢轨中传输的是交流，继电器接受的交流，但动作是直流。

当轨道电路完整无车占用时轨道继电器 GJ↑，其交流电压应在 10. 5 ~ 16V 之间。当车占用时轨道继电器 GJ↓，GJ 的交流残压此时应低于 2. 7V。

6. 25Hz 相敏轨道电路

我国铁路电气化区段广泛使用 25Hz 相敏轨道电路以及 25Hz 微电子式相敏

轨道电路。25Hz 相敏轨道电路的组成如图 6－2－7 所示。

①送电端设备构成：送电扼流变压器 BE25、轨道变压器 BG25、电阻 R0、保险 RD1、保险 RD2。

②受电端设备构成：受电扼流变压器 BE25、轨道变压器 BG25、电阻 R0、保险 RD1、防雷 FB、防护盒 FH、25Hz 轨道继电器 GJ（JRJC1－70/240）。

另外 25Hz 轨道电路的轨道电源和局部电源分别由独立的轨道分频器和局部分频器给轨道继电器的轨道线圈和局部线圈供电。

25Hz 相敏轨道电路只能用以检测轨道电路区段是否空闲，不能传输其他信息。因其电源频率较低，传输的损耗也低，依次传输的距离较长。

25Hz 相敏轨道电路的工作原理是：

25Hz 轨道电路的信号电源是由铁磁分频器供给 25Hz 交流电，以区分 50Hz 牵引电流，接收器采用二元二位轨道继电器，该继电器的轨道线圈由送电端 25Hz 轨道电源经轨道传输后供电，局部线圈则由 25Hz 局部分频器电源供电。轨道继电器工作时，从轨道电路取得较少的功率。而大部分功率是通过局部线圈取自局部电源，因而轨道电路的控制距离可以延长，且只有轨道继电器上的轨道线圈电压 U_g 和局部线圈电压 U_j 之间的相位角接近或等于 90°时，转矩最大，是翼片绕轴旋转，带动接点动作，否则，翼片不能旋转，不能带动接点动作。所以，25Hz 轨道电路既有对频率的选择性（区别开电力牵引电流）又有相位的选择性。当轨道线圈和局部线圈电源电压满足规定的相位要求时，GJ 吸起，轨道电路处于调整状态，即表示轨道电路空闲。当列车占用时，轨道电路被分路，GJ 落下。若频率、相位不对时，GJ 也落下。因而，其抗干扰性能较强，广泛应用于交流电力牵引区段。

7. 25Hz 微电子相敏轨道电路

25Hz 微电子相敏轨道电路是在原 25Hz 相敏轨道电路的基础上发展而来，相对于 25Hz 相敏轨道电路，它具有以下几个特点：

①25Hz 微电子相敏轨道电路的发送设备与原 25Hz 相敏轨道电路发送设备相同，接收设备由 WXJ25 型微电子相敏轨道电路接收器（以下简称接收器）替代了原 25Hz 电磁式相敏轨道继电器，并取消了原并联在局部线圈中的电容器。

②接收器的局部电源、轨道电源、两者相位差、轨道接收阻抗、可靠接收电压、防护盒参数等与原相敏轨道继电器完全一致。接收器的局部电源由原来的驱动方式改为采样方式，使电源屏局部电源的输出电流大大减少。接收器的

工作电源为直流24V，每套耗电小于100mA。

③接收器的返还系数大于90%，不仅提高了轨道电路传输性能，同时也使轨道电路的分路特性得到明显改善。

④接收器具有可靠的相位选择性和频率选择性，不仅可防止50Hz牵引电流的干扰，而且对于其他高次谐波干扰也有同样作用，因而具有较强的抗干扰能力。

⑤轨道输入采用隔离变压器，使其具有较强的雷电防护能力，原相敏轨道继电器外加的过电压防护措施仍然保留。

微电子相敏轨道电路接收器根据使用需要分为单套设备（Ⅰ型）和双套化设备（Ⅱ型）。设备安装在安全型继电器罩内，采用继电器插座，单套设备已在哈大线电气化改造工程中全线使用，并在北京局鸣李车站、广州局株洲车站、成都局永川车站等推广使用；双套化设备在武广改造工程中已被选用。另外，组匣结构的双套化设备已在铁科院东郊环行试验基地站场安装使用，每个组匣安装6双套设备和一个报警单元，再配备一个防护盒组合（安装6个防护盒），组成6段轨道电路接收设备。

WXJ25－Ⅰ型微电子相敏轨道电路接收器工作原理如图6－2－8所示。

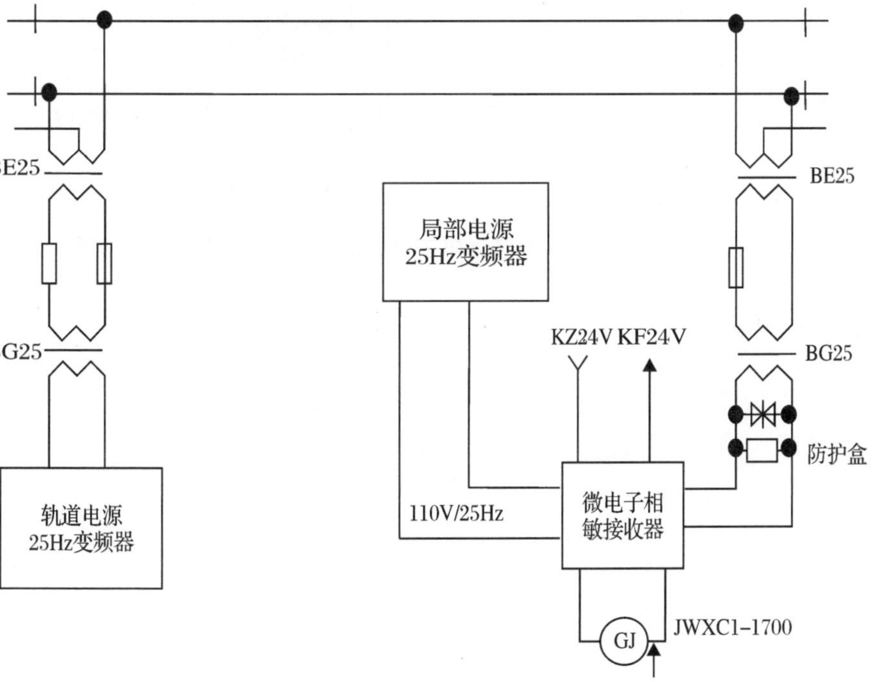

图6－2－8　WXJ25－Ⅰ型微电子相敏轨道电路接收器工作原理图

WXJ25－Ⅱ型微电子相敏轨道电路接收器是WXJ25－Ⅰ型的双套化产品，其两套设备中只要有一套能正常工作，就能保障系统正常运行，进一步提高了系统的可靠性；如果其中一套发生故障，能及时报警，通知维修人员进行维修，而且对其中单套维修时，不影响系统的使用，大大方便了现场维修。WXJ25－Ⅱ型微电子相敏轨道电路接收器工作原理如图6－2－9所示。

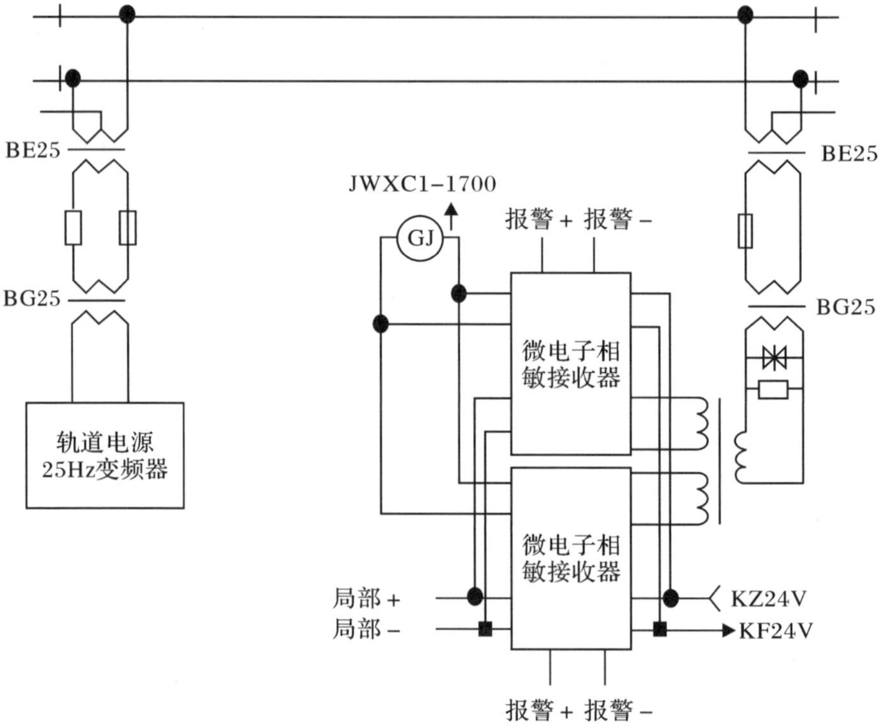

图6－2－9 WXJ25－Ⅱ型微电子相敏轨道电路接收器工作原理图

（三）转辙机

转辙机是道岔控制系统的执行机构，用于转换锁闭道岔尖轨或心轨，表示监督联锁区内道岔尖轨或心轨的位置和状态。

1. 转辙机的作用

①转换道岔的位置，根据需要转换至定位或反位。

②道岔转换到所需的位置并密贴后，实现锁闭，防止外力转换道岔。

③正确反映道岔的实际位置，道岔尖轨密贴于基本轨后，给出相应的表示。

④道岔被挤或因故处于“四开”位置时，及时给出报警和表示。

2. 转辙机的分类

①按动作能源和传动方式分类：电动、电液、电空。

②按供电电源的种类分类：直流、交流。

③按动作速度分类：普通动作、快动。

④按锁闭道岔的方式分类：内锁闭、外锁闭。

⑤按是否可挤分类：可挤型、不可挤型。

3. ZD 6 - A 型电动转辙机

ZD 6 - A 型电动转辙机由电动机、减速器、自动开闭器、主轴、动作杆、表示杆、移位接触器、底壳及机盖等组成，其结构外形如图 6 - 2 - 10 所示。

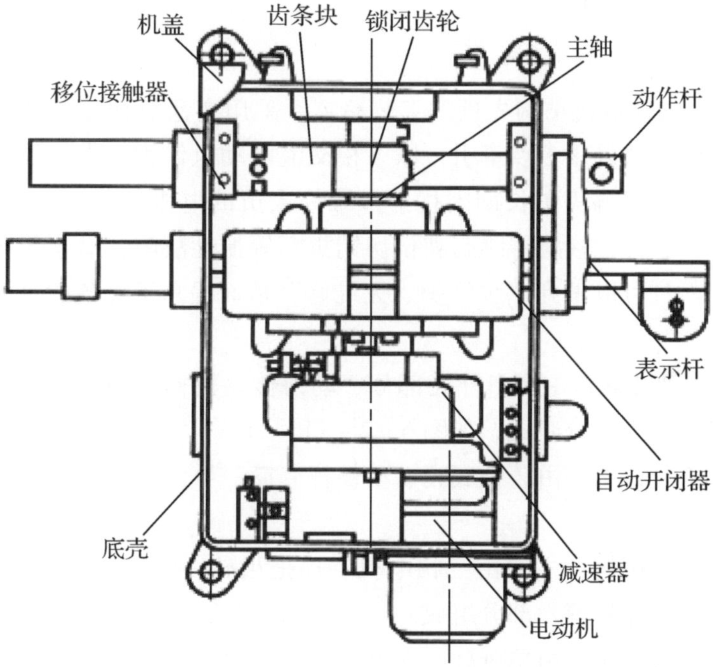

图 6 - 2 - 10　ZD 6 - A 型电动转辙机结构

①电动机：为转辙机提供动力，采用直流串激电动机。

②减速器：降低转速以换取足够的转矩，并完成传动。由第一级齿轮、第二级行星传动式减速器组成。

③摩擦连接器：是用来保护电动机和吸收转动惯量的连接装置。

④传动装置：包括减速齿轮、输入轴、减速器、输出轴、启动片、主轴

（主轴、主轴套、轴承、止挡栓等组成），传递动能。

⑤转换锁闭装置：由锁闭齿轮、齿条块、动作杆组成，用来把旋转运动改变为直线运动以带动道岔尖轨位移，并完成内部锁闭。

⑥自动开闭器：自动开闭器分为接点部分、动接点块传动部分及控制部分。接点部分包括动接点块、静接点、接点座等；动接点块传动部分包括速动爪及其爪上的滚轮、接点调整架、连接板和拐轴；控制部分由拉簧、检查柱、速动片组成；自动开闭器用来及时、正确反映道岔尖轨的位置，并完成控制电动机和挤岔表示的功能。

⑦表示杆：电动转辙机的表示杆与道岔表示连接杆相连随道岔动作，用来检查尖轨是否密贴，以及在定位还是在反位。

⑧挤切装置：挤切装置包括挤切销和移位接触器，用来进行挤岔，并给出挤岔表示。

4. S700k 型电动转辙机

S700k 电动转辙机结构先进，工艺精良，采用道岔机械锁闭装置，道岔两根尖轨和可动心轨采用多点牵引，以三相交流电动机作为动力，没有直流电动机的整流子，不但解决了长期困扰信号维修人员的电机断线、故障电流变化、接点接触不良、移位接触器跳起和挤切销折断等惯性故障，易于集中操作，实现自动化，而且可以做到“少维护、无维修”从而提高了设备的可靠性和使用寿命。

S700k 电动转辙机主要由外壳部分、动力传动机构、检测机构、安全装置及配线接口端五个部分组成，如图 6－2－11 所示。

①外壳部分：主要由铸铁底壳、动作杆套筒、导向套筒、导向法兰等四部分组成。

②动力传动机构：主要由三相电机、摇把齿轮、摩擦连接器、滚珠丝杠、保持连接器、动作杆等六部分组成。

③检测机构：主要由检测杆、叉型接头、速动开关组、锁闭块、锁舌、指示标等五部分组成。

④安全装置：主要由开关锁、遮断开关、连杆、摇把孔挡板等四部分组成。

⑤配线接口端：主要由电缆密封装置、接插件插座两部分组成。

5. ZYJ7 型电液转辙机

ZYJ7 型系列电动液压转辙机及其配套的安装装置与外锁闭装置，是为满足

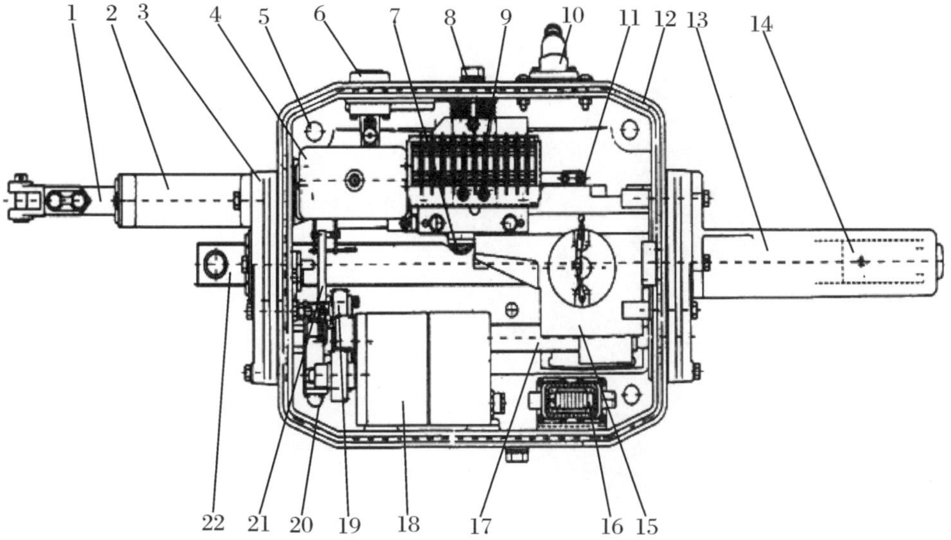

1—检测杆；2—导向套筒；3—导向法兰；4—遮断开关；5—地脚孔；6—开关锁；7—锁闭块；8—接地螺栓；9—速动开关组；10—电缆密封装置；11—批示标；12—底壳；13—动作杆；14—止挡片；15—保持器；16—插座；17—滚珠丝杠；18—电机；19—摩擦连接器；20—摇把齿轮；21—连杆；22—动作杆。

图 6-2-11　S700k 电动转辙机的结构

我国提速线路需要而研制的新型道岔转换系统。它能转换、锁闭国内现有各种规格、型号的内、外道岔，能正确反映尖轨及可动心轨辙叉的位置和状态。

ZYJ7 型电液转辙机由主机和 SH6 型锁闭转换器两部分组成，分别用于第一牵引点和第二牵引点。

ZYJ7 型电液转辙机主机主要由电动机、油泵、油缸、启动油缸、接点系统、锁闭杆、动作杆等部分组成。SH6 型锁闭转换器（亦称副机）主要由油缸、挤脱接点、表示杆、动作杆组成，如图 6-2-12 所示。

①电动机：采用三相交流电动机，型号为 Y90S-6-5B35。额定电压 380V，额定电流 2.2A。电动机将电能转变为机械能，为整机提供动力。

②油泵、油缸、启动油缸：油泵采用双向斜盘轴向柱塞式油泵。油缸由活塞杆、缸座、缸筒、缸套、接头体、连接螺栓和密封圈组成。油缸运动用来推动尖轨或心轨转换。油缸用来将注入缸内的液压力转换为机械力。启动油缸有缸体、缸筒、柱塞、垫圈及 O 形圈组成。启动油缸由两个接头阀将油路板与缸体上的两个孔连接起来，使其在油路中与油缸并联。柱塞和缸筒位于启动油缸

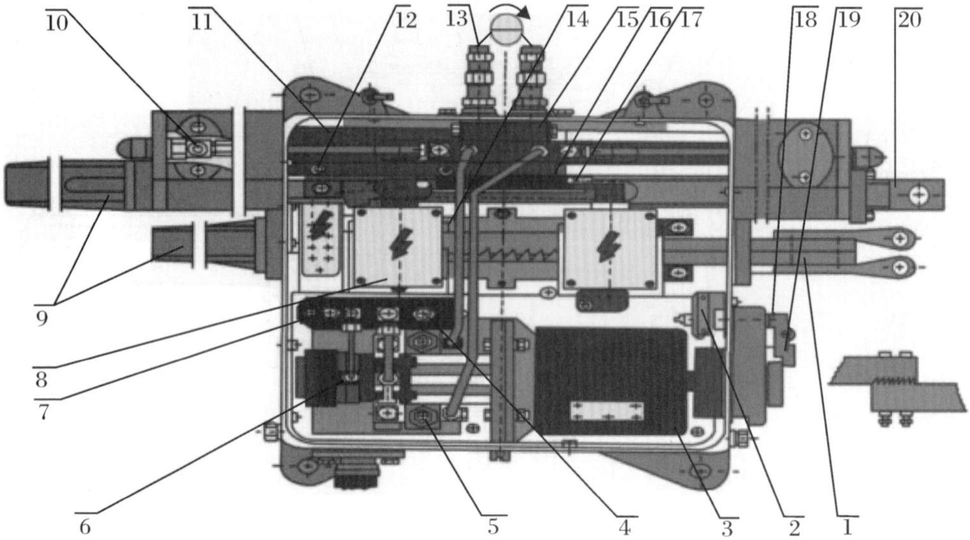

1—表示杆；2—安全接点；3—电机；4—注孔；5—温度阀；6—油泵；7—油标；8—接点烟；9—保护管；10——动调节阀；11—油缸；12—油杯；13—二动调节阀；14— 闭柱；15—空动油缸；16—动作极；17—滚轮；18—开关；19—锁栓；20—动作杆。

图 6-2-12 ZYJ7 型电液转辙机的结构

内。启动油缸的作用是在电动机刚启动时给一个小的负载，待转速提高、力矩增大时再带动负载，以克服交流电动机启动性能不足的问题。

③单向阀、溢流阀：单向阀由阀体、空心螺栓、钢球、O 形圈、挡圈等组成。单向阀能使正向的液压油流畅通，方向的液压油流则被关闭而不能通过。溢流阀主要由阀体和阀芯等组成，溢流阀的作用是，通过调整弹簧弹力，保证油路中的液压油的压力不超过一定的限值，以防止道岔转换受阻时，电动机电源没被断开时油路中油液压力不断升高而损坏各部液压件；当道岔转换到位而电动机仍没有停转时，使高压油释放压力，经回油管回油箱。

④调节阀、节流阀：调节阀（调节螺柱）用来改善副机油缸与主机油缸在转换道岔时的同步性。节流阀设在主机油缸活塞杆的两端，用来调节进入主机油缸液压油的流速。

⑤滤清器、推板：滤清器也称滤芯，用来防止杂物进入溢流阀及油缸，造成油路卡阻，以保证油路系统的可靠性。推板时嵌在油缸套上的矩形钢板。突起的斜面动作时推动锁块，从而使动作杆运动。

⑥动作杆：方型动作杆上装有两个活动锁块，与油缸侧面的推板配合工作。

⑦锁闭杆：主机的伸出与拉入位置各设一根锁闭杆，外端通过长、短外表示杆与尖轨相连。

⑧表示杆：副机的伸出与拉入位置各设一根锁闭杆，外端通过长、短外表示杆与尖轨相连。

⑨接点组：电液转辙机可采用普通自动开闭器，也可采用沙尔特堡 S800aW40 速动开关。

⑩挤脱器：挤脱器安装在 SH6 型转换锁闭器上。挤脱器与锁闭铁经定力机构与机壳连在一起，当道岔被挤时，转换接点组断开表示电路，及时给出表示。

SH6 转换锁闭器的作用是转换并锁闭动作杆在定位或反位位置，正确反映牵引点处尖轨状态，并且由挤岔端表示功能，出厂时动作杆轴将挤脱力调至 27.4～30.4KN 之间，如图 6－2－13 所示。

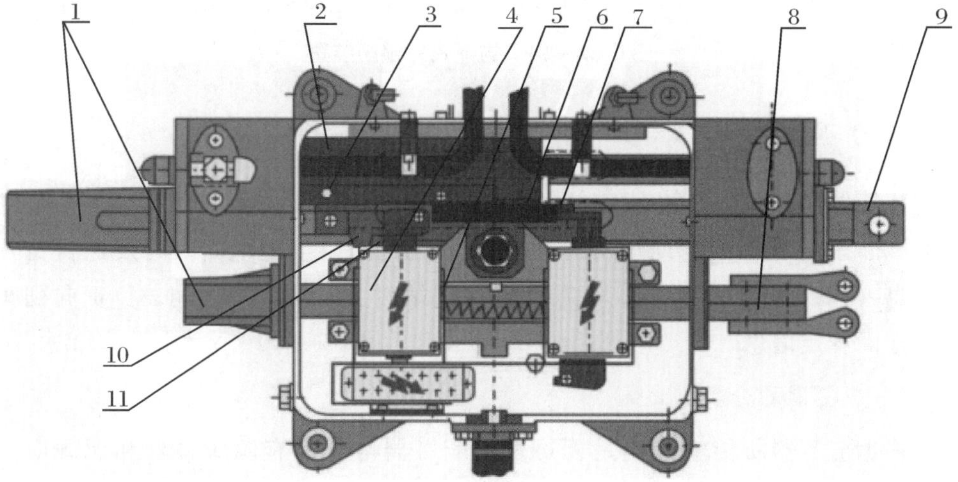

1—保护管；2—油缸；3—油杯；4—挤脱接点组；5—检查柱；6—动作板；7—滚轮；8—表示杆；9—动作杆；10—锁块；11—锁闭铁。

图 6－2－13　SH6 转换锁闭器的结构

6. 外锁闭装置

外锁闭装置有燕尾式和钩锁式两种类型。燕尾式外锁闭装置已经被淘汰，目前采用的是钩锁式外锁闭装置，如图 6－2－14 所示。

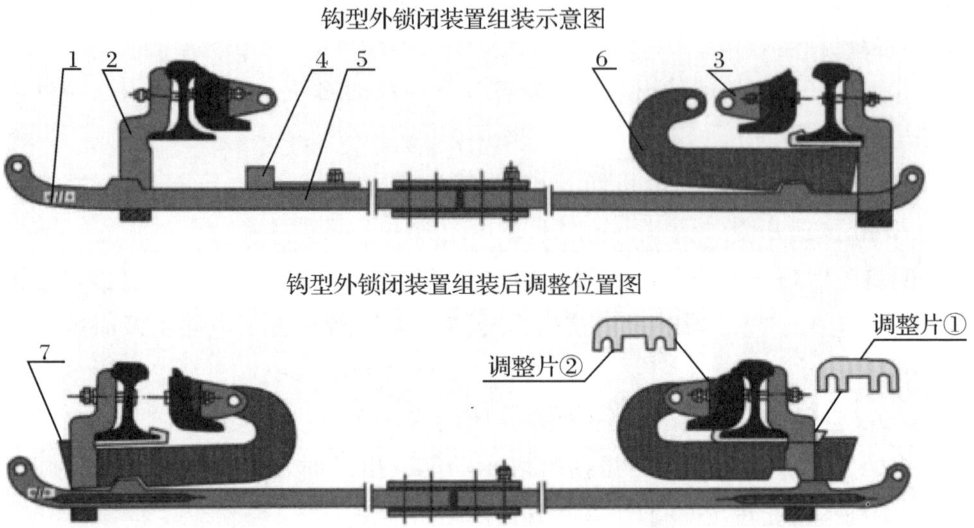

1—限位块；2—锁闭框；3—尖轨连接铁；4—限位铁；5—锁闭杆；6—锁钩；7—锁闭铁。

图 6－2－14 钩锁式外锁闭装置

（四）应答器

应答器是一种高速数据传输设备，负责向列车 ATP 车载设备提供控车信息（报文）。有源应答器向列车发送来自 LEU 的信息，当电缆断线时发送自身预存信息（默认报文）。无源应答器设置在进站口、出站口和区间，负责向列车传送地面固定信息。

1. 应答器的分类

根据应答器所传输报文是否可变，应答器可分为有源应答器和无源应答器。

2. 应答器的组成

应答器地面设备包括：地面无源应答器、地面有源应答器、与地面有源应答器连接的地面电子单元（LEU）。地面应答器是一种可以发送数据报文的高速数据传输设备。地面应答器应能提供上行数据链路，实现地对车的数据传输。

地面应答器分地面无源应答器和地面有源应答器两种类型，地面无源应答器只能发送固定的数据报文，地面有源应答器与地面电子单元（LEU）相连接时能发送实时可变的数据报文，如图 6－2－15 所示。

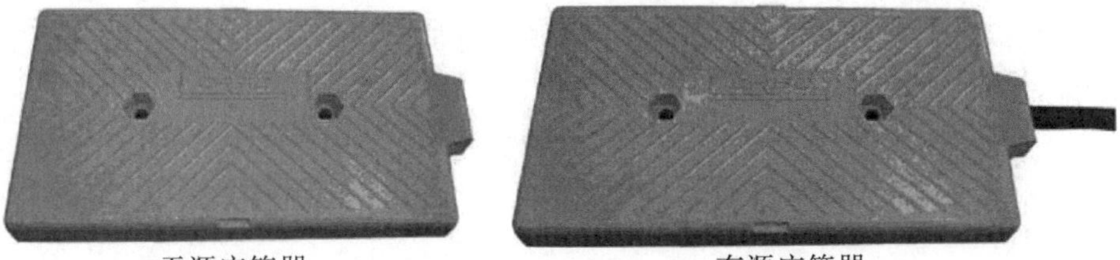

图 6-2-15　应答器

地面电子单元（简称 LEU）是一种数据采集与处理单元，当有数据变化时，LEU 依据变化后的数据形成报文并送给地面有源应答器进行发送，同时 LEU 应具有接收外部数据报文，并向地面有源应答器进行发送的功能，即报文透明传输功能。列车接近地面有源应答器时，LEU 发送的数据报文应保持不变。LEU 应能实时监测与地面有源应答器间信息通道的状态，并及时向车站列控中心回送。当 LEU 与地面有源应答器通信中断时，不应产生危及行车安全的后果。当外部控制条件无效或通信故障时，LEU 应向有源应答器发送默认报文。

应答器车载设备包括：车载天线和车载 BTM。

车载天线是一个双工的收发天线，向地面发送激活地面应答器的功率载波、接收地面应答器发送的数据报文。

BTM 是用于对地面应答器的数据进行处理的模块，对应答器报文进行解码还原，并传送给列控车载计算机。BTM 除对应答器报文进行解码还原，还包含载频发生器与功率放大器。BTM 用于对地面应答器信息的接收、滤波、数字解调与处理以及相关数据的传输。

（五）计轴器

计轴系统用以检测列车通过线路上某一点（计轴点）的车轴数，以检查两个计轴点之间或轨道区段内的空间情况，其用途与轨道电路相似，用来检测区段状态信息以及检测列车运行方向。

1. 计轴系统的工作原理

计轴设备利用轨道传感器、计数器来记录和比较驶入和驶出轨道区段的轴数，以此确定轨道区段的占用或空闲。其工作原理是：当列车出发，车轮进入轨道传感器作用区时，微机开始计轴，车轮对经过传感器磁头时，向微机传送轴脉冲，微机开始计数，判定运行方向，确定对轴数是累加计数还是递减计数。系统规定，凡进入防护区段的轮轴数进行加轴运算，凡是离去防护区段的轮轴进行递减运算。

2. 计轴系统的组成

计轴设备分为室内和轨旁两部分。

在轨道边有一个个醒目的黄色立式盒子叫计轴电子盒，俗称“黄帽子”。黄帽子和轨道上安装的计轴磁头一起构成了计轴的轨旁设备，如图 6－2－16 所示。

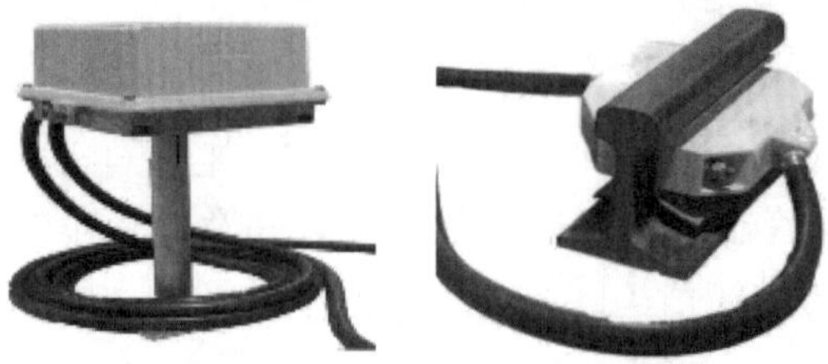

计轴电子盒　　计轴磁头

图 6－2－16　计轴轨旁设备

计轴核算器

图 6－2－17　计轴室内设备

计轴的室内设备集中在 ACE 机架内，ACE 即计轴核算器（Axle Counter Evaluator）的缩写，如图 6－2－17 所示。机架内的设备有 PDCU、电源板、串行 I/O 板、CPU 板、并行 I/O 板和 Weidmuller。这些设备由各层 TB 接线端子连接在一起，负责将轨旁设备采集的信息处理后送到微机联锁系统 PMI 作为联锁运算的数据使用。计轴送到 PMI 显示三种状态信息：占用、出清、受扰。

三、联锁及闭塞设备

铁路线路按照作业的范围大体上可分为两大部分：一部分是车站；另一部分是区间。为了保证铁路运输运行安全，提高运输效率，每一车站和区间都必须安装安全可靠的控制设备，实现对列车或车列的运行制约，在站内的制约被称为联锁，在区间的制约被称为闭塞。

（一）车站联锁

为了保证行车安全和必要的通过能力，信号、道岔与进路之间必须以必要的技术手段保持一定的制约关系和操作顺序，称这种制约关系和操作顺序为联锁。用继电电路来实现的系统称为继电联锁系统，用计算机技术来实现的系统称为计算机联锁系统。目前在我国铁路上广泛采用的继电联锁系统主要有6502电气集中，计算机联锁系统主要有中国铁道科学研究院的TYJL－II型和TYJL－TR9型、北京全路通信信号研究设计院的DS6－K5B型、北京交通大学的EI32－JD型等。

1. 6502电气集中

6502电气集中具有电路定型化程度高、逻辑性强，操纵方法简便灵活、不易出错，维修、施工比较方便，符合故障——安全原则，易与区间闭塞设备及其他信号设备结合等优点，又是调度集中和调度监督的基础设备。因此，在我国铁路得到了广泛应用。

电气集中分为室内设备和室外设备两大部分。6502电气集中设备组成如图6－3－1所示。

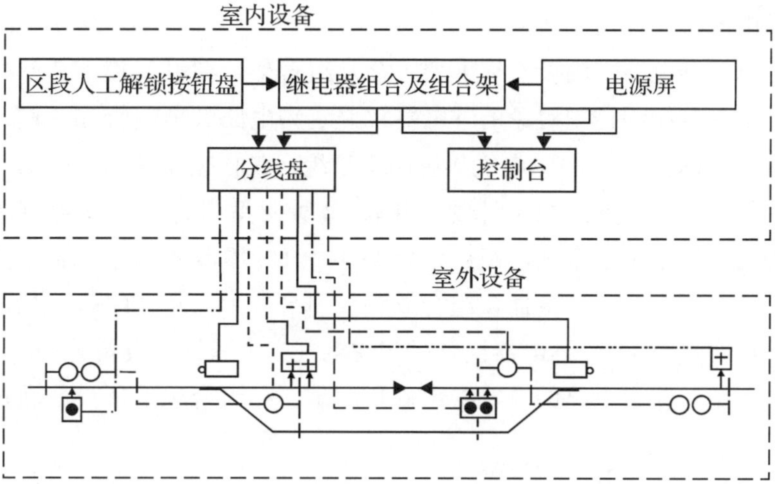

图6－3－1　6502电气集中组成示意图

室内设有控制台、区段人工解锁按钮盘、继电器组合及组合架、电源屏、分线盘等设备。室外设有色灯信号机、电动转辙机、轨道电路、电缆线路及电缆连接箱盒等设备。

（1）室内设备。

电气集中室内设备一般设置在信号楼内，信号楼是车站的控制中心。

①控制台。

在信号楼车站值班员室内设有控制台。控制台的盘面是按照每个车站站场的实际情况布置的，盘面上的模拟站场线路、接发车进路方向、道岔和信号机位置均与站场实际位置相对应。

6502 电气集中控制台是用各种标准的单元块拼装而成的，称为单元控制台。在控制台盘面上设有各种用途的按钮和表示灯，以及电流表。在控制台中部设有供车站值班员使用的工作台，背面下部设有配线端子板、熔断器及报警电铃。控制台是车站值班员集中控制和监督全站的道岔、进路和信号机，指挥列车运行和调车作业的控制设备；也可供信号维修人员分析判断控制系统故障范围用。

②区段人工解锁按钮盘。

在离开控制台一定距离的室内墙面上，装设区段人工解锁按钮盘。它是控制台操作时的辅助设备，当轨道电路区段因故障不能正常解锁时，用它办理故障解锁；在更换继电器或停电后恢复时，用来使设备恢复正常状态；在用取消进路办法不能关闭信号时，可用它关闭信号。

③继电器组合及组合架。

在信号楼继电器室内设有继电器组合及组合架。在电气集中车站需要大量继电器，把具有相同控制对象的继电器按照定型电路环节组合在一起，叫作继电器组合，简称组合。6502 电气集中的定型组合是根据车站信号平面布置图上的道岔、信号机和道岔区段设计的，共有 12 种定型组合。6502 电气集中采用通用的大站电气集中组合架。组合架分 11 层，1～10 层安装继电器组合，每层安装一个继电器组合。继电器按组合放置在组合架上，每个组合包括的继电器数量最多不超过 10 个。继电器组合是实现电气集中联锁的设备。

为了集中对轨道电路的有关参数进行测试，在组合架上还设有轨道电路测试盘。

④电源屏和分线盘。

在信号楼电源室设有电源屏，电源屏是电气集中的供电设备。一般要求有两路可靠的电源，即主电源和副电源。主、副电源引至信号楼内，要能够自动和手动相互切换，经过稳压、隔离、变压或整流后，不间断地供给电气集中需用的各种交流电源和直流电源。6502 电气集中车站一般设置一套电源屏，应根据车站的规模选用适当容量的电源屏。

在室内电缆引出处还设有分线盘。电气集中的室内与室外联系导线都必须经过分线盘端子，它是室内外电缆汇接处。

（2）室外设备。

电气集中室外设备主要有色灯信号机、电动转辙机、轨道电路以及电缆和电缆连接箱盒。

①信号机。

6502 电气集中采用透镜式色灯信号机。

电气集中车站按用途设有进站信号机、进路信号机、出站信号机、预告信号机、复示信号机和调车信号机等类型。

信号机用来防护进路，给出各种信号显示，指示列车运行及调车作业。为使信号机有足够显示距离，进站、接车进路、预告、正线出站及专用线和牵出线的调车信号机一般采用高柱信号机，其他的一般采用矮柱型信号机。

信号机有关闭和开放两种状态。信号机的开放和关闭时机由 6502 电气集中联锁电路控制，其控制用继电器应遵循安全对应原则，用继电器释放反映信号关闭，用吸起反映信号开放。信号机的关闭并非是不亮灯，而是显示禁止信号，如进站信号机关闭，则是显示红灯，调车信号机关闭则是指亮蓝灯。

②电动转辙机。

在电气集中车站的集中区内，对应每组道岔，都要设转辙机，用以转换和锁闭道岔，反映道岔的位置和动作状态。目前，在一般车站使用 ZD6 型直流电动转辙机，提速区段的车站正线使用 S700K 型交流电动转辙机或 ZYJ7 型电液转辙机。

③轨道电路。

在电气集中车站，凡是由信号机防护的进路，以及信号机的接近区段均要装设轨道电路。在非电气化区段广泛采用交流连续式轨道电路。在电气化区段一般采用 25Hz 相敏轨道电路。

④电缆和箱盒设备。

在电气集中车站，信号机、转辙机和轨道电路与室内设备之间的连接导线一般采用电缆，按控制对象分为信号电缆、道岔电缆和轨道电路电缆，这些电缆敷设在地下电缆沟槽内。按照电缆径路和设备连接顺序，室外电缆分为干线电缆和分支电缆。

2. TYJL－II 型计算机联锁系统

TYJL－II 型计算机联锁系统为分布式多微机系统，具体可分为如下几个系统：

①监视控制系统：主要由监控机（又称上位机）和控制台组成。

②主控系统：主要由联锁机、执表机组成。

③接口系统：主要由采集结合电路、动态驱动设备和继电控制电路组成。

④辅助系统：主要由电务维修机和微机监测系统组成。

⑤电源系统。

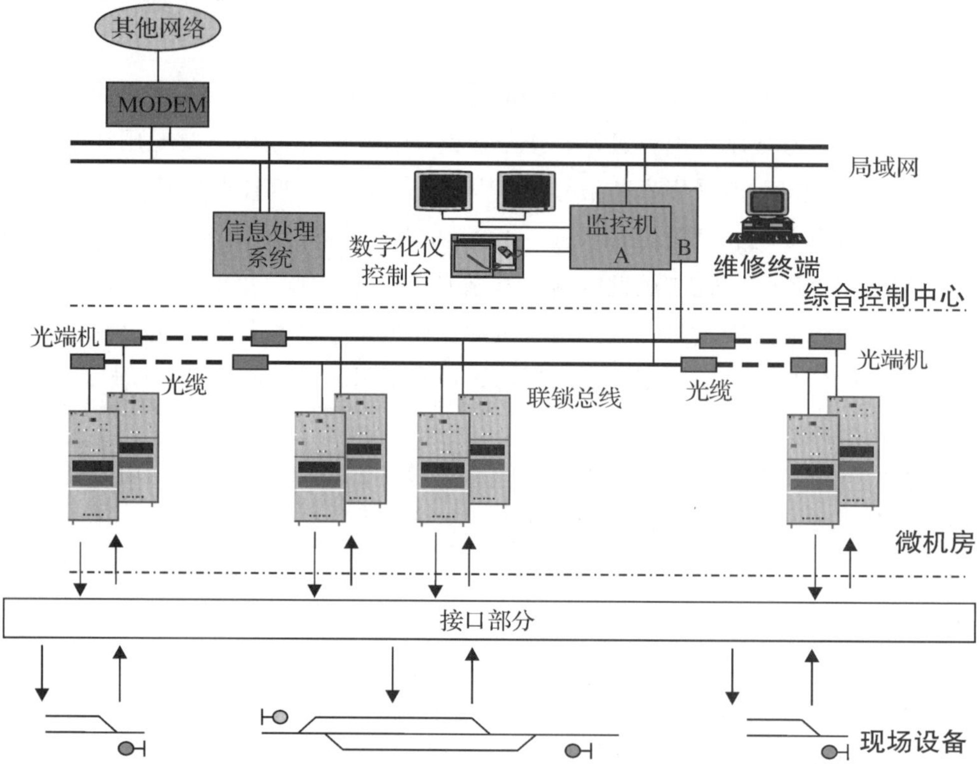

图6-3-2 TYJL-II型计算机联锁系统框图

系统框图见图6-3-2，其中监控系统和主控系统的微机设备均为A、B双套，联锁机、执表机具有热备和自动切换功能，监控机是双机工作，两台监控机不分主、备机，在两台监控机上的操作都有效，不需要切换。一台监控机发生故障，另一台监控机仍然保证系统的正常操作。

系统［不包括现场设备］可划分为三个层次：监控系统和辅助系统为上层，主控系统是核心层，第三层是接口系统。系统的上层使用通用的局域网实现各子系统之间的连接；监控系统中监控机与控制台之间通过由视频线等线缆和切换装置组成的专用显示和命令通道连接。核心层的主控系统与监控系统之间、主控系统的联锁机与执表机之间通过专用的联锁总线实现安全信息的通信连接，联锁总线是实时的现场控制总线，是系统的核心总线。

（1）监控机。

监控机是监控系统的核心，包括工业控制计算机、控制台通信卡、联锁网卡、维修网卡等，安装在计算机机房的机柜中或微机桌上，通过引出的视频线、鼠标线、数字化仪线和语音线与车站值班员室内的控制台相连。

监控机采用标准的通用工业控制计算机。

系统的人机界面软件安装在监控机中，主要完成控制台屏幕显示、操作处理、进路预选、站场变化及设备工作状态记录、错误提示等功能。

（2）控制台。

控制台是系统使用的直接人机界面部分，主要用于采集控制命令信息，操纵道岔，办理进路，显示站场图像，由监控机管辖。

TYJL－II 型联锁系统的控制台可根据用户要求采用按钮盘＋屏幕显示、拼装式光带显示按钮控制台、数字化仪或鼠标＋屏幕显示等方式。目前，推广应用最多的是鼠标＋LCD 显示器的控制台。

（3）联锁机。

联锁机的主要功能实现与上位机的通信调度，实现信号设备的联锁逻辑处理功能，采集现场信号设备状态，输出动态控制命令。

普通型的联锁机柜主要由电源模块、主机笼、接口板、总线切换控制盒、监控面板等组成。由上到下依次大致可分为电源层、计算机层、采集层、驱动层和零层。

电源层主要由电源指示面板、采集电源、驱动电源和计算机电源组成。

计算机层采用的是 STD 总线标准的工业控制计算机。系统的通信通过两块通信板进行，由STD－01（1）经切换控制后与监控机和执表机通信，由 STD－01（2）进行主、备联锁机之间的通信，以实现双机热备。CPU 使用 V0 接口板通过采集总线和驱动总线对采集板和驱动板进行控制和诊断。

CPU 板通过指示报警板，点亮计算机层面板上的运行、通信收发和中断等指示灯。采集层主要由采集机笼、采集板以及与计算机层和电源层联系的扁平电缆、电源线及相应的接插件等所组成。

驱动层的机构与采集层的非常相似，主要由驱动机笼、驱动板以及与计算机层和电源层联系的扁平电缆、电源线及相应的接插件等所组成。

零层位于机柜最下层，主控系统最为重要的连接线缆从这里引入和引出。上面装有联锁总线切换盒、零层端子和接地端子等。

（4）执表机。

执表机柜结构与联锁机柜相近，只是没有联锁软件。只有联锁机柜的容量不能满足车站监控对象数量的需要时，才设执表机。

（5）接口系统。

接口系统主要由继电电路、配线和结合电路以及防护电路等组成。其在机械室内，对外与现场设备相连，对内与主控系统相连。TYJL－II 型计算机联锁系统基本完整地保留了 6502 电气集中对室外设备的控制和表示电路（如道岔控制电路、信号点灯电路等），以这些电路中的相关继电器（定/反位操纵继电器、定/反位表示继电器、轨道继电器、信号继电器和灯丝继电器等）为界面进行控制和信息采集。

现场表示信息的采集是由主控系统通过对相关继电器接点的数字量采集完成的。输出驱动电路是直接参与控制室外信号机和转辙机的电路。为保证计算机联锁系统的安全输出，采用双输入动态继电器，或双输入动态驱动组合＋偏极继电器。

在接口系统中增设的防护电路是为重雷区内增强系统雷电防护能力而设的，对牵引电流的侵入亦有相当的防护能力。防护电路由强电防护插件组合、断线检查器和相应的配线构成。

（6）电务维修机。

为了方便电务维修人员更好地维护计算机联锁系统，系统中增加了电务维修机（简称维修机）。维修机通过与主、备监控机连接，接收计算机联锁系统中的实时信息，存储记录系统的全部运行信息。维修机是计算机联锁系统的重要辅助设备，为维修人员提供人机界面，与其他系统的连接一般也是通过维修机实现的。

维修机采用标准的工业控制计算机，配备维修网卡、远程诊断通信终端、彩色监视器、键盘和打印机。

（7）电源。

TYJL－II 型联锁系统计算机部分所使用的电源主要由两部分组成：机柜电源、动态电源。计算机机房内的设备采用 A、B 两路各自独立的供电方式。当设计有应急台时，该电源与应急台的工作电源互切。动态稳压电源为动态组合提供直流 30V 局部电源，用以驱动 JPXC－1000 型继电器。

计算机系统的电源由配电柜提供。配电柜的输入来自电源屏，经 UPS 电路等的净化和稳压，再分配到计算机系统中的各种设备中。

（8）应急台。

应急台作为计算机联锁系统的附属人机界面设备，在计算机联锁系统失效时用以控制道岔和引导信号。应急台有直观、清晰的站场图形表示，并有道岔位置及引导信号开放的表示。

3. TYJL－TR9 型容错计算机联锁系统

TYJL－TR9 型容错计算机联锁系统在系统结构方面与 TYJL－II 型双机热备计算机联锁系统类似，如图 6－3－3 所示，有以下几个组成部分：容错联锁主机，监控机，控制台，电务维修机，系统电源，接口架及继电器组合架，以及与其配套的计算机监测系统（可选用），远程诊断设备，调度监督系统等。

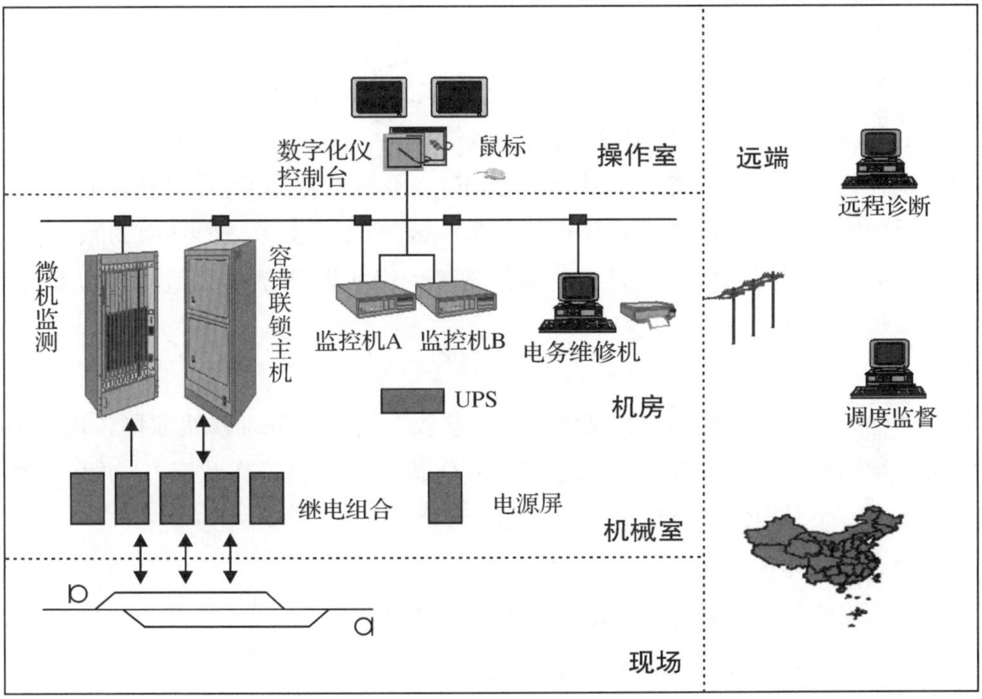

图 6－3－3　TYJL－TR9 型容错计算机联锁系统总体结构图

（1）容错联锁机。

联锁机是车站计算机联锁系统中的核心部分。它主要对现场设备进行信息采集，通过监控机接收值班员发出的操作命令，通过联锁程序进行逻辑运算，根据不同的运算结果进行驱动输出，直接去动作组合架上的继电器，控制现场的信号设备，并把现场的状态传送给监控机，以便在控制台上显示。联锁机由以下几部分组成：

①联锁机笼（8110）。

②主处理器模块（3006）。主要功能是进行逻辑运算。

③电源模块（8312）。主要功能是提供计算机工作的内部电源。

④采集模块（3564）。采集现场信息，并传递给处理器模块。

⑤驱动模块（3674）。执行处理器的命令，驱动现场继电器。

⑥通信模块（4119A）。联锁机和其他设备之间进行通信。

（2）监控机。

监控机亦称上位机，和控制台联成一体，完成人机接口功能（图形显示，命令下达）同时与联锁机完成高可靠、高安全的信息交换，并和电务维修机进行信息交换。

（3）电务维修机。

电务维修机与监控机、联锁机进行数据交换，实时再现站场图形、车务操作、系统状态（I/O 状态和模块工作状态）。系统发生故障时发出音响报警，同时后台完成对系统操作、系统运行、系统故障的记录（一个月内的），对以上记录可查询、图形再现及打印。与供选配的微机监测系统、远程诊断系统、调度监督系统等进行数据交换。

（4）远程控制中心。

远程诊断系统以电话拨号网络方式与联锁系统的电务维修机联网，可实时显示站场图形、车务操作、系统状态（I/O 状态、模块工作状态），并可获取联锁系统一个月内的所有记录。

（5）系统电源配电柜。

为系统的各个部分提供稳定可靠的交流电源。

4. DS6 - K5B 型计算机联锁系统

K5B 计算机联锁系统由控制台、电务维护台、联锁机、输入输出接口（在 K5B 系统中，输入输出电路称作“电子终端”，用字符“ET”表示）和电源五个部分组成，如图 6 - 3 - 4 所示。

（1）控制台。

控制台由控显双机和车站值班员办理行车作业的操作、表示设备组成。每一台控显机内安装了两个采用光缆连接的串行通信接口板 INIO 卡，用于同联锁机的 2 重系通信，控显双机互为备用。通过控显机软件控制功能实现控显双

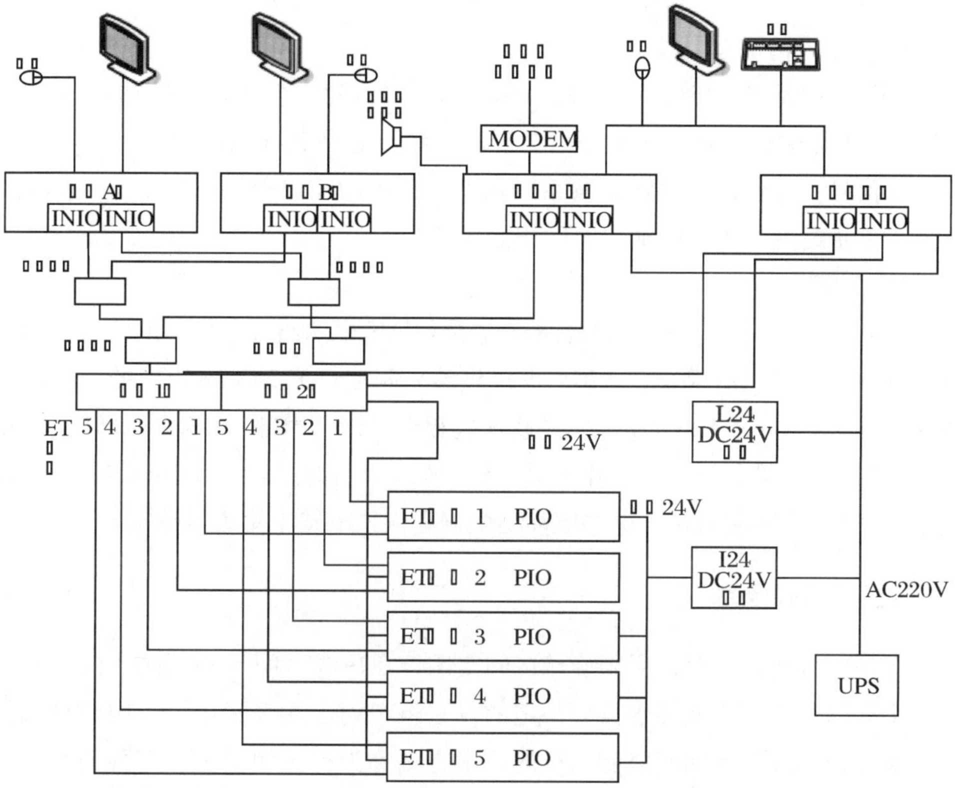

图 6－3－4　DS6－K5B 型计算机联锁系统总体结构图

机之间的转换。

（2）电务维护台。

电务维护台设备包括：监测机、键盘、显示器、打印机。监测机内安装两个采用光缆连接串行通信接口板 INIO 卡，用于与联锁机 2 重系通信，从联锁双机取得联锁系统维护信息。监测机通过串行通信接口从微机检测前置机取得模拟量检测信息。电务维护人员可以通过键盘，显示器，打印机查询或打印输出各类监测信息。

（3）联锁机。

联锁机由 2 重系组成，以主从方式并行运行。两系之间通过并行接口建立的高速通道交换信息，实现 2 重系的同步和切换。联锁机每一系各用一对光缆经过光分路器与控显双机相连，使联锁的每一系都能够分别与 2 台控显机通信。联锁机每一系用一对光缆分别与监测机的 2 个光通信接口相连，联锁机每一系的维护信息分别送到监测机。联锁机每一系有 5 个连接电子终端的通信接口，称 ET 回线 1 ~5。每个通信接口可连接一个电子终端机架。

（4）输入输出接口。

K5B 系统开关量输入输出接口采用京三公司生产的电子终端机（简称 ET）。电子终端电路具有 2 重系，2 重系的输入电路从继电器的同一组接点取得输入信号，分别发给联锁 2 重系。联锁 2 重系的输出分别送给电子终端的 2 重系。电子终端 2 重系的输出并联连接负载。

（5）电源。

K5B 的电源由一套 UPS 和两路直流 24V 稳压电源组成。UPS 的输入由信号电源屏单独提供的一路交流 220V 电源供给。两路直流 24V 电源中的一路称为逻辑 24V。（用符号 L24 表示），经联锁机和电子终端内部的 DC - DC 转换电路产生 5V 电压，供逻辑电路工作。另一路直流 24V 称作接口 24V，（用符号 I24 表示），供电子终端的输出电路驱动继电器和输入电路采集表示信息。

（二）区间闭塞

车站向区间发车时，必须确认区间空闲，在单线区间又必须防止两站同时向一个区间发车，为此要求按照一定的方法组织列车在区间运行。用信号或凭证，保证列车按照空间间隔制运行的技术方法称为行车闭塞法，简称闭塞。用以完成闭塞控制功能的设备称为闭塞设备。

广泛使用的区间闭塞类型有人工闭塞、半自动闭塞、自动站间闭塞和自动闭塞四类。其中 ZPW2000 - A 型无绝缘自动闭塞系统在全路得到推广。

ZPW - 2000A 型无绝缘自动闭塞系统，是在法国 UM71 无绝缘轨道电路技术引进及国产化基础上，结合国情进行提高系统安全性、系统传输性能及系统可靠性的技术再开发。

ZPW - 2000A 型无绝缘自动闭塞系统构成如图 6 - 3 - 5 所示（Δ 为补偿间距）。

1. 室外设备构成

（1）调谐区。

调谐区按 29m 设计，设备包括调谐单元及空心线圈，其参数保持原“UM71”参数，功能是实现两相邻轨道电路电气隔离。

（2）机械绝缘节。

由“机械绝缘节空心线圈”（按载频分为 1700Hz、2000Hz、2300Hz、

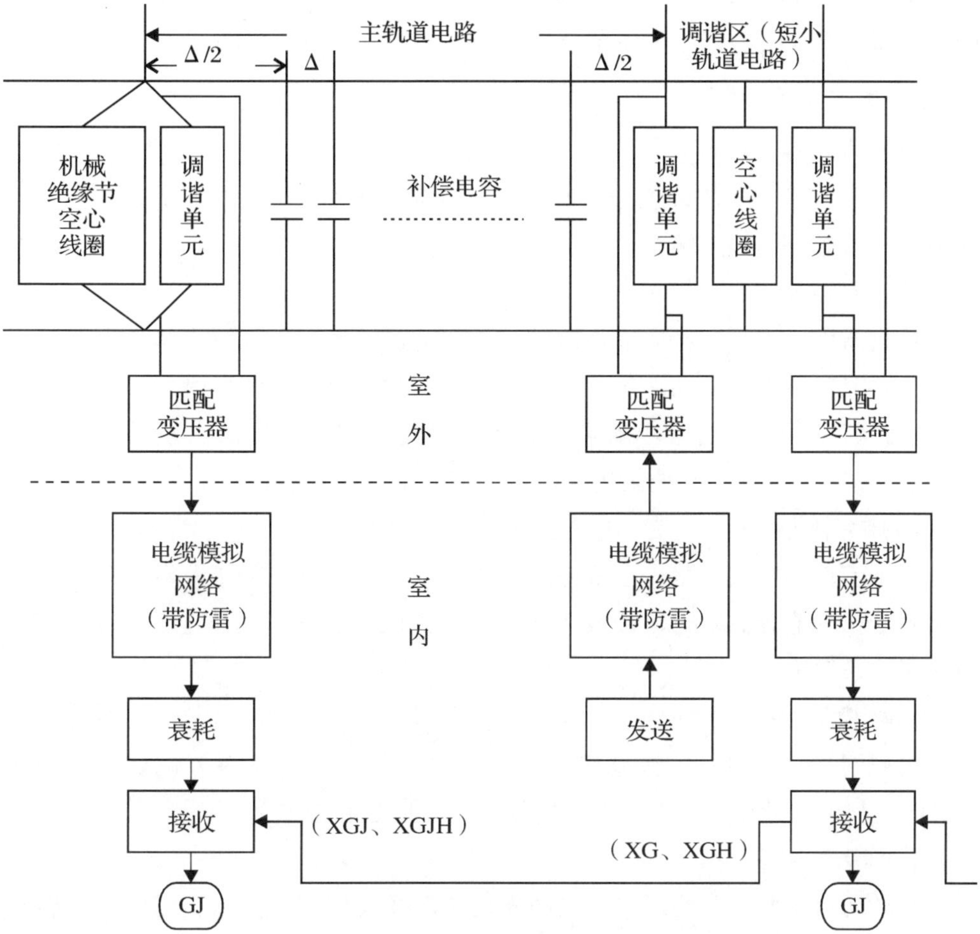

图 6－3－5　ZPW－2000A 型无绝缘自动闭塞系统

2600Hz 四种）与调谐单元并接而成，其节特性与电气绝缘节相同。

（3）匹配变压器。

一般条件下，按 0.3～1.0Ω·km 道碴电阻设计，实现轨道电路与 SPT 传输电缆的匹配连接。

（4）补偿电容。

根据通道参数并兼顾低道碴电阻道床传输，选择电容器容量，使传输通道趋于阻性，保证轨道电路具有良好的传输性能。

（5）传输电缆。

采用 SPT 型铁路信号数字电缆，线径为 Φ1.0mm，总长 10km。

（6）调谐区设备与钢轨引接线。

采用3700mm、2000mm钢包铜引接线各两根构成。用于调谐单元、空心线圈、机械绝缘节空心线圈等设备与钢轨间的连接。

2．室内设备构成

（1）发送器。

用于产生高精度、高稳定移频信号。系统采用发送 N +1 冗余方式。发生故障时，通过 FBJ 接点转至“+1”FS。

（2）接收器。

接收器用于接收主轨道电路信号，并在检查所属调谐区短小轨道电路状态（XG、XGH）条件下，动作本轨道电路的轨道继电器（GJ）。另外，接收器还同时接收邻段所属调谐区小轨道电路信号，向相邻区段提供小轨道电路状态（XGJ、XGJH）条件。系统采用接收器成对双机并联冗余方式。

（3）衰耗器。

用于实现主轨道电路、小轨道电路的调整。给出发送和接收器故障、轨道占用表示及其他有关发送、接收用 +24V 电源电压、发送功出电压、接收 GJ、XGJ 测试条件等。

（4）模拟网络。

模拟网络设在室内，按 0.5、0.5、1、2、2、2×2km 六节设计，用于对 SPT 电缆长度的补偿，电缆与模拟网络补偿长度之和为 10km。

（5）系统防雷。

系统防雷由两部分构成：室内防雷设在电缆模拟网络盘内，纵向为低转移系数的防雷变压器，横向为带劣化显示的压敏电阻；室外横向防雷设在匹配变压器内，为压敏电阻。纵向防雷设在空心线圈处，通过中心抽头接地。

3．移频机柜和接口机柜

ZPW·GK-2000A/T 型移频机柜用于安装发送器、接收器、衰耗器，每台机柜可放置 10 套轨道电路的设备，移频机柜外形图片如图 6-3-6 所示。

ZPW·GK-2000A/T 型接口柜由零层端子和设备安装层等构成。零层端子为两层，第一层安装有 20 个 18 柱万可端子。第二层安装有 12 个 18 柱万可端子，2 块 24 位接地铜排。设备安装层共有 9 层，用来安装防雷模拟网络组匣或其他配套设备如继电器等。每个防雷模拟网络组匣可以安装 8 台防雷模拟网络盘。机柜外形如图 6-3-7 所示。

图6-3-6 ZPW·GK-2000A/T型移频机柜

图6-3-7 ZPW·GK-2000A/T型接口机柜

四、列车运行控制系统

高速铁路的信号与控制系统，是高速列车安全、高密度运行的基本保证。因此，世界各国发展高速铁路，都十分重视行车安全及其相关支持系统的研究和开发。高速铁路的信号与控制系统是集微机控制与数据传输于一体的综合控制与管理系统，是当代铁路适应高速运营、控制与管理而采用的最新综合性高技术，一般通称为先进列车控制系统（Advanced Train Control Systems）。

（一）国外发展状况

近年来随着人工智能技术，计算机及其相关技术的飞速发展，世界各国都开始了用高新技术改造传统铁路运输模式的研究，目的在于提高铁路运输效率，增强铁路运营安全，提高服务质量，减少环境污染。如作为欧洲21世纪干线铁路统一解决方案的欧洲铁路运输管理系统ERTMS，法国铁路的连续实时追踪自动化系统ASTREE，日本新干线的列车运营管理系统COMTRAC和COSMOS，北美的先进列车控制系统ATCS，列车间隔控制系统PTS和PTC，美国旧金山港湾铁路的先进列车控制系统AATC，日本的新一代列车控制系统ATACS及计算机和无线电辅助列车控制系统CARAT等。

其中代表世界先进水平的高速铁路列控系统有以下四个。

1. 德国 LZB 系统

德国的 LZB 连续式列车运行控制系统，其运营速度可达 270km/h。它是目前世界上唯一采用以轨道电缆为连续式信息传输媒体的列车控制系统，可实现地面与移动列车之间的双向信息传输，同时还可利用轨道电缆交叉环实现列车定位功能，控制方式是以人工控制为主。LZB 系统首先将连续式速度模式曲线应用于高速列车的制动控制，打破了过去分段速度控制的传统模式，可以进一步缩短列车运行的间隔时间，因此能更好地发挥硬件设备在提高线路运输效率方面的潜在能力。

2. 日本 DS－ATC 系统

日本 ATC 系统的安全信息传输媒介采用有绝缘模拟式轨道电路，因此地面与移动列车之间为单向信息传输，信息量较少。近年来，日本对原有 ATC 系统进行了数字化改造，使地面向移动列车传输的信息量增加到 40～60 位 bit（比特）数据。因此，使新的日本高速铁路列车运行控制系统能够适应更高的列车运行时速的要求。

3. 法国 UM2000＋TVM430 系统

法国的 TVM300 系统是早期产品，TVM430 系统是在它的基础上进行数字化改造后的列车控制系统，在 TGV 北方线上采用，列车运行速度可达 320km/h。TVM430 系统的地面信息传输设备采用 UM71 型无绝缘数字式轨道电路，由地面向移动列车之间实现地对车信息的单向传输。信号编码总长度为 27 个信息位，其中有效信息为 21 位。列车的定位功能也是由轨道电路完成的。TVM430 系统制动模式采用的是分段连续式速度监督曲线，控制方式以人工控制为主。只有当司机没有按要求操作时，控制设备才自动完成其应执行的任务。

4. 欧洲 ETCS 系统

为了克服欧洲各国复杂且互不兼容的信号制式，并且保证高速列车能安全地在欧洲铁路网内互通运行，2001 年，在国际铁路联盟和欧盟的大力支持下，欧洲信号工业和欧洲铁路花了大约 10 年的时间，研制出了欧洲列车控制系统（EuropeanTrainControlSystem，ETCS），并且欧盟通过立法形式确定其成为强制性技术规范。ETCS 不仅能使列车可以在欧洲铁路网内实现互通运行，而且能在保证列车安全运行的同时，还提高了跨国运输的效率。

（1）ETCS 简介。

ETCS 是一种可靠的、先进的铁路列车自动防护（ATP）系统和机车信号（Cab Signalling）技术规范，它包含了所有欧洲的信号技术，也可称为欧洲信号一体化技术。它拥有一致的显示界面，相同的设备操作方法，统一的接口标准，并且系统具有兼容性，适用于最高运行车速是 200 ~ 250km/h。车载设备采用 ETCS 总线，从而支持与各种传统设备和 ETCS 车载设备进行通信，它可以通过车载计算机接收目标距离、目标速度、限速和线路等信息，自动控制列车的运行。可见，ETCS 的使用不仅使列车可以实现跨国互通运营，而且还提高了列车运行的安全性，降低了列车运营的成本。

（2）ETCS 的应用等级。

考虑到 ETCS 长期发展的需要，欧洲列车控制系统 ETCS 制定了 5 个等级：ERTMS/ETCS – 0 级、ERTMS/ETCS – STM 级、ERTMS/ETCS – 1 级、ERTMS/ETCS – 2 级、ERTMS/ETCS – 3 级。ETCS 向下兼容，由此各国的铁路部门可以依据自己的实际情况安装使用不同级别的列车控制系统和信号设备。

ERTMS/ETCS – 0 级：由 ETCS 车载设备和传统的列控系统组成，可以在没有安装 ETCS 应用等级的地面设备或者在尚不具备 ETCS 运行条件的铁道线路上运行。欧洲列车控制系统 ETCS 车载设备只能显示列车速度，不提供机车信号功能，并且只监督线路限制速度和列车最大允许速度。

ERTMS/ETCS – STM 级：由 ETCS 车载设备、传统的列控系统和 STM 组成。可以在已安装了本国信号系统的铁道线路上运行。通过 STM 接口设备可以接收不同制式的信息，但是必须要使用不一样的接收天线，因此增加了列车运行的成本。

ERTMS/ETCS – 1 级：由查询应答器、地面信号和轨道电路组成，可以在安装了点式传输设备（即欧洲应答器）的铁道线路上运行。该级系统是一个连续的速度监督系统，通过计轴设备和轨道电路来检查轨道区段的占用、空闲和列车的完整性，并且利用欧洲应答器向车载传送地面的信息。可见，ERTMS/ETCS – 1 级系统是一个典型的点式 ATP。

ERTMS/ETCS – 2 级：由查询应答器、轨道电路和 GSM – R 组成，可以在装备了欧洲无线信号传输设备和欧洲应答器，并且由无线闭塞中心控制的铁道线路上运行。车地之间通过 GSM – R 实现双向通信，并且通过应答器来提供列车的定位信息，同时通过地面设备检查列车的完整性。司机完全凭借车载信号行车。可见，ERTMS/ETCS – 2 级系统是一个基于移动通信的连续式 ATP。

ERTMS/ETCS – 3 级：由查询应答器和 GSM – R 组成，可以在装备了欧洲无线信号传输设备和欧洲应答器，并且由无线闭塞中心控制的铁道线路上行车。车地之间通过 GSM – R 实现双向通信，由车载设备完成列车完整性检查和列车定位，不需要轨道电路，并且通过无线移动闭塞中心和点式设备来完成列车追踪，可见移动自动闭塞的特征突出。

前面三种高速列控系统均采用大量专有技术，相互间不兼容，技术平台不开放。基于 GSM – R 无线传输方式的 ETCS2 系统，技术先进，并已投入商业运营，欧洲正在建设和规划的高速铁路均采用 ETCS 列控系统，是未来高速列车控制系统的发展方向。

（二）国内发展状况

我国铁路第六次大面积提速调度推出了一系列重大技术创新成果，铁道部经过深入研究和科学论证，立足于我国技术和设备，参照国际相关标准和经验，提出了符合我国技术政策和铁路运输需要的中国列车运行控制系统 CTCS 技术体系和总体规划，在我国大力发展 CTCS 系统以保证列车安全运行，并以分级形式满足不同线路运输需求的列车运行控制系统。

1. CTCS 的基本功能

①列控系统的车载信号是列车运行的凭证。

②按列车运行安全制动距离，自动调整列车运行追踪间隔。

③防止列车运行速度超过线路允许速度、道岔侧向规定速度以及列车构造速度，保证列车运行安全；列车运行超速时，由列控设备自动实行减速或制动停车。

④防止列车冒进关闭的禁止信号机（或点）。

⑤监督列车以低于 30km/h 的速度进行出入库作业。

⑥与机车自身速度控制系统结合，实现对列车减速、缓解、加速的自动控制。

⑦与列车调度系统结合，实现对列车的简单自动驾驶。

⑧由车载测速单元获取列车走行速度和列车的位置。通过每一个轨道区段分界点或应答器时，列车的测距系统将校正一次，以提高目标距离的精度。

⑨根据接收的地面中心信息，车载设备进行实时处理。车载设备应连续向司机显示下列行车内容：如目标速度、目标距离、允许速度、实际速度，以及其他辅助报警显示：如超速、制动、缓解和故障。

2. CTCS 的工作原理

当列车运行在区间时，由 ZPW2000 轨道电路传输连续信息，包括行车许可、空闲闭塞分区数量和道岔限速、线路长度、线路坡度、线路固定限速和列车定位等。当列车运行在车站时，由无线机车信号传输连续信息和点式信息，其中连续信息包括进站信号、出站信号等，点式信息包括进路、股道号、股道长度及临时限速的起点里程、长度、速度、车次、起止时间等。

车站列控中心功能由无线机车信号地面设备和 CTC 或 TDCS 站机及其车务终端实现。无线机车信号地面控制柜从 CTC 或 TDCS 分机获取临时限速值，从联锁获取进路信息，通过无线直接发送到车载 ATP 设备。在预告信号机处设置无源应答器（可与区间应答器共用）作为无线机车信号启动和结束标志，无线机车信号地面设备依此实现列车的注册和注销并建立列车与进路的对应关系。

动车组车载 ATP 设备根据地面提供的列控动态信息、线路静态信息、临时限速信息及有关动车组数据，生成控制速度和目标 2 距离模式曲线，控制列车运行。车载 ATP 设备主要控制模式分为：完全监控模式、部分监控模式、目视行车模式、调车模式、隔离模式和机车信号模式。同时，记录单元对列控系统有关数据及操作状态信息实时动态记录。

3. CTCS 的应用等级

中国列车运行控制系统 CTCS 规范中，根据功能要求和设备配置划分应用等级 0 ~ 4 级。

CTCS 应用等级 0：由通用机车信号 + 列车运行监控装置组成，为既有系统。

CTCS 应用等级 1：由主体机车信号 + 安全型运行监控记录装置组成，点式信息作为连续信息的补充，可实现点连式超速防护功能。

CTCS 应用等级 2：是基于轨道传输信息并采用车—地一体化系统设计的列车运行控制系统，可实现行车指挥联锁列控一体化、区间—车站一体化，通信—信号一体化和机电一体化。

CTCS 应用等级 3：是基于无线传输信息并采用轨道电路等方式检查列车占用的列车运行控制系统，其点式设备主要传送定位信息。

CTCS 应用等级 4：是完全基于无线传输信息的列车运行控制系统。地面可取消轨道电路，由无线闭塞中心和车载验证系统共同完成列车定位和完整性检查，实现移动闭塞。

当前，我国高速铁路的列车运行控制系统主要采用 CTCS－3 级。

4. CTCS－3 系统体系结构

CTCS－3 级列控系统是基于无线传输信息并采用传统方式检查列车占用的列车运行控制系统。面向提速干线、高速新线或特殊线路，基于无线通信的自动闭塞或虚拟自动闭塞，它可以叠加在既有干线信号系统上。CTCS－3 级适用于各种限速区段，地面可不设通过信号机，司机凭车载信号行车，满足客运专线和高速运输的需求。CTCS－3 级列控系统采取目标距离控制模式和准移动闭塞方式，同时具有 CTCS－2 级功能，如图 6－4－1 所示。

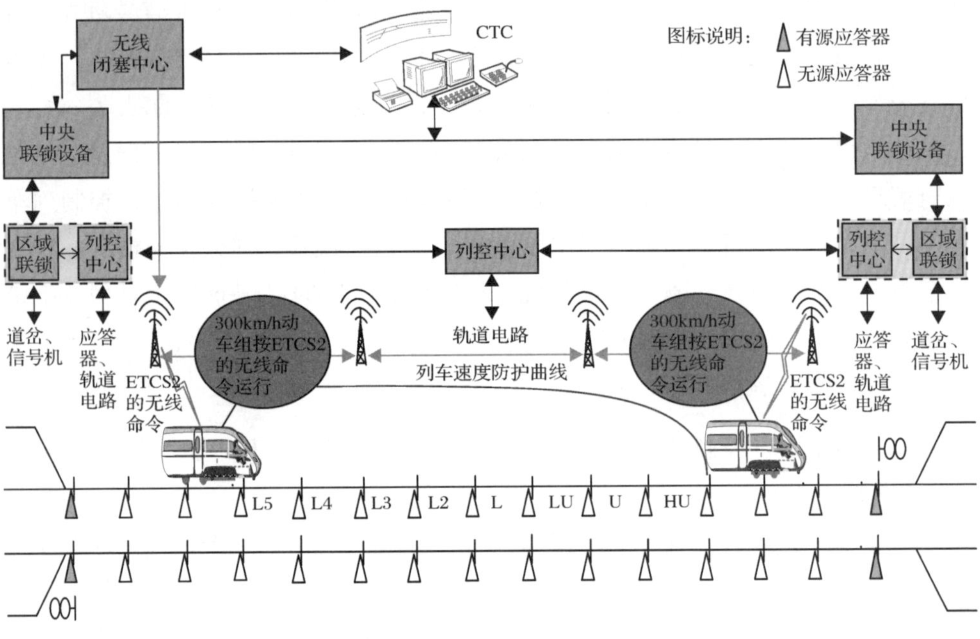

图 6－4－1　CTCS－3 级运行示意图

CTCS－3 级列控系统包括地面设备和车载设备。

（1）地面设备。

地面设备由移动闭塞中心（RBC）、列控中心（TCC）、ZPW－2000（UM）系列轨道电路、应答器（含 LEU）、GSM－R 通信接口设备等组成，如图 6－4－2所示。

①无线闭塞中心（RBC）。

CTCS3 系统地面设备的主要特点在于采用全线 RBC 设备集中设置。CTCS－2 级作为 CTCS－3 级的后备系统。无线闭塞中心（RBC）或无线通信故

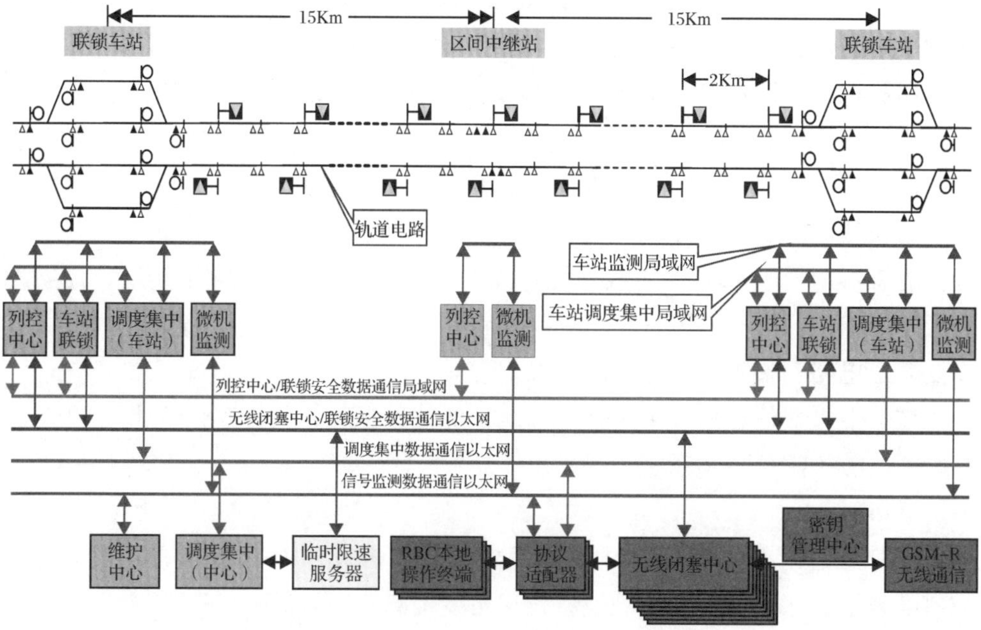

图 6-4-2　CTCS-3 级地面设备结构

障时，CTCS-2 级列控系统控制列车运行。

在 CTCS-3 级列控系统中，RBC 的主要功能包括：通过列车的 CTCS 识别码获得列车的信息；通过轨道电路提供的列车占用信息跟踪区域内列车；根据微机联锁、轨道电路等系统提供的信息，生成管辖内每一列车的运行许可；接收调度集中系统（CTC）提供的临时限速信息；向管辖内列车传送列车当前运行许可、临时限速及线路参数。

综合考虑各种限制条件、运行调试和维修维护的便利性，RBC 主机一般集中设置。

RBC 设备采用硬件安全比较冗余结构，设备配置包括：无线闭塞单元（RBU）、协议适配器（VIA）、RBC 维护终端、司法记录器（JRU）、ISDN 服务器、操作控制终端和交换机等设备组成。

操作控制终端：RBC 操作控制终端由服务器和工作站组成，主要可完成站场图形显示、进路及列车运行情况显示、列车的登记与注销、紧急操作以及 RBC 系统的维护与诊断等功能。

本地维护终端：每台 RBC 设有一个维护终端，为维护工程师及其他技术人员提供与 RBU 接口。主要功能包括：监视 RBU 处于工作状态，还可以通过它切换 RBU 工作状态；告警提示；读取由 RBU 存储的诊断数据（包括来自安全传输单元的数据）；下载系统日志；设定时间和日期。

司法记录器：将 RBC 所有状态以及列车报告的数据和状态均记录下来，以备分析检查。

ISDN 服务器：通过 ISDN 服务器为 RBC 提供通话路由。

②应答器。

应答器用于向 CTCS－3 级列控系统车载设备提供位置、等级转换、建立无线通信等信息，同时对 CTCS－2 级列控系统车载设备提供线路速度、线路坡度、轨道电路、临时限速等线路参数信息。

应答器报文信息格式采用铁道部统一的技术标准，应答器设置满足CTCS－3 系统、兼容 CTCS－2 系统的要求。

③LEU。

LEU 通过串行通信接口与 TCC 设备连接，将来自 TCC 的报文连续向有源应答器发送，从而实现向车载设备发送可变信息。

当 LEU 与 TCC 通信故障或接收的数据无效时，LEU 向有源应答器发送默认报文。

④轨道电路。

A. 区间轨道电路。

区间采用计算机编码控制的 ZPW－2000（UM）系列无绝缘轨道电路，轨道电路的传输长度满足相关技术条件的要求。

轨道电路的正常码序为：L5－L4－L3－L2－L－LU－U－HU，满足CTCS－2 级 300km/h 速度列车安全运行的要求。

B. 站内轨道电路。

复杂大站：正线及股道区段采用计算机编码控制的 ZPW－2000（UM）系列有绝缘轨道电路，其他区段采用 25Hz 轨道电路。

一般车站：全站采用与区间同制式的、由计算机编码控制的 ZPW－2000（UM）系列有绝缘轨道电路。

为避免邻线轨道电路的干扰，当站内横向相邻同方向载频的轨道电路长度超过 650m（线间距不小于 5m）时，应对轨道电路进行分割。

⑤列控中心（TCC）。

TCC 是 CTCS－2 级列控系统地面子系统的核心部分。根据轨道区段占用信息、联锁进路信息、线路限速信息等，产生列车行车许可命令，并通过轨道电路和有源应答器，传输给车载子系统，保证其管辖内的所有列车的运行安全。

TCC 采用 2×2 取 2 安全计算机平台，具有技术成熟、可靠等特点。TCC 之间通过安全局域网进行连接，实现 TCC 之间、与车站联锁之间安全信息传输。

CTCS－3 级列控系统各车站、线路所及中继站均设置一套 TCC，中继站距离一般不超过 15km，特殊困难地段不能超过 20km。

（2）车载设备。

车载设备由车载安全计算机（VC）、GSM－R 无线通信单元（RTU）、轨道电路信息接收单元（TCR）、应答器信息接收模块（BTM）、记录单元（JRU/DRU）、人机界面（DMI）、列车接口单元（TIU）等组成，如图 6－4－3 所示。

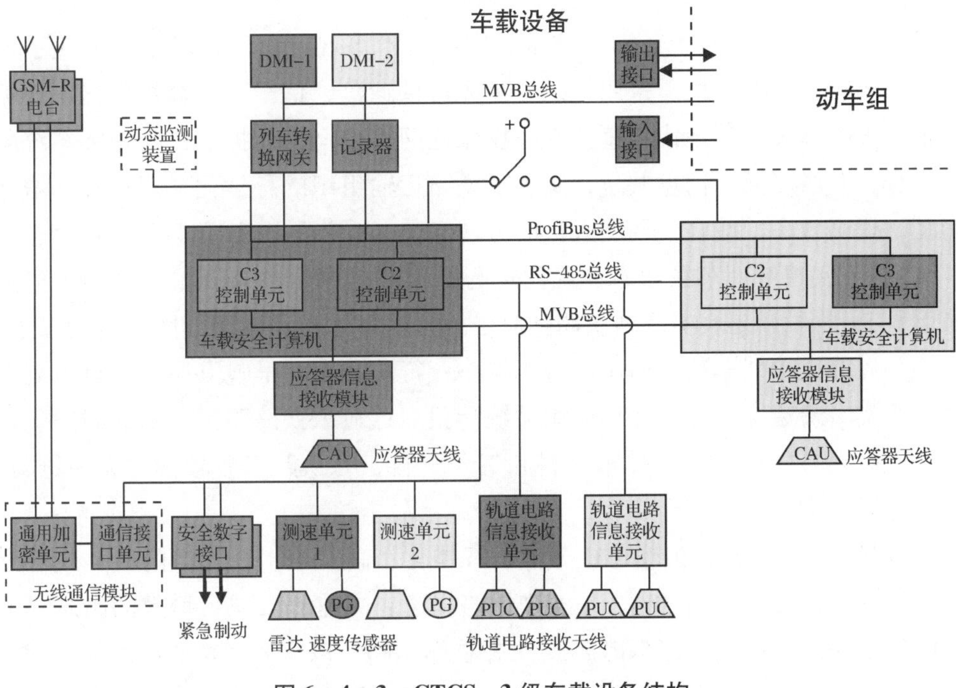

图 6－4－3　CTCS－3 级车载设备结构

车载设备采用分布式结构。设备包括车载安全计算机（VC）、应答器信息接收模块（BTM）、轨道电路信息接收单元（TCR）、测速测距单元（SDU）、人机界面（DMI）、列车接口（TIU）、司法记录单元（JRU）、GSM－R 无线通信单元（RTU）、动态监测接口等。

车载设备与动车组的接口采用继电器或 MVB 总线方式。

车载设备中的车载安全计算机（VC）、应答器信息接收模块（BTM）、安全输入输出接口（VDX）、轨道电路信息接收单元（TCR）、测速测距单元（SDU）、人机界面（DMI）等关键设备均采用冗余配置。

车载安全计算机中的 CTCS－3 控制单元和 CTCS－2 控制单元独立设置，CTCS－3 控制单元负责在 CTCS－3 线路正常运行时的核心控制功能，CTCS－2 控制单元负责后备系统的核心控制功能。

300km/h 动车组不装设列车运行监控装置（LKJ）。

五、行车调度指挥控制系统

TDCS（列车调度指挥系统）全称为“Train operation Dispatching Command System”。系统是以行车调度指挥为核心，其信息服务于各工种调度，是铁路系统信息化自动化的基础。

TDCS 利用信息技术、网络技术、控制技术等现代科学技术手段取代了传统落后的行车指挥手段，采用并结合了先进的通信、信号、计算机网络、数据传输、多媒体技术等现代信息技术，在保证网络安全的前提下，与相关系统紧密结合、互联互通、信息共享，实现了铁路运输组织的科学化、现代化，增加运能，提高效率，减轻了调度人员的劳动强度，改善了调度指挥的工作环境。

TDCS 实现对列车在车站和区间运行的实时监视，动态调整、自动生成列车运行 3h 阶段计划，实现列车调度命令的自动下达和实际运行图的自动描绘；实现分界口交接列车数、列车运行正点率、行车密度、早晚点原因、重点列车跟踪等实时宏观统计分析并形成相关统计报表；显示铁路路网、沿线线路、车站、救援列车分布等主要技术资料和气象资料，为铁路事故救援、灾害抢险、防洪等提供决策参考。

以 TDCS 为平台，组建自律分散、智能化、高安全、高可靠的新一代调度集中系统（简称 CTC 系统），是实现铁路提速、高速以及减员增效的跨越式发展的根本保证。根据铁道部跨越式发展总体思路，以 TDCS 为平台，以调度集中（CTC）为核心，构建我国铁路现代化的调度指挥管理信息系统，以现代运输的理念大力推动铁路运输调度指挥系统建设。

（一）TDCS 系统结构

我国铁路调度指挥管理是以行车调度为核心，站、段为基础，实行铁道部和铁路局两级调度指挥管理的体制。为适应现行的调度管理体制，并考虑到将来的铁路机构改革，TDCS 的设计分为三层网络体系结构，如图 6－5－1 所示。

第一层铁道部调度指挥中心。TDCS 系统的核心与各铁路局相连，接收全国铁路系统的各种实时信息与运输数据和资料，监视各铁路局、主要干线、路局交接口、大型客站、编组站、枢纽、车站、区间的列车宏观运行状态、运行统计数据、重点列车及车站的列车实际运行位置和站场状态显示，并建有全国铁路调度指挥系统数据库。

第二层铁路局调度指挥中心。接收各铁路局内的信息与资料，监视主要干线、路局交接口、大型客站、编组站、枢纽、车站、区间的列车宏观运行状态、运行统计数据、重点列车及车站的列车实际运行位置和站场状态显示，同时显示与铁道部及相邻铁路局的信息交换。

第三层基层网系统。安装在各车站，用来从信号设备及其他设备上采集有关列车运行位置、列车车次、信号设备状态等相关数据，并将上述数据通过专用通信线路传送到铁路局。实现运统二、运统三的自动生成。

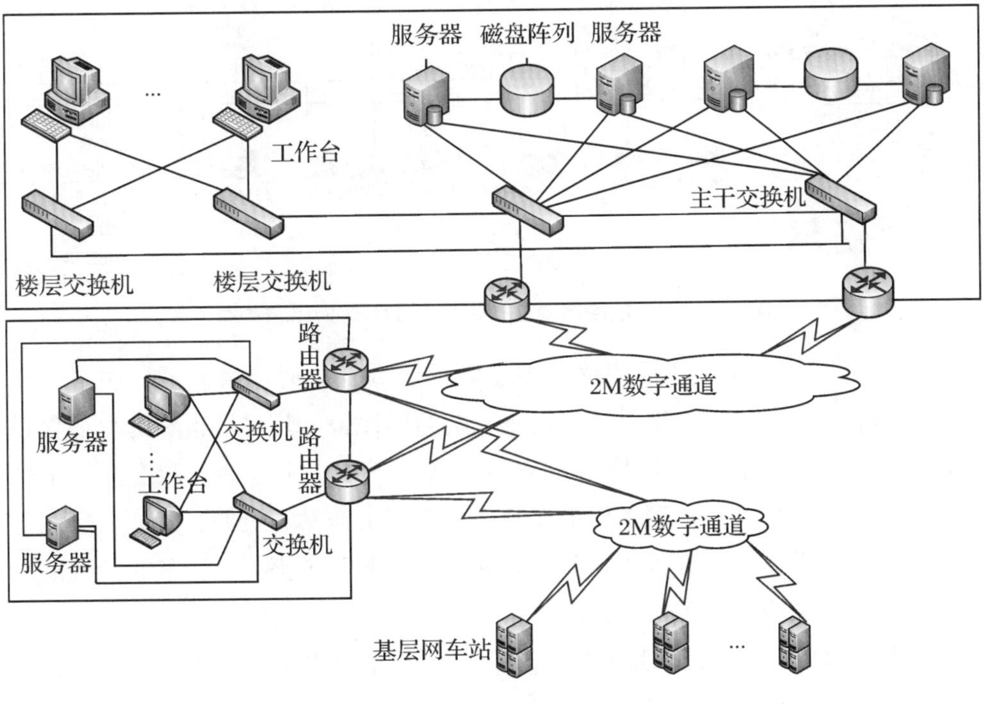

图 6－5－1　TDCS 网络总体结构图

在这三层网络结构中，存在以下主要的系统接口：

①基层网与铁路局调度指挥中心的接口。

②铁路局调度指挥中心与铁道部调度指挥中心的接口。

1. 铁路局调度指挥中心 TDCS

铁路局调度指挥中心 TDCS（简称铁路局 TDCS）由中心机房设备、调度所设备和远程工作站设备三大部分组成。铁路局 TDCS 通过路由器，经 2M 通道与所管辖的车站基层网、相邻局 TDCS 以及铁道部中心 TDCS 连接，互相交换信息。铁路局 TDCS 各设备通过交换机与路由器相连，构成主、备星形连接局域网实现信息交换与共享。铁路局 TDCS 网络结构如图 6－5－2 所示。

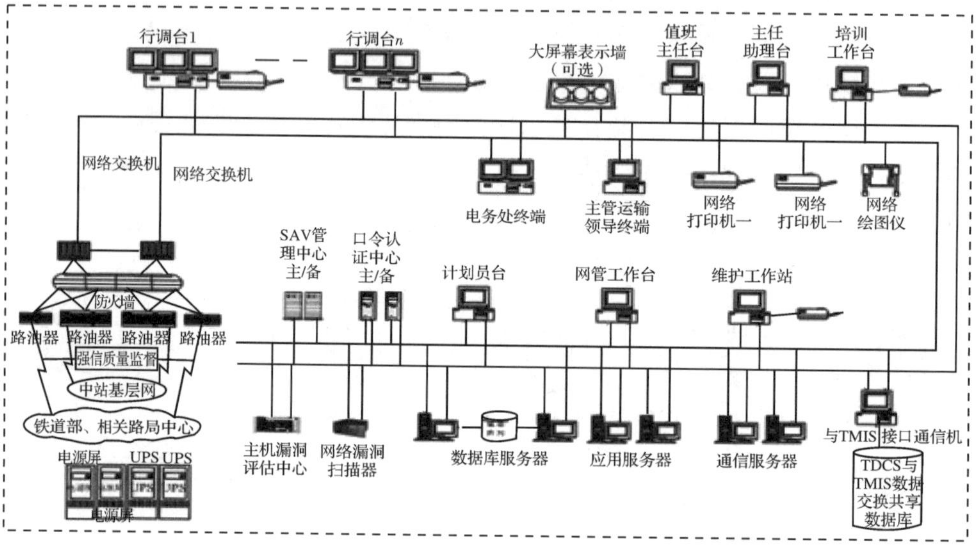

图 6－5－2　铁路局调度指挥中心 TDCS 网络结构图

中心机房设备包括数据库服务器、应用服务器、通信服务器、网络交换机、网络管理工作站、系统维护工作站、电源屏设备、防雷设备和远程通信设备。调度所设备包括行车调度台工作站、基本图维护工作站、调度主任工作站、主任助理工作站、值班主任工作站、分析室工作站、机调、货调、局长等工作站和大屏幕系统。远程工作站设备包括机务段（折返段）、车务段调度命令工作站和电务段调度工作站。

铁路局 TDCS 局域网采用双网系统，对系统重要设备，如服务器、交换机和路由器等的软硬件均为双套冗余。

2. TDCS 基层网系统

TDCS 基层网系统主要由车站计算机网络设备、车站分机采集及控制设备、车站值班员终端三部分组成。TDCS 基层网系统构成如图 6－5－3 所示。

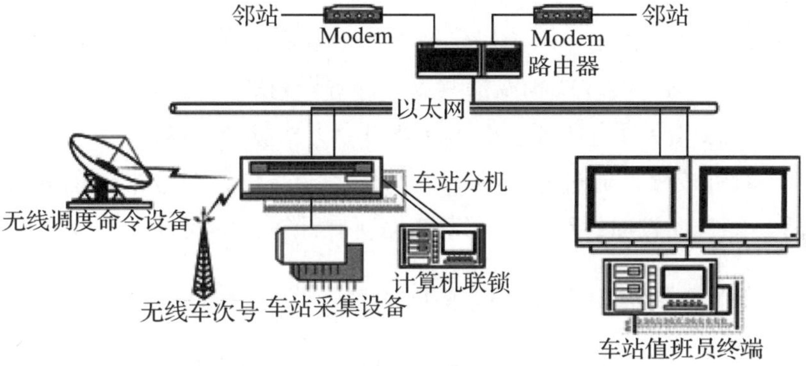

图 6-5-3 TDCS 基层网系统构成图

（二）TDCS 系统功能

（1）列车动态跟踪。即系统根据现场采集的信号设备状态信息，自动进行列车位置的实时跟踪。

（2）列车运行宏观显示。即采用电子地图方式宏观显示本局列车运行相关信息，包括区段列车运行正晚点情况、紧急追踪报警等功能。

（3）信号设备运用状态实时监视。即提供 TDCS 区段车站的进路排列、信号显示、轨道电路实际占用以及列车车次号信息、列车早晚点信息的显示。

（4）列车运行时刻自动采集。根据列车的实时追踪情况自动地计算列车在车站的到达、出发和通过时刻，并将信息传送到铁道部中心和相关车站。

（5）无线车次号校核。系统在列车进、出站信号机处获取公里标等信息，结合列车逻辑跟踪信息实现车次号的校核功能。

（6）运行图管理。包括列车调整计划的编制、计划的调整和下达、列车实际运行图的生成、浏览和打印。

（7）调度命令管理。提供调度命令的编辑、存储、下达、接收与查询等功能，并通过调度命令系统向本局管内站段下达调度命令，向相关列车调度台转发调度命令。

（8）列车编组管理。提供列车简单编组和列车确报信息的查询、修改和打印功能。

（9）站存车管理。提供站存车信息的查询、修改和打印功能。

（10）甩挂作业管理。提供甩挂作业信息的查询、修改和打印功能。

（11）行车日志管理。系统根据自动采集到的列车到发点、股道情况和列车车次号自动生成车站的行车日志（运统二、运统三）。

（12）技术资料管理。系统提供行调专业相关技术资料的查询功能，并提供全局车站示意图、红外线轴温探测点坐标等资料的查询功能。

（13）动态口令身份认证。提供动态口令方式登录功能。

（14）时钟校核。通过基于 GPS 的高精度授时仪，获取准确的时钟，通过网络配置，能自动校时，统一整个系统内所有计算机的时钟。

（三）TDCS 系统安全性及其维护

TDCS 是一个闭环系统，采用闭环网络设计，使之从信息采集、传输、处理、方案制订、计划调整、控制决策、命令传输、校核到设备动作循环，不间断执行，整个系统达到“自成体系，安全运行”，确保系统连续稳定运行。网络及关键设备采用双套冗余设计以及双电源，提供系统容错机制，保证数据信息的安全性和正确性。

TDCS 铁道部、铁路局调度指挥中心局域网中均配置了网络防火墙及入侵检测系统、防病毒软件、动态口令等安全防范子系统，确保各级调度指挥中心 TDCS 的安全性，防止黑客攻击、破坏或者窃取有关信息。

TDCS 系统的各个子系统都记录有系统运行日志，通过分析日志信息可以及时了解系统的运行状态，并能准确定位系统的故障，这是分析 TDCS 系统故障和运行状态的主要手段。

六、城市轨道交通信号系统

城市轨道交通的信号系统沿袭铁路的制式，但由于其自身的特点，与铁路的信号系统有一定的区别。城市轨道交通信号系统的具有以下特点。

1. 具有完善的列车速度监控功能

城市轨道交通所承担的客运量巨大，对行车间隔的要求远高于铁路，最小行车间隔达 90s，甚至更小，因此对列车运行速度监控的要求极高。

2. 速度传输速率较低

城市轨道交通的列车运行速度远低于铁路干线的列车运行速度，最高运行速度通常为 80km/h，所以信号系统可以采用速率较低的数据传输系统。但是，随着城市轨道交通信号自动化技术的不断发展，对信息需求越来越多，信号系统也逐步采用速率较高且独立的数据传输系统。

3. 联锁关系较简单但技术要求高

城市轨道交通的大多数车站没有配线，不设道岔，甚至也不设地面信号机，仅在少数有岔联锁站及车辆段才设置道岔和地面信号机，故联锁设备的监控对象远少于铁路车站的监控对象，联锁关系远没有铁路复杂。除折返站外全部作业仅为旅客乘降，非常简单。通常一个控制中心即可实现全线的联锁功能。城市轨道交通信号自动控制最大的特点是把联锁关系和 ATP 编/发码功能结合在一起，且包含一些特殊的功能，如自动折返、自动进路、紧急关闭、扣车等，增加了技术难度。

4. 车辆段独立采用联锁设备

城市轨道交通的车辆段类似于铁路区段站的功能，包括列车编解、接发列车和频繁的调车作业，线路较多，道岔较多，信号设备较多，一般独立采用一套联锁设备。

5. 自动化水平高

由于城市轨道交通的线路长度短，站间距离短，列车种类较少，行车规律性很高，因此它的信号系统中通常包括自动排列进路和运行自动调整的功能，自动化程度高，人工介入极少。

（一）城市轨道交通信号设备

1. 信号机

城市轨道交通采用右侧行车制，因此不论在正线还是车辆段，地面信号机应设置于行车方向的右侧，地下部分一般安装在隧道壁上。

正线上一般设置有防护信号机、阻挡信号机、进站/出站信号机、通过信号机、发车表示器等；车辆段一般设置有进段信号机、出段信号机、调车信号机等。

2. 轨道电路

城市轨道交通正线采用音频轨道电路。目前，在国内地铁正线上使用的主要有 PF 型、FS－2500 型、FTGS－917 型、AF－904 型、DTC－921 型等数字轨道电路。

车辆段采用 50Hz 相敏轨道电路或 50Hz 微电子相敏轨道电路。

3. 转辙机

城市轨道交通正线采用 9 号道岔，车辆段采用 7 号道岔。正线上主要采用

S700K 型转辙机和 ZD（J）9 型转辙机，车辆段多采用 ZD6 系列转辙机。

4. 计轴系统

城市轨道交通采用计轴系统用来检测区段状态信息以及检测列车运行方向，还可以作为 CBTC 系统的后备模式。通常由室外的轨旁箱、计轴传感器和室内运算单元组成。

5. 地面应答器

应答器主要用于向车载 ATP 控制设备提供可靠的地面固定信息和可变信息。根据信息是否可变，可分为无源应答器和有源应答器两种。

6. 计算机联锁系统

城市轨道交通正线上主要采用 SICAS 型、VPI 型、MicrolokII 型、DS6 - 11 型等计算机联锁系统。车辆段内单独设置一套计算机联锁系统，广泛采用 TYJL - II 型或 TYJL - TR9 型计算机联锁系统。

（二）列车自动控制系统（ATC）

城市轨道交通信号系统通常由列车自动控制系统（Automatic Train Control，简称 ATC）组成，ATC 系统包括三个子系统：列车自动监控系统（Automatic Train Supervision，简称 ATS）、列车自动防护子系统（Automatic Train Protection，简称 ATP）、列车自动运行系统（Automatic Train Operation，简称 ATO）。

三个子系统通过信息交换网络构成闭环系统，实现地面控制与车上控制结合、现地控制与中央控制结合，构成一个以安全设备为基础，集行车指挥、运行调整以及列车驾驶自动化等功能为一体的列车自动控制系统。

1. 列车自动控制系统（ATC）分类

（1）按闭塞布点方式：可分为固定式和移动式。固定闭塞方式中按控制方式，又可分为速度码模式（台阶式）和目标距离码模式（曲线式）。

（2）按机车信号传输方式：可分为连续式和点式。

（3）按各系统设备所处地域可分为：控制中心子系统、车站及轨旁子系统、车载设备子系统、车场子系统。

2. 固定闭塞 ATC 系统

固定闭塞 ATC 系统是指基于传统轨道电路的自动闭塞方式，闭塞分区按线路条件经牵引计算来确定，一旦划定将固定不变。列车以闭塞分区为最小行车间隔，ATC 系统根据这一特点实现行车指挥和列车运行的自动控制。固定闭塞 ATC 系统又可分为速度码模式和目标距离码模式。

（1）速度码模式（台阶式）。

如北京地铁和上海地铁 1 号线分别引进的英国西屋公司和美国 GRS 公司的 ATC 系统均属此类 ATC 系统，该系统属 70－80 年代的产品，技术成熟、造价较低，但因闭塞分区长度的设计受限于最不利线路条件和最低列车性能，也不利于提高线路运输效率。固定闭塞速度码模式 ATC 是基于普通音频轨道电路，轨道电路传输信息量少，对应每个闭塞分区只能传送一个信息代码，如图 6－6－1所示。

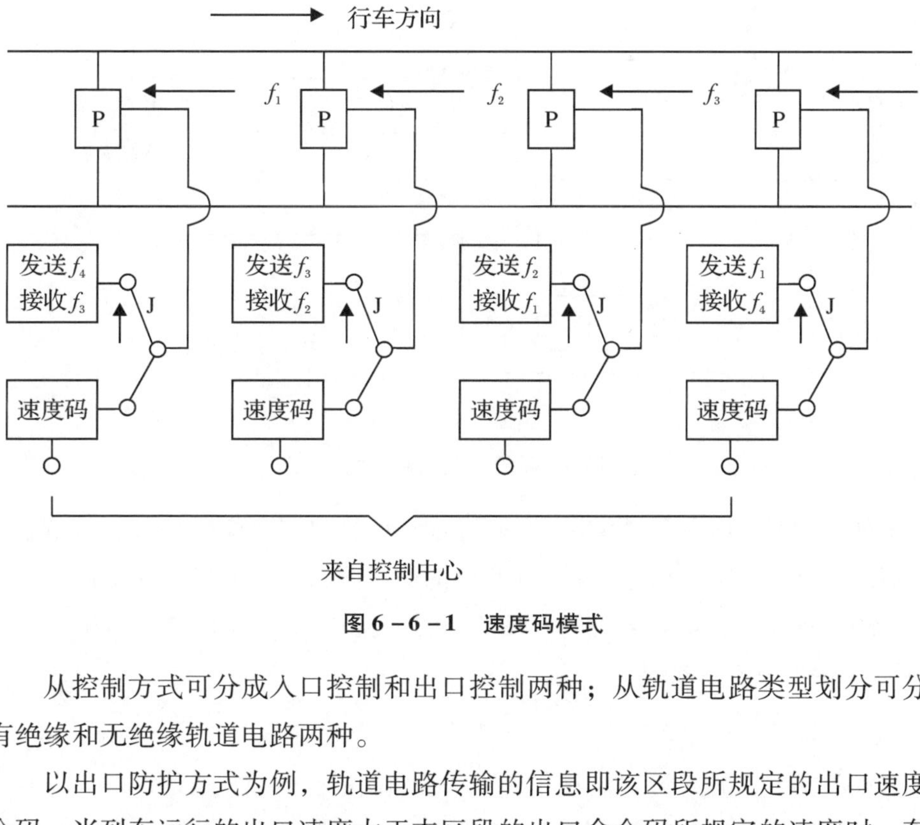

图 6－6－1　速度码模式

从控制方式可分成入口控制和出口控制两种；从轨道电路类型划分可分为有绝缘和无绝缘轨道电路两种。

以出口防护方式为例，轨道电路传输的信息即该区段所规定的出口速度命令码，当列车运行的出口速度大于本区段的出口命令码所规定的速度时，车载设备便对列车实施惩罚性制动，以保证列车运行的安全。由于列车监控采用出口检查方式，为保证列车安全追踪运行，需要一个完整的闭塞分区作为列车的安全保护距离，限制了线路通过能力的进一步提高和发挥。能提供此类产品的公司有：英国 WSL 公司、美国 GRS 公司、法国 ALSTOM 公司、德国 SIEMENZ

公司等。

（2）目标距离码模式（曲线式）。

目标距离码模式一般采用音频数字轨道电路或音频轨道电路加电缆环线或音频轨道电路加应答器，具有较大的信息传输量和较强的抗干扰能力。通过音频数字轨道电路发送设备或应答器向车载设备提供目标速度、目标距离、线路状态（曲线半径、坡道等数据）等信息，车载设备结合固定的车辆性能数据计算出适合于列车运行的目标距离速度模式曲线（最终形成一段曲线控制方式），保证列车在目标距离速度模式曲线下有序运行，如图 6－6－2 所示。

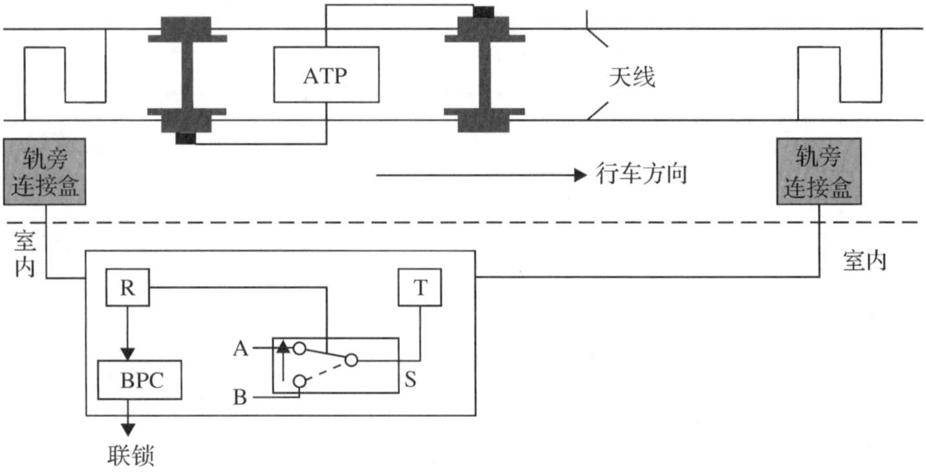

图 6－6－2　距离码模式

这种模式不仅增强了列车运行的舒适度，而且列车追踪运行的最小安全间隔缩短为安全保护距离，有利于提高线路的通过能力。如上海地铁 2 号线引进美国 US&S 公司、明珠线引进法国 ALSTOM 公司和广州地铁 1、2 号线引进德国西门子公司的 ATC 系统均属此类。

3．移动闭塞 ATC 系统

移动闭塞方式的 ATC 系统利用列车和地面间的双向数据通信设备，使地面信号设备可以得到每一列车连续的位置信息，并距此计算出每一列车的运行权限，动态更新发送给列车，列车根据接收到的运行权限和自身的运行状态，计算出列车运行的速度曲线，实现精确的定点停车，实现完全防护的列车双向运行模式，更有利于线路通过能力的充分发挥。列车安全间隔距离是根据最大允许车速、当前停车点位置、线路等信息计算得出，信息被循环更新，以保证列车不间断收到即时信息。

移动闭塞方式的 ATC 系统通常采用无线通信、交叉感应环线、波导等媒体，向列控车载设备传递信息，这些都是基于车地双向通信的 ATC，简称 CBTC。

（1）基于感应环线的 CBTC 系统。

感应环线的 CBTC 系统由系统管理中心（SMC）；车辆控制中心（VCC）；车载设备（VOBC）；车站控制器（STC）；感应环线通信系统设备；车场系统设备；车站发车指示器、站台紧急停车按钮、接口等设备组成，如图 6－6－3 所示。系统管理中心与车辆控制中心进行双向通信，完成对所有列车的自动监控；车辆控制中心与全线的列车进行不间断的双向通信，所有的列车将其所在的精确位置和运行速度，报告给车辆控制中心；车辆控制中心在完全掌握所有列车的精确位置、速度等信息的前提下，告知各列列车运行的目标停车点；列车接收车辆控制中心发来的目标停车点信息，车载计算机根据允许运行的距离、所在区段的线路条件及列车的性能等，不断地计算运行速度，自动地完成速度控制。车辆控制中心还与车站联锁装置通信，完成列车进路的排列。

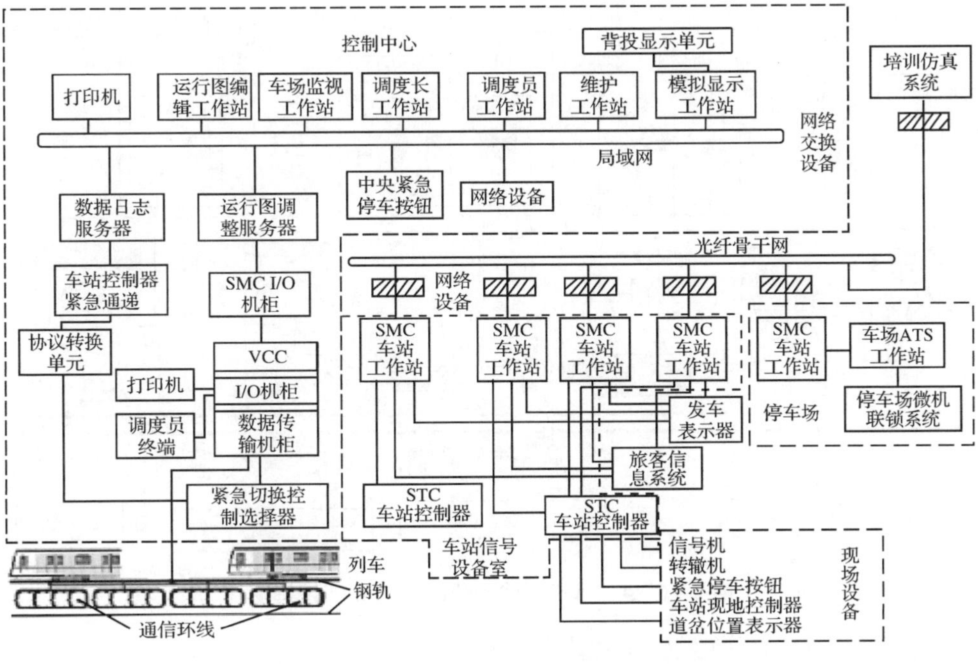

图 6－6－3 基于感应环线的 CBTC 系统框图

（2）基于无线通信的 CBTC 系统。

无线通信的 CBTC 系统是指通过无线通信方式（而不是轨道电路），来确定列车位置和实现车地双向实时通信，从而实现自动控制列车运行的信号系统。列车上的车载控制器，通过探测轨道上的应答器，查找它们在数据库中的方位，确定列车绝对位置，而且列车本身自动测量、计算自前一个探测到的应答器起，已行驶的距离，确定列车的相对位置。列车车载控制器，通过列车与轨旁设备的双向无线通信，向轨旁 CBTC 设备报告本列车的精确位置。轨旁 CBTC 设备，根据各列车的当前位置、运行方向、速度等要素，同时考虑列车运行进路、道岔状态、线路限速以及其他障碍物的条件，向列车发送“移动授权极限”，即向列车传送运行的距离、最高的运行速度，从而保证列车间的安全间隔距离。

无线通信的 CBTC 系统主要的子系统，有列车自动监控（ATS）系统、数据通信系统（DCS）、区域控制器（ZC）、车载控制器（VOBC）及司机显示等。子系统之间的通信基于开放的、标准的数据通信系统。地面与移动的列车之间，都是基于无线（Radio）通信进行信息交换，如图 6－6－4 所示。

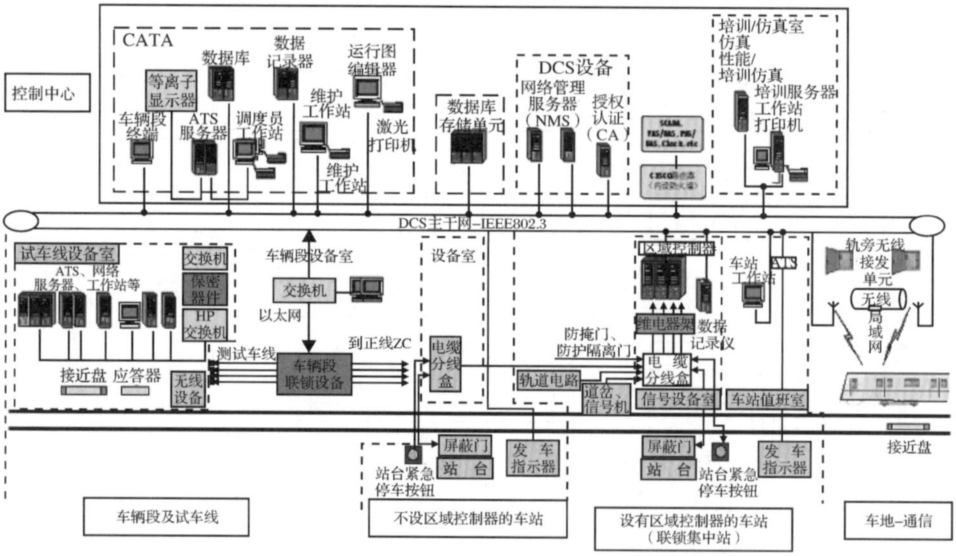

图 6－6－4　基于无线通信的 CBTC 系统框图

（3）CBTC 系统在地铁中的应用。

目前，国内广州地铁 4、5 号线、北京地铁 10 号线、南京地铁 2 号线均采用德国西门子公司的基于无线通信的移动闭塞系统 CBTC；广州地铁 3 号线、武汉轻轨1号线采用加拿大阿尔卡特公司的基于感应环线通信的 Seltrac S40 CBTC；北京地铁4号线、广州地铁3号线北延段、上海地铁6、7、8、9、11号线采用加拿大阿尔卡特公司的基于无线通信的 Seltrac S40 CBTC；北京地铁2号线和机场线采用法国阿尔斯通公司的基于波导管传输的 Urbalis TM；上海地铁10号线采用法国阿尔斯通公司的基于无线网络传输的 Urbalis TM；沈阳地铁1号线、成都地铁1号线、西安地铁2号线、杭州地铁1号线采用美国 USSI 公司的基于无线通信的 CBTC；深圳地铁3号线、天津地铁2、3号线采用加拿大庞巴迪集团公司的 CITYFLO 650 基于无线通信的移动闭塞系统 CBTC；北京地铁亦庄线采用国产北京交通大学研制的 LCF－300 型 CBTC。

4. 信号系统基本功能

（1）列车自动监控子系统（ATS）。

ATS 系统由控制中心、车站、车场以及车载设备组成。ATS 系统在 ATP 系统的支持下完成对列车运行的自动监控，实现以下基本功能：

①通过 ATS 车站设备，能够采集轨旁及车载 ATP 提供的轨道占用状态、进路状态、列车运行状态以及信号设备故障等控制和监督列车运行的基础信息。

②根据联锁表、计划运行图及列车位置，自动生成输出进路控制命令，传送至车站联锁设备，设置列车进路、控制列车停站时分。

③列车识别跟踪、传递和显示功能。系统能自动完成正线区段内列车识别号（服务号、目的地号、车体号）跟踪，列车识别号可由中央 ATS 自动生成或调度员人工设定、修改，也可由列车经车—地通信向 ATS 发送识别号等信息。

④列车计划与实迹运行图的比较和计算机辅助调度功能。能根据列车运行实际的偏离情况，自动生成调整计划供调度员参考或自动调整列车停站时分，控制发车时间。

⑤ATS 中央发生故障情况下的降级处理，由调度员人工介入设置进路，对列车运行进行调整，由 ATS 车站完成自动进路或根据列车识别号进行自动信号控制，由车站人工进行进路控制。

⑥在计算机辅助下完成对列车基本运行图的编制及管理，并具有较强的人工介入能力。通过设在车辆段的终端，向车辆段管理及行车人员提供必要的信息，以便编制车辆运用计划和行车计划。

⑦列车运行显示屏及调度台显示器，能对轨道区段、道岔、信号机和在线运行列车等进行监视，能在行调工作站上给出设备故障报警及故障源提示。

⑧能在中央专用设备上提供模拟和演示功能，用于培训及参观。能自动进行运行报表统计，并根据要求进行显示打印。

⑨能在车站控制模式下与计算机联锁设备结合，将部分或所有信号机置于自动模式状态。

⑩向通信无线、广播、旅客向导系统提供必要的信息。

（2）列车自动防护子系统（ATP）。

ATP 系统由地面设备、车载设备组成，监督列车在安全速度下运行，确保列车一旦超过规定速度，立即施行制动，主要实现以下功能：

①自动连续地对列车位置进行检测，并向列车发送必要的速度、距离、线路条件等信息，以确定列车运行的最大安全速度。提供列车速度保护，在列车超速时提供常用制动或紧急制动，保证前行与后续列车之间的安全间隔，满足正向行车时的设计行车间隔和折返间隔。对反向运行列车能进行 ATP 防护。

②确保列车进路正确及列车的运行安全。确保同一径路上的不同列车之间具有足够的安全距离，以及防止列车侧面冲撞。

③防止列车超速运行，以保证列车速度不超过线路、道岔、车辆等规定的允许速度。

④为列车车门的开启提供安全、可靠的信息。

⑤根据联锁设备提供的进路上轨道区间运行方向，确定相应轨道电路发码方向。

⑥任何车—地通信中断以及列车的非预期移动（含退行）、任何列车完整性电路的中断、列车超速（含临时限速）、车载设备故障等均将产生安全性制动。

⑦实现与 ATS 的接口和有关的交换信息。

⑧系统的自诊断、故障报警、记录。

⑨列车的实际速度、推荐速度、目标速度、目标距离等信息的记录和显示。具有人工或自动轮径磨耗补偿功能。

（3）列车自动驾驶子系统（ATO）。

ATO 子系统是控制列车自动运行的设备，由车载设备和地面设备组成，在 ATP 系统的保护下，根据 ATS 的指令实现列车运行的自动驾驶、速度的自动调整、列车车门控制。

①自动完成对列车的启动、牵引、巡航、惰行和制动的控制，以较高的速度进行追踪运行和折返作业，确保达到设计间隔及旅行速度。

②在 ATS 监控范围的入口及各站停车区域（含折返线、停车线）进行车—地通信，将列车有关信息传送至 ATS 系统，以便于 ATS 系统对在线列车进行监控。

③控制列车按照运行图进行运行，达到节能及自动调整列车运行的目的。

④ATO 自动驾驶时实现车站站台定点停车控制、舒适度控制及节省能源控制。

⑤能根据停车站台的位置及停车精度，自动地对车门进行控制。

⑥与 ATS 和 ATP 结合，实现列车自动驾驶、有人或无人驾驶。

5. 信号系统运营模式

（1）ATS 自动监控模式。

正常情况下 ATS 系统自动监控在线列车的运行，自动向联锁设备下达列车进路命令，列车在 ATP 的安全保护下由司机按规定的运行图时刻表驾驶列车运行。控制中心行车调度员仅需监督列车和设备的运行状况。每天开班前，控制中心调度员选择当日的行车运行图/时刻表，经确认或做必要的修改，作为当日行车指挥的依据。

（2）调度员人工介入模式。

调度员可通过工作站发出有关行车命令，对全线列车运行进行人工干预。调整列车运行计划包括对列车实施“扣车”“终止站停”、改变列车进路、增减列车等。

（3）列车出入车场调度模式。

车辆调度员根据当日列车运行图/时刻表编制车辆运用计划和场内行车计划，并传至控制中心。车场信号值班员按车辆运用计划设置相应的进路，以满足列车出入段作业要求。

（4）车站现地控制模式。

除设备集中站其他车站不直接参与运营控制，车站联锁和车站 ATS 系统结合实现车站和中央两级控制权的转换。在中央 ATS 设备故障或经车站值班员申请，中央调度员同意放权后，可改由车站现地控制。

在现地控制模式下，车站值班员可直接操纵车站联锁设备，可将部分信号机置于自动模式状态，也可将全部信号机设为自动模式状态，控制中心行车调度员应通过通信调度系统与列车驾驶员、车站值班员保持联系。

（5）车场控制模式。

列车出入场和场内的作业均由场值班员根据用车计划，直接排列进路。车场与正线之间设置转换轨，出入场线与正线间采用联锁照查联系保证行车安全。

（6）列车运行控制模式。

列车在正线、折返线上运行作业时，常用 ATO 自动驾驶模式和 ATP 监督下的人工驾驶模式，限制人工驾驶和非限制人工驾驶模式均为非常用模式。

①ATO 自动驾驶模式。

列车启动后，在 ATP 设备安全保护下，车载 ATO 设备自动控制列车加速、巡航、惰行、制动，并控制列车在车站的停车位置，开关车门，司机仅需监督 ATP/ATO 车载设备运行状况。

②ATP 监督下的人工驾驶模式。

列车启动后，车载 ATP 设备根据地面提供的信息，自动生成连续监督列车运行的一次速度模式曲线，实时监督列车运行。司机根据 ATP 显示的速度信息驾驶列车，当列车运行速度接近限制速度时，提出报警；当列车运行速度超过限制速度时，ATP 车载设备将对列车实施制动。

③限制人工驾驶模式。

司机以不超过车载 ATP 的限制速度行车，列车运行安全由司机负责，当列车超过该限制速度时，ATP 车载设备则对列车实施制动。

④非限制人工驾驶模式。

在车载 ATP 设备发生故障状态下使用，ATP 将不对列车运行起监控作用。列车运行安全由司机、调度员、车站值班员共同负责。

（7）列车折返模式。

列车在 ATP 监督人工驾驶模式下折返时，列车由人工驾驶自到达股道牵出至折返线，由司机转换驾驶端，并折返至发车股道。

在 ATO 有人驾驶模式下折返时，列车能以较合理的速度从到达股道牵出至折返线，由司机转换驾驶端和启动列车，然后从折返线进入发车股道。

第七章 轨道交通车辆

一、动力集中式列车

（一）概述

1835 年，荷兰的斯特拉廷和贝克尔两人就试着研制以电池供电的二轴小型铁路车辆。1842 年，苏格兰人 R. 戴维森首先造出 1 台用 40 组电池供电的重 5t 的标准轨距电力机车。由于电动机很原始，机车只能勉强工作。1879 年，德国人 W. von 西门子驾驶 1 辆他设计的小型电力机车，拖着乘坐 18 人的三轮车，在柏林夏季展览会上表演。机车电源由外部 150V 直流发电机供应，通过两轨道中间绝缘的第三轨向机车输电。这是电力机车首次成功的实验。电力机车用于营业是从地下铁道开始的。1890 年，英国伦敦首先用电力机车在 5. 6km 长的一段地下铁道上牵引车辆。干线电力机车在 1895 年应用于美国的巴尔的摩铁路隧道区段，采用 675V 直流电，自重 97t，功率 1070kW。19 世纪末，德国对交流电力机车进行了试验。1903 年，德国三相交流电力机车创造了 210. 2km/h 的高速纪录。

1. 电力机车的工作原理

电力机车运行时，受电弓升起，从接触网上取得 25kV 单相工频交流电，通过主断路器进入牵引变压器，将接触网的高压交流电变为低压交流电，然后经过硅整流装置将交流电整成直流电，再经平波电抗器滤波后，供给牵引电动机。

牵引电动机旋转带动车轴和车轮转动，由于轮轨间的黏着作用从而产生牵引力使列车前进。牵引电动机的转速不同，机车的运行速度就不同。电动机的转向改变，使机车的运行方向也随之改变。

牵引电动机还可作发电机运行，将列车运行的机械能变为电能，进行电阻制动。

2. 机车组成

电力机车是由机械部分、电气部分和空气管路部分组成的。机械部分包括车体、转向架、车体和转向架的连接装置和牵引缓冲装置。电气部分包括机车上的各种电气设备及其连接导线。电气部分主要有受电弓、主断路器、牵引变压器、硅整流装置、平波电抗器、牵引电动机和制动电阻柜等。为了保证机车的正常运行，机车上还有许多辅助电气设备和控制电器。空气管路部分包括空气制动机管路系统、控制气路系统和辅助气路系统三部分，分别实现机车的空气制动、机车上各种设备的风动控制，并向各种风动器械供风。

（二）典型车辆

1. SS9 型电力机车

（1）性能特点。

韶山 9 型电力机车是六轴干线客运电力机车，是在韶山 8 型电力机车基础上研制的系列化产品，同时吸收了韶山 6B 型电力机车的经验，并克服了韶山 8 型技术上存在的问题，其高速动力学性能、牵引和制动性能均优于韶山 8 型机车，适用于长距离、长大坡道、大编组旅客列车的牵引需要。不同于韶山 8 型机车采用的 Bo－Bo 轴式（4 轴），韶山 9 型机车采用 Co－Co 轴列式（6 轴），轴重为 21t，比韶山 8 型机车的轴重轻 7.1%。韶山 9 型机车的最高运行速度与韶山 8 型相同，均为 170km/h，但韶山 9 型机车的持续功率为 4800kW，起动加速时最大功率可达 5400kW，持续牵引力为 169kN，电制动（轮周）功率为 4000kW，分别比韶山 8 型机车的持续功率、持续牵引力和电制动功率高 33.3%、34.1%、48.1%。韶山 9 型机车克服了韶山 8 型在长大坡道牵引大编组列车功率不足的缺陷，可牵引 18 节客车在 16‰、14‰、12‰、10‰的长大坡道上，分别以 84km/h、92km/h、96km/h、105km/h 的速度匀速上坡，提高列车的平均运营速度。

（2）总体布置。

①早期型。

韶山 9 型机车车体采用侧壁承载式全钢焊接结构，并对车体、变压器油箱、转向架及其他电气部件进行了轻量化设计，使其达到轴重21t的要求。总体布置沿用双侧走廊、两端司机室，全车共分7个间隔室，中间为变压器室、然后向两侧依次为1、II端高压室，I、II端辅助室，I、II端司机室。主要电器设备以机车最重设备主变压器为中央，其他设备分平面斜对称布置为主，有利于重量平衡。两端司机室之后车顶各安装1台TSG3－630/25型或DSA200型单臂式受电弓；车顶中部装1台主断路器。此外，机车头型设计突破了传统的以平面为主的多棱角外形设计，司机室正面为倾斜角达68.85°的倾斜平面，机车外形全部采用圆弧过渡。机车采用车体自然通风方式，冷风通过机车侧墙过滤器百叶窗进入车内。制动系统采用DK－1型电控空气制动机。

②改进型。

韶山9型改进型机车的设备布置、车体外观有较大变化。改进型机车跟随国际趋势改用宽600mm的贯通式中间走廊，放弃了中国“韶山”系列电力机车一贯的双侧走廊设计；车内设备随中间走廊斜对称布置，以利于轴重分配；车顶盖由原来的5个改为3个。屏柜及各部件采用模块化设计，包括1号硅整流柜、2号硅整流柜、1号高压柜、2号高压柜、2号牵引通风机组、3号牵引通风机组，以便于部件维护和更换。同时，牵引变压器由壳式变压器改为芯式卧放变压器，悬挂在车体底架以下，降低了机车的重心高度。

同时，株洲电力机车厂也邀请了意大利著名汽车设计公司宾尼法利纳（Pininfarina），参与对改进型机车车体外形的流线型优化设计，采用圆弧微流线头型外观造型。由于宾尼法利纳也是瑞士联邦铁路Re 460型电力机车车体的造型设计单位，因此这两种机车的外观也相当类似。改进型机车并改用独立通风系统，采用侧墙夹层进风道，因应冷却对象不同而分为四大通风支路。每条通风支路均有自己独立的进、出风风道，有助减低车内负压，改善机车防尘效果及防寒性能。机车采用了标准化司机室，可满足单司机值乘条件下司机在司机室内完成部分设备的转换和隔离。

（3）电路系统。

①主电路。

韶山9型电力机车是交—直流电传动的单相工频交流电力机车。早期型机车安装1台TBQ12－8668/25型主变压器，该型变压器采用一体化结构，与平波电抗器、列车供电滤波电抗器合并安装并共享冷却系统，冷却方式为强迫油循环导向风冷冷却。改进型机车安装1台TBQ19－8668/25型卧式结构主变压器，安装在车体底架之下。

机车主电路采用由大功率晶闸管和二极管组成的不等分三段半控桥相控整流电路，整流桥采取先大桥后小桥的顺控方式，其中一段半控桥占 1/2 的整流电压用于低速区，另外两段半控桥占另外 1/2 的整流电压用于高速区，以提高高速区的功率因数。每台机车设有两组相同的整流装置，向转向架独立供电方式，同一台转向架上的 3 台牵引电动机并联连接。为扩大机车恒功速度范围，机车可采用晶闸管分路进行无级磁场削弱。改进型机车安装由株洲南车时代电气研制的 TGZ29（0044～0111 号机车）、TGZ29A（0112～0213 号机车）型整流柜。

此外，机车并设有加馈电阻制动，使机车在低速区可以有较大的制动力，实现机车全过程无级调速。每台机车装有 6 台牵引电动机，分别安装在 2 台转向架上。机车采用 ZD115 型直流牵引电动机，是采用全叠片焊接机座机构、带有补偿绕组的六极串励直流电动机，持续功率 800kW，短时最大功率 900kW，绝缘等级为全 H 级，冷却方式为强迫风冷。

②辅助电路。

早期型机车采用旋转式劈相机为辅助电路供电，将主变压器辅助绕组供应单相交流电转换成三相交流电，车内许多设备如变压器、整流装置、牵引电动机、制动电阻柜等装置的通风冷却，以及空气压缩机的驱动均采用三相交流电动机，电压制式为 380V 三相交流电。而改进型机车的辅助供电电源参考了韶山 7E 型电力机车的方式，既可以选用静止式辅助变流器供电，也可以采用传统的劈相机系统供电；其中 0044、0045 号机车采用了辅助变流器，而从 0046 号机车开始又恢复采用劈相机。

韶山 9 型电力机车并设有列车供电功能，每台装备了 2 套完全独立的列车供电系统，输出电压为 600V 直流电，功率为 2×400kW，采用机车集中整流、客车分散逆变的供电方式，向旅客列车提供空调、采暖、茶炉、照明等供电电源。早期型机车采用分布式列车供电装置，列车供电系统各组件分布在机车各电器柜中，不利于系统的检修和维护。而改进型机车改为采用集中式列车供电柜，集中安装整流装置及其控制系统。0044、0045 号机车是最早安装列车供电柜的改进型机车，而此后的 0046～0111 号机车在出厂时虽预留了列车供电柜位置但未安装，0112～0125 号机车安装了 ZS380B（TGF7A）型的供电柜，0126～0154 号机车安装了 ZS380C（TGF7A）型供电柜，从 2006 年生产的 0155 号机车开始安装了经过改良的 TGF28 型供电柜。随着 25G 型直供电客车的迅速普及，所有未安装供电柜的韶山 9 型电力机车于 2009 年完成改造，恢复列车供电功能。

（4）控制系统。

在控制技术方面，韶山 9 型电力机车采用微机控制及逻辑控制单元（LCU）技术，用以替代传统的继电器有触点控制电路，使逻辑控制由软件来完成，从而减少机车布线，简化了控制系统的设计。韶山 9 型电力机车的控制系统是在韶山 8 型、韶山 7D 型电力机车的基础上发展而成，当操作机车时司机指令传送到逻辑控制单元，由逻辑控制单元进行逻辑判断，并向微机系统输出指令，由微机系统执行机车的特性控制。除此之外，微机系统和逻辑控制系统并具有与微机显示屏的通信功能，通过三者互相配合，机车可以实施恒流准恒速控制特性控制、制动系统的恒制动力控制、防空转及防滑行控制、轴重转移补偿控制、空电联合制动控制、列车供电控制、故障诊断与故障记录等功能。从 2004 年开始，韶山 9 型电力机车开始陆续加装由广州铁路科研所开发的车载自动过分相系统，通过安装地面信号感应器、信号处理装置，并对机车的微机控制系统软件进行升级，使机车过分相时能够自动分合主断路器。

（5）转向架。

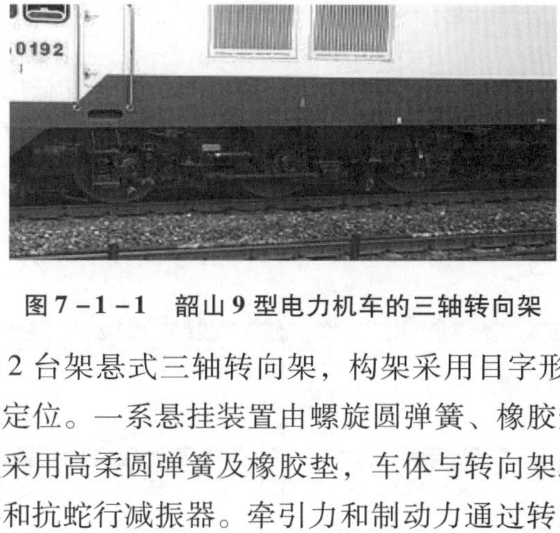

图 7-1-1　韶山 9 型电力机车的三轴转向架

机车走行部为 2 台架悬式三轴转向架，构架采用目字形箱形梁焊接结构，轴箱采用双拉杆式定位。一系悬挂装置由螺旋圆弹簧、橡胶垫和垂向油压减振器组成；二系悬挂采用高柔圆弹簧及橡胶垫，车体与转向架之间并装有垂向减振器、横向减振器和抗蛇行减振器。牵引力和制动力通过转向架与车体底架间的低位双侧平行拉杆牵引机构传递，与韶山 6B 型机车相同。

韶山 9 型机车的驱动装置与韶山 8 型机车相同，牵引电动机采用双侧六连杆轮对空心轴全悬挂安装方式，电动机与齿轮箱组成的传动部件的全部重量悬挂在转向架构架上，牵引电动机的扭矩通过空心轴和两端的六连杆联轴盘传递到轮对，大幅减轻了转向架簧下重量及减小轮轨作用力。基础制动装置与韶山 6B 型机车相同，采用单元式单侧双闸瓦制动器；每台转向架上设有一个停车蓄能制动装置。

（6）故障问题。

韶山 9 型机车是采用微机控制的电力机车之一，沈阳铁路局的部分韶山 9 型机车在配属初期，曾经常发生系统死机问题，导致整辆机车无法启动，尤以冬天最为严重，影响列车车次的正点率。随后有关方面为在中国东北地区的韶山 9 型机车微机柜内加装加热器，使其微机系统在严寒环境下仍能保持稳定，大大减低微机故障率。

（7）SS9 改进型机车车顶设备布置。

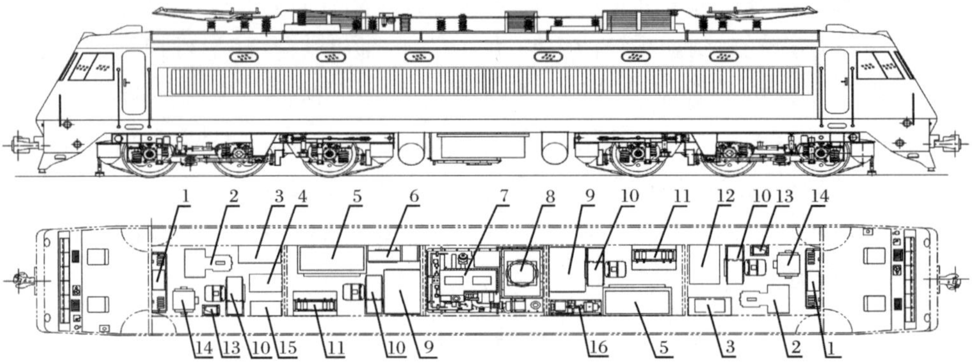

1—Ⅰ、Ⅱ端子柜；2—螺杆（活塞）压缩机组；3—Ⅰ、Ⅱ低压柜；4—干燥器；5—Ⅰ、Ⅱ制动电阻柜；6—电源柜及微机柜；7—变压器；8—变压器风机；9—Ⅰ、Ⅱ硅整流柜；10—通风机组；11—Ⅰ、Ⅱ高压电器柜；12—风柜或列车供电柜；13—复轨器；14—劈相机；15—信号柜；16—空气管路柜。

图 7-1-2　SS9 机车设备布置（43 号车以前）

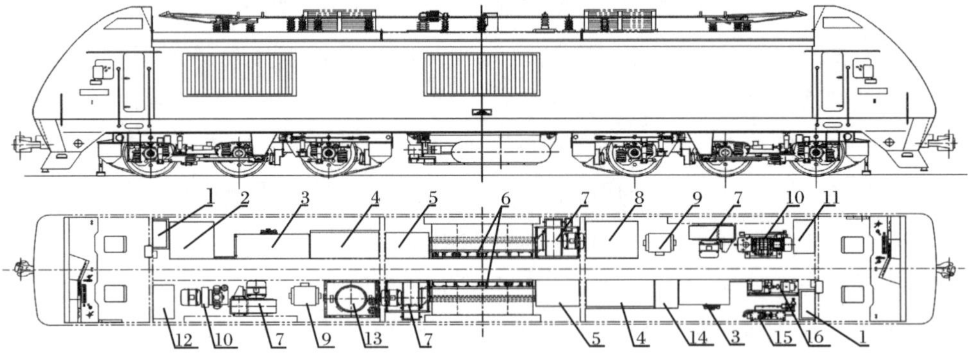

1—Ⅰ、Ⅱ端子柜；2—列车供电柜；3—Ⅰ、Ⅱ电器柜；4—制动电阻柜；5—Ⅰ、Ⅱ高压电器柜；6—Ⅰ、Ⅱ硅整流柜；7—通风机组；8—储油柜和空调电源；9—劈相机如逆变器；10—螺杆（活塞）压缩机；11—微机柜和逻控单元；12—控制柜；13—变压器风机；14—衣帽柜或 IVM430；15—干燥器；16—空气管路柜。

图 7-1-3　SS9 改进型电力机车设备布置图

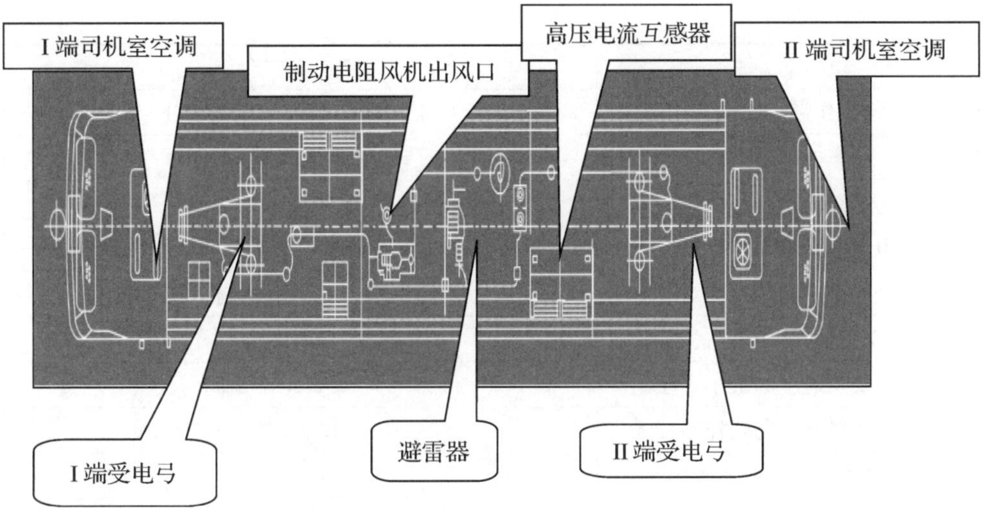

图7-1-4

（8）SS9型电力机车主要性能参数。

表7-1-1 SS9型电力机车主要性能参数

电流制	单相工频交流
工作电压：额定	25kV
最高	29kV
最低	19kV
机车整备重量	126t，允差+3-1%
轴重	21t
轴式	C0-C0
电传动方式	交—直传动
机车持续制功率	4800kW
最大功率	5400kW
机车持续牵引力	169kN
机车起动牵引力	286kN
机车持续额定速度	99km/h
机车最高运行速度	160km/h（半磨耗轮）
机车最高速度	170km/h（半磨耗轮）
牵引特性恒功率速度范围	99~160km/h（半磨耗轮）
功率因数（额定工况）不小于	0.81

续表

电传动方式	交一直传动
机车总效率（额定工况）不小于	0.82（不包括列车供电部分）
机车电制动方式	加馈电阻制动
轮周制动功率不小于	4000kW（速度为 80～160km/h）
最大电制动力（15～80km/h）	180kN（半磨耗）
加馈制动的控制	准恒速特性控制
牵引特性控制方式	恒流准恒速
机车安全通过的最小半径	R＝125m（5km/h）
牵引电动机磁场削弱控制方式	相控无级
最深磁场削弱系数	0.49
传动方式	单边直齿传动
传动比	77÷31＝2.4839
空气制动机型式	DK－1 型制动机
主风缸容量	1212L
空气压缩机能力	2.4m^3/min

（9）SS9 型的主要结构参数。

表 7－1－2　SS9 的主要结构参数

轨距	1435mm
车钩中心线距轨面高度	880mm，允差±10mm
机车前后车钩中心距	22216mm
机车车体底架长度	21000mm
机车车体宽度	3100mm
机车全轴距	15870mm
机车受电弓滑板中心距	11100mm
受电弓工作高度距轨面高度	5200～6500mm
机车最高点距轨面高（落弓高）	4754mm
机车转向架固定轴距	2150mm＋2150mm
车轮直径	1250mm（新轮）
	1150mm（全磨耗轮）

续表

传动齿轮箱底面距轨面高度	≥110mm（新轮）
机车排障器距轨面高度	120mm，允差 ±10mm
转向架排石器距轨面高度	30mm（可调）

2. HXD3 型电力机车

（1）HXD3 型电力机车主要特点。

①轴式为 C0－C0，电传动系统为交直交传动，采用 IGBT 水冷变流机组，1250kW 大转矩异步牵引电动机，具有起动（持续）牵引力大、恒功率速度范围宽、黏着性能好、功率因数高等特点。

②辅助电气系统采用二组辅助变流器，能分别提供 VVVF 和 CVCF 三相辅助电源，对辅助机组进行分类供电。该系统冗余性强，一组辅助变流器故障后可以由另一组辅助变流器对全部辅助机组供电。

③采用微机网络控制系统，实现了逻辑控制、自诊断功能，而且实现了机车的网络重联功能。

④总体设计采用高度集成化、模块化的设计思路，电气屏柜和各种辅助机组分功能斜对称布置在中间走廊的两侧；采用了规范化司机室，有利于机车的安全运行。

⑤采用带有中梁的、整体承载的框架式车体结构，有利于提高车体的强度和刚度。

⑥一系转向架采用滚动抱轴承半悬挂结构；二系采用高圆螺旋弹簧；三系采用整体轴箱、推挽式低位牵引杆等技术。

⑦采用下悬式安装方式的一体化多绕组（全去耦）变压器，具有高阻抗、重量轻等特点，并采用强迫导向油循环风冷技术。

⑧采用独立通风冷却技术。牵引电机采用由顶盖百叶窗进风的独立通风冷却方式；主变流器水冷和主变压器油冷采用水、油复合式铝板冷却器，由车顶直接进风冷却；辅助变流器也采用车外进风冷却的方式；另外，还考虑了司机室的换气和机械间的微正压。

⑨采用了集成化气路的空气制动系统，具有空电制动功能。机械制动采用轮盘制动。

⑩采用了新型的模式空气干燥器，有利于压缩空气的干燥，减少制动系统阀件的故障率。

（2）机车主要技术性能指标。

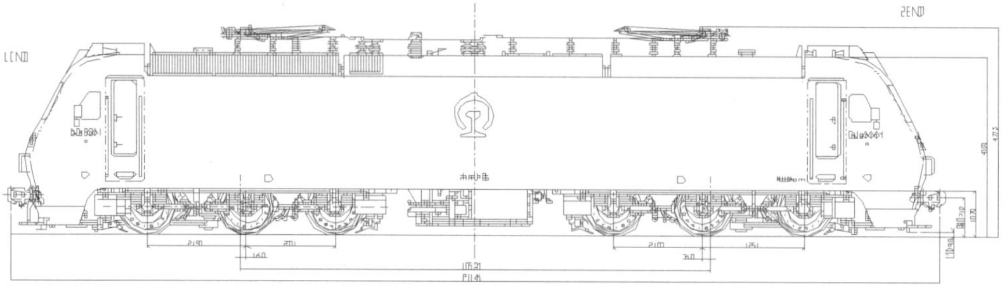

图 7－1－1　HXD3 型电力机车外形尺寸

①HXD3 型电力机车外形尺寸。

②工作电源。

电流制：单相交流 50Hz，额定电压 25kV。在 22.5～31kV 之间时，机车能发挥额定功率，在 22.5～17.5kV 和 17.5～17.2kV 范围内机车功率按不同斜率线性下降，在 17.2kV 时功率为 0；在 31～31.3kV 范围内机车功率线性下降至 0。

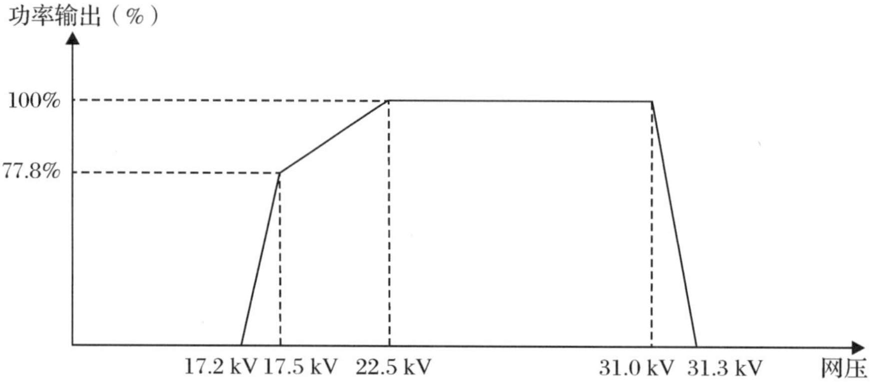

图 7－1－2　机车功率与网压的关系

③牵引性能参数。

表 7－1－3　牵引性能参数

电传动方式	交—直—交传动
持续功率	7200kW
持续制速度	70km/h（23t 轴重） 65km/h（25t 轴重）

续表

最高速度	120km/h
起动牵引力	520kN（23t 轴重） 570kN（25t 轴重）
持续牵引力（半磨耗轮）	370kN（23t 轴重） 400kN（25t 轴重）
恒功率速度范围	65～120km/h（25t 轴重） 70～120km/h（23t 轴重）

④电力制动性能参数。

表 7－1－4 电力制动性能参数

电制动方式	再生制动
电制动功率	7200kW（70～120km/h）（23t 轴重） 7200kW（65～120km/h）（25t 轴重）
最大电制动力	370kN（15～70km/h）（23t 轴重） 400kN（15～65km/h）（25t 轴重）

⑤主要结构尺寸。

表 7－1－5 主要结构尺寸

轨距	1435mm
轴式	C0－C0
机车总重	138t% t（23t 轴重） 150t% t（25t 轴重）
轴重	23＋2t
机车前、后车钩中心距	20846mm
车体底架长度	19630mm
车体宽度	3100mm
车体高度	4100mm（新轮）
机车全轴距	14700mm
转向架固定轴距	2250＋2000mm

续表

车轮直径	1250mm（新轮） 1200mm（半磨耗） 1150mm（全磨耗）
受电弓落下时，滑板顶面距轨面高度	4775 ± 30mm
受电弓滑板距轨面的工作范围	5200 ~ 6500mm
车钩中心线距轨面高度（新轮）	880 ± 10mm
排障器距轨面高度	110 ± 10mm

⑥功率因数。

当机车发挥 10% 及以上额定功率时≥0. 98

$$PF = \frac{1}{\sqrt{1 + \left[\frac{\pi P_{HOM}}{4\sqrt{2}\varepsilon\mu_{HOM}\sin\Psi_{HOM}P}\right]^2}}$$

μ_{HOM} ——额定工况的调制度。

P_{HOM} Ψ_{HOM} ——额定工况的功率和角度

⑦等效干扰电流（JP）。

额定功率时，机车在持续制牵引工况下，在距牵引变电所 10km 处测量≤2. 5A。

在额定网压下，在牵引工况发挥持续功率时的机车总效率≥0. 85。

⑧车动力学性能。

机车能以 5km/h 速度安全通过半径为 125m 的曲线，并应能在半径 250m 的曲线上进行正常摘挂作业。

机车动力学其他性能、参数符合 TB/T2360 - 1993 的有关要求。

⑨机车单机以 120km/h 速度于平直道上施行紧急空气制动时，最大制动距离

≤800m（23t 轴重）

≤900m（25t 轴重）

（3）机车微机控制功能。

机车预备的顺序逻辑综合控制；

机车牵引力和制动力控制；

机车空电联合制动控制；

机车主、辅电路过流、过压、欠压、接地等保护控制；

机车空转滑行保护控制；

机车重联控制；

机车轴重转移补偿控制；

机车定速控制；

在停车状态下，微机控制系统自诊断功能；

行驶过程中对被控对象进行实时在线监测诊断功能；

故障信息的记录、保存和显示功能；

故障记录的转储功能。

二、动力分散式列车

（一）概述

动力分布式列车是一种动力分布在多个车厢的铁路列车（俗称火车），与动力集中式的牵引方式相对，特点是动力来源分散在列车各个车厢上的发动机或电动机，而不是集中在机车上。动力分布式列车依动力来源可分为两类，包括使用柴油的内燃动车组，以接触网或第三轨提供电力来驱动牵引电动机的电力动车组。

多数的动力分布式列车因加速性能较佳，适合走停很频繁的通勤客运列车或是纵坡度变化大的崎岖地形。但因列车组里面各车厢的编组需固定，难以灵活变更调度，所以货运上的使用并不普遍。

EMU 的电动机一般是安装在车厢底转向架之上。DMU 一般由柴油发动机透过齿轮机械传动或以液力变扭器作液力传动，但亦存在有“柴电动力”（DEMU）的设计方式，其柴油发动机所产生的动力完全只被用在产生电力上而不与车轮组之间有任何实质连接，再以电力驱动位于各动力车厢转向架上的电动马达来产生推进力。动力分布式列车的驾驶室空间一般都较为精简，通常设在列车的两端。

一列动力分布式列车之内不一定是每个车厢都带有发动机，列车内无动力的车辆称为“无动力客车”。为了方便了解列车组的动力车构成，一般为以英文字母“M”（motor/马达）与“T”（trailer/无动力车卡）来分别代表动力车厢与无动力车卡的分布。例如，6M2T 表示这列共有 8 节车厢的列车组中，有 6 节动力车厢与 2 节无动力车卡，而 4M 则表示整列列车四个车厢都为动力客车。

美国人法兰克·史伯格在 1897 年发明同时控制多个发动机的操控系统。这个发明使到在城市内行走的列车，可以像蒸汽机车一样，只需一人在前面操作；而同时又不需使用机车，改由多个自带发动机的电力车厢组成。在未有史伯格的发明之前，使用多个串联一起的电动车厢会导致各样的问题，例如各车发动机的速度不一、车厢之间的挂钩出现黏合、车轮经常滑溜、电动机磨损过度，等等。而且列车的行走不顺畅，使乘客感到不适。严重时，甚至可能会导致出轨。

1. 与集中式相较，动力分布式的优点

（1）列车的牵引动力可以分散设置，按需要增减动轴，使列车总功率不受机车功率所限制。

（2）动力分布式列车在两端都有驾驶室，甚至每一节车厢的两头都有驾驶室，列车换向时无须先把机车在一端脱钩后再移到另一端挂钩，省却调车的时间，同时亦减少车务人员的工作以及提高安全性。

（3）动力分布式可以容易组合成长短不同的列车。有些地方的动车组会先整成一列，到中途的车站分开成数截，分别开往不同的目的地。如日本东京的成田特快列车（NEX，机场联络系统）在市区有两个起讫点，或九州岛地区的鸥、绿与豪斯登堡经常会以串联的方式一起行驶，然后再脱钩分别驶往三个不同的目的地。

（4）动力分布式列车的启动加速度容易较动力集中式列车高，有利于提高行车密度，更适合高密度停车、站距短的路线，同时可有更快的运行速度，增强铁路客运对旅客的吸引力。

（5）动力分布式列车的轴重比动力集中式中的机车小，列车运行时轮对路基损害较低，有利降低路基沉降维修费用。

（6）动力分布式因为有较多的牵引电动机，所以再生制动的效果容易较机车好。对于停站较多的近郊通勤铁路、地下铁路，这优点特别明显。而且因电动机多，即使有一两组电动机发生故障，列车也能正常行驶。同时，动轴多，黏着利用低，即使很恶劣的天气，相对来说，打滑的概率也较低。

（7）线路适应力强。由于动轴多，所以更能适应陡坡，最大8%。

因为动力分布式启动加速快、占地小，行走市郊的通勤铁路很多都是动力分布式列车。而轻轨运输、地下铁路等领域亦几乎全是动力分布式。

2. 动力分布式的缺点

（1）动力分布式列车由于电动机多并分散在各节动力车，所以其零组件和维护也较为复杂，维修成本及生产成本也较高。

（2）车内噪声可能较大，因为动力部件或者空气压缩机等设备被平均分布在客车车下，或会造成明显噪声。

（3）动力分布式列车对于线路来说，可能产生明显的波状磨耗造成列车颠簸感，需要时常打磨线路。

（4）动力设备重复设置，列车总重较集中式列车为大。

（5）电动机悬挂于转向架上列车簧下质量易较动力集中式列车高，又因动轴数目较多对轨道接头损坏较大。

（二）新干线

新干线是日本的高速铁路系统，以“子弹列车”闻名。其于 1964 年 10 月 1 日东京奥运开幕前夕开始通车营运，第一条路线是连接东京与新大阪之间的东海道新干线，这条路线也是全世界第一条投入商业营运的高速铁路系统。目前，日本境内有 8 条新干线路线，均为纯客运服务，其中包含 2 条路线等级较低的“迷你新干线”。新干线的轨距属于标准轨（1435mm），除了迷你新干线的路段外，列车运行车速可达到 300km/h 或 320km/h，但在进行高速测试时，则曾创下 443km/h 的最高纪录［由 955 系（300X）在 1996 年时所创下的］。

新干线由日本国有铁道研发，日本国有铁道解散后由继承其业务的 JR 各公司开发与营运。新干线的稳定运行全靠日本的良好电力技术，列车可以缩短至 3min 的班距运行，是唯一适合大量运输的高速铁路系统。除此之外，由于全面采用动力分布式设计，新干线也是世界上行驶过程最平稳的列车之一。反观法国同类的 TGV 高速列车，由于采用最前端和最尾端的机车驱动的动力集中式设计，摇晃较大、加减速较慢，而无法以仅有 3min 的班距运行。新干线系统的技术也向海外输出，例如台湾高速铁路即采用新干线系统作为基础。

1. E5

基于 JR 东日本在 2000 年制定的中期经营构想中“希望构建世界第一的铁道系统”的愿景，计划将新干线的最高营运速度设定为 360km/h。为了实现这一目标，JR 东日本 2002 年在公司内设立“新干线高速化推进项目”，开发了 Fastech 360S，并于 2005 年开始进行了包括地面设备在内的各种试验。基于试验结果，考虑了环境与成本因素，认为将最高速度设定在 320km/h 较为妥当，于是开发出新型新干线 E5 系列车。1 编组（10 辆）的制造成本约 45 亿日元。

第一列预产的车辆为 S11 编组，车辆由川崎重工和日立制作所共同制造，

2009 年 5 月 24 日运抵仙台港。30 日，进入位于仙台的新干线综合车辆中心。2009 年 6 月 15 日，开始在北上—仙台之间开始试运行。

2009 年 10 月 17 日，日本新泻县新干线车辆中心开放展览，同日 E5 系也公开展览。

此后也延长行驶区间进行行驶试验，同年 12 月 9 日第一次开进东京站站台，同时在报章刊登。

2010 年 1 月中旬开始，与 E3 系 R21 编组开始重联试运行。同年 10 月 26 日，与 E6 系量产试制车开始重联试运行。

2010 年 11 月 22 日和 23 日，量产车的 U2 编成卸货。

2013 年 2 月 28 日，第一列预产的车辆 S11 编组量产化改造为 U1 编组。

（1）主要设备。

①车辆密封式连接处。

车辆下部的机器由底架横向吊挂，为降低噪声，设计为挡板和转向架罩覆盖的构造，可兼作检查罩的挡板和转向架罩上带有隔音材料，转向架罩采用轻量化碳纤维吸音材料来抑制噪声。此外，为减少抑制编组整体偏航而装备的阻尼器噪声和车厢连接处的风噪，抑制左右晃动，在两节相连的车厢之间以单侧支撑的方式将车顶和侧面进行了分割，用环状结构安装了全周幌（风挡）。重联时车辆的 2 位方面被固定，旁边的车辆的 1 位方面环机构强加于人的构造的。

图 7－2－1　车辆密封式连接处

②电源控制装置。

本车采用 VVVF 控制方式驱动。从架线引来的 25kV 单相交流电在由主变压器降压的基础上，还需经过主变频器装置将单相交流电整流为直流电，而后转化为三相交流电驱动主电动机。

M1 车（E515 型、E525 型）主要搭载主变压器、主变频装置和集电装置，M2 车（E526 型）主要搭载变换装置、辅助电源装置和电动空气压缩机。

主变压器采用强制风冷式，容量为 3130kVA（TM212）。

辅助电源装置采用 SC215A 型静止型变换装置。由辅助变压器、电压交流电源用 PWM 变频器，直流电源用绝缘型收发器组成，主要变压器的 3 次电压侧供应单相交流 400V、50Hz 电源。供给电源方面，加热器等非稳定电压使用 100V 交流电，插座和服务设备用无停电电源使用单相 100V 交流电，控制制动器电源、荧光灯等使用 100V 直流电 3 种。

主电动机为 300kW 的 MT207 三相交流异步电动机，采用 WN 平行驱动形式。冷却方式是自动通风，额定功率是 300kW 的。

③转向架。

转向架以 E2 系的耐久性和制动性为基础，加强了无摇枕转向架以强化制动力，所以由以前油压式变更成由钳式车轮刹车盘（动车装备）和钳式车轴刹车盘（拖车装备）组成的气动式，安装在车轮两侧和车轴上的制动盘由内部螺栓固定式变更为中央螺栓固定式，最小限度地减少负担和磁盘方面的变形，转向架方面，动车为 DT208 型，拖车为 TR7008 型。先头车辆驾驶台方面，运用了陶瓷盘刹车片的拖车 TR7008A 型，提高轨道和车轮的摩擦力。另外，车体与转向架框用以力杆悬架连接，转向架上有抑制蛇行运动的抗侧滚扭杆。

全车辆以 E2 系空气式为基础改良设计，采用能够抑制振动的电气式主动悬架和简易空气弹簧车体倾斜系统。空气式和电动式的变更透过改变空气管道和去掉油箱，实现了轻量化。

图 7-2-2　不易离线的 PS208 型琴键式低噪声单臂集电弓

④集电装置。

编组中运行时仅使用一个（安装在 3、7 号车厢中前进方向的后者），使用低噪声受电弓装备，借由 12 个分割板组成的集电舟与下面所附的弹簧内置开展，使集电弓柔软追随架线而很难发生离线。在量产试制车中，装有 2 个不同的受电弓来测试选定量产车使用的受电弓，分别为“琴键式”和“书脊式”。

2010 年，以 E954 型的 PS9037 型集电弓为基础，采用了不易离线的 PS208 琴键式低噪声单臂集电弓。集电弓侧面安装了用以降低噪声的大型隔音板，绝缘子侧面配备小型隔音板。

为了减少噪声，特高压引通线和 E2 系 0 番台一样设置于车内顶棚处。

（2）车辆内部。

车内以“舒畅”“温馨”“自在”为宗旨，把恰到好处作为设计理念。颜色以自然为基础，温暖、沉静的空间设计，由于车辆前端的空间缩小和 5 号车厢配备厕所、多功能室等多目的设备的原因，因此本系列 1 编组的定员比 E2 系 1000 番台少 83 人，比 200 系 K 编组 10 节车厢（225 型 400 番台、头车 1500 番台的嵌入式组合）减少 8 人，总载客人数 731 人。普通等级列车座位距离较 E2 系有所加宽（980mm→1，040mm），不过，偶数车厢由于不配备厕所等设备（2、4、6、8 号）车厢定员与 E2 系一样为 100 人，弥补了座椅间距的扩大使席位减少的遗憾。另外，3 人座的位置宽度也相应加大（A、C 座：430mm→440mm，B 席 435mm→460mm）。

（a）普通车厢　　（b）绿色车厢

图 7－2－3　普通车厢和绿色车厢

（3）车厢内部设备。

普通车各车两端的两处设置了车门。所有座席均设有阅读灯，列车设有空气净化机、LED 显示器，一等车所有座席及普通等级列车的车窗位置均设有电源插座。每个车厢均装设监视器，加强安全性。

厕所在每2节车厢各1处（新青森方向端的奇数车厢），西式卫生间2处，男性用卫生间1处，洗脸间2处。但是，5号车厢只有1处洗脸间。

5号和9号车厢配备了轮椅对应设备（车门扩宽、配备轮椅座位、多用途卫生间等）。采用了方便带方向舵的电动轮椅进出的多用途卫生间。此外，5号车厢配备了多功能室。

2. 和谐号

和谐号是中华人民共和国原铁道部对中国铁路高速（CRH）动车组，及部分交流传动电力机车、柴油机车系列的统称。动车组除了比传统由机车牵引的列车以及推拉式列车节能、环保外，还需要多个不同单位携手合作共同研制，代表技术上的协调。另外，这也是寓意为一种构建和谐社会的运载工具，使铁路发展与经济社会发展相协调。

被命名为“和谐号”的高速动车组列车均为CRH系列，是中华人民共和国原铁道部向庞巴迪、川崎重工业、阿尔斯通和西门子公司购买动车组技术，并通过技术转移方式，在中国国内生产有关高速铁路车辆，达到一定程度的国产化。目前共有六个大系列（CRH6型车在生产中），分别是CRH1、CRH2、CRH3、CRH5、CRH6及CRH380系列。

“和谐号”动车组是目前中国国内技术最先进的动车组列车。列车采用动力分散式，运行时速达200km以上，最高可达350km。由外国引进的技术，经调整使之符合中国的实际情况。司机可以通过计算机控制列车，驾驶数据全部采用电子显示，而非传统的仪表显示，计算机也可以自动调节列车的速度，有助排除误点，空调温度也能自动调节。列车车头是流线型的，能大幅降低空气的阻力。所有车门都是电动塞拉门（CRH2及CRH380A系列则使用内藏趟门），能减低开关门时的噪声。

而内部设施也更注重人性化的设计，例如残疾人专用洗手间、为母亲提供的婴儿护理台等。卫生间里水龙头都是感应式的，并附有冷热水供应。乘客在卫生间中，可随时利用紧急调用按钮，在紧急的情况下通知列车服务员前来协助。身体不适的乘客，可以使用多功能室的折叠床作休息。车窗玻璃采用特殊材料，即使被打碎都不会划伤人体。而且车门都经过特别设计，方便残疾人士登车（由于CRH1的车门较阔，所以车门无须特别设计）。

“和谐号”列车的座位划分为商务座、一等座及二等座。商务座位1+2排列方式，一等座为2+2排列方式，而二等座为3+2排列方式。座椅的靠背和坐垫均可自由调节（CRH1 型的二等座除外），座向可以 180°转变（详情请见下页表），亦附有可折叠的茶几。

自 2012 年 9 月 15 日起，全路 CRH1、CRH2、CRH3、CRH5 型动车组列车的传统座号编排方式统一变更为各 CRH380 型动车组所采用的模式，即：以 A、F 结尾的座位靠窗，C、D 结尾座位靠过道，B 结尾座位位于 A、C 中间。

在代售点、车站窗口购票时，旅客可在所选动车组车次剩余票额允许的前提下自选座号。网上订票、电话订票平台中自选座位、铺位功能尚未实现。

（1）“和谐号”CRH 系列动车组。

①CRH1。

• CRH1A、CRH1B：以 Regina C2008 为基础，由合资公司青岛四方庞巴迪铁路运输设备有限公司（BST）生产。

• CRH1E：以 ZEFIRO 系列为基础的卧铺动车组，由青岛四方庞巴迪铁路运输设备有限公司（BST）生产。

• CRH380D/CRH380DL：以 ZEFFIRO380 系列高速动车组为基础的新一代中国超高速动车组，由青岛四方庞巴迪铁路运输设备有限公司（BST）生产。

②CRH2。

• CRH2A、CRH2B、CRH2E：以日本新干线 E2－1000 型为基础，由川崎（CRH2A）及南车青岛四方机车车辆股份有限公司（CRH2A/B/E）生产。

• CRH2C：由南车青岛四方机车车辆股份有限公司生产，在 2008 年北京奥运会之前在京津城际铁路上投入运营。

• CRH380A/CRH380AL：由南车青岛四方机车车辆股份有限公司生产，持续运营速度 350KM/H，最高运营速度 380KM/H 的新一代高速动车组。

③CRH3。

• CRH3C：以 Velaro（ICE－3）为基础，由西门子公司及唐山轨道客车负责生产。

• CRH380B/CRH380BL/CRH380C/CRH380CL：以 Velaro（ICE－3）为基础，由长春轨道客车股份有限公司及唐山轨道客车负责生产，新一代 380KM/H 级别高速动车组。

④CRH5。

• CRH5A：以 Pendolino 为基础，由阿尔斯通公司及长春轨道客车股份有限公司负责生产。

⑤CRH6。

• CRH6：由南车青岛四方机车车辆股份有限公司及南车南京浦镇车辆有限公司负责生产。

（2）“和谐号”动车组一览表。

表 7－2－1　CRH1

“和谐号”		最高运营			
CRH 系列动车组车型	车体尺寸（m）	速度（km/h）	编组形式	车厢类型	车内设备
CRH1A	宽度：3.32 高度：4.04 总长度：213.9	200～250	8 节编组座车	一等座车：1、8 号车厢 二等座车：2～4、6～7 号车厢 二等座/餐车：5 号车厢	部分车辆的部分座椅可旋转（022A－040A） 卫生间：所有车厢 残疾人士卫生间：5 号车厢
CRH1B	宽度：3.32 高度：4.04 总长度：426.3/428.9（1E 头型）	250	16 节大编组座车	一等座车：14～16 号车厢 二等座车：1～13 号车厢 餐车：9 号车厢	部分座椅可旋转/所有座椅均可旋转（1E 头型） 卫生间：所有车厢 残疾人士卫生间
CRH1E	宽度：3.32 高度：4.04 总长度：428.9	250	16 节大编组卧铺动车	豪华软卧车：10 号车厢 软卧车：2～8、11～15 号车厢 二等座车：1、16 号车厢 餐车：9 号车厢	所有座椅均可旋转 卫生间：所有车厢 残疾人士卫生间
CRH 380D	宽度：3.32 高度：4.04	380	8 节编组座车	二等座车/观光车：8 号车厢 一等座车/观光车：1 号车厢 二等座车：二等座车：2、3、5～7 号车厢 二等座/餐车：4 号车厢	所有座椅可旋转 卫生间：所有车厢 残疾人士卫生间

表 7－2－2 CRH2

“和谐号”		最高运营			
CRH 系列动车组车型	车体尺寸（m）	速度（km/h）	编组形式	车厢类型	车内设备
CRH2A	宽度：3.38 高度：3.7 总长度：201.4	250	8 节 编组座车	一等座车：7 号车厢（001A ～042A、044A），1 ～2、7 ～8 号车厢（043A），6 ～7 号车厢（045A～060A） 二等座车：1～6、8 号车厢（001A ～ 042A、044A），2 ～6 号车厢（043A），1 ～5 号车厢（045A～060A） 二等座/餐车：5 号车厢	所有座椅均可旋转 卫生间：单数车厢 残疾人士卫生间：7 号车厢
CRH2B	宽度：3.38 高度：3.7 总长度：401.4	250	16 节 大编组座车	一等座车：1～3 号车厢 二等座车：4～7、9～16 号车厢 餐车：8 号车厢	所有座椅均可旋转 卫生间：单数车厢 残疾人士卫生间：3 号车厢
CRH2C	宽度：3.38 高度：3.7 总长度：201.4	350	8 节 编组座车	一等座车：7 号车厢 二等座车：1～4、6～8 号车厢 二等座/餐车：5 号车厢	所有座椅均可旋转 卫生间：单数车厢 残疾人士卫生间：7 号车厢
CRH2E	宽度：3.38 高度：3.7 总长度：401.4	250	16 节 大编组 卧铺动车	软卧车：2～7、9～15 号车厢 二等座车：1、16 号车厢 餐车：8 号车厢	所有座椅均可旋转 卫生间：1～7、9～16 号车厢 残疾人士卫生间：16 号车厢
CRH 380A	宽度：3.38 高度：3.7 总长度：201.4	380	8 节 编组座车	二等座车/观光车：1、8 号车厢 一等座车：3、4 号车厢 二等座车：2、6、7 号车厢 二等座/餐车：5 号车厢	所有座椅均可旋转 卫生间：单数车厢 残疾人士卫生间：5 号车厢
CRH 380AL	宽度：3.38 高度：3.7 总长度：401.4	380	16 节 大编组座车	一等座车/观光车：1、16 号车厢 一等座车：2、3 号车厢 二等座车：4～8、10～15 号车厢 餐车：9 号车厢	所有座椅均可旋转 卫生间：单数车厢 残疾人士卫生间：5 号车厢

表 7－2－3　CRH3

“和谐号”CRH 系列动车组车型	车体尺寸（m）	最高运营速度（km/h）	编组形式	车厢类型	车内设备
CRH3C	宽度：3.3 高度：3.89 总长度：200	350	8 节编组座车	二等座车/观光车：1、8 号车厢 一等座车：5 号车厢 二等座车：2、3、6、7 号车厢 二等座/餐车：4 号车厢	所有座椅均可旋转 卫生间：所有车厢 残疾人士卫生间：4 号车厢
CRH 380B	宽度：3.3 高度：3.89 总长度：200	380	8 节编组座车	二等座车/观光车：8 号车厢 一等座车/观光车：1 号车厢 二等座车：2～4、6、7 号车厢 二等座/餐车：5 号车厢	所有座椅均可旋转 卫生间：所有车厢 残疾人士卫生间：4 号车厢
CRH 380BL	宽度：3.3 高度：3.89 总长度：399.27	380	16 节大编组座车	一等座车/观光车：1、16 号车厢 一等座车：2～4 号车厢 二等座车：5～8、10～15 号车厢 餐车：9 号车厢	所有座椅均可旋转 卫生间：所有车厢 残疾人士卫生间：5 号车厢
CRH 380CL	宽度：3.3 高度：3.89 总长度：399.27	380	16 节大编组座车	一等座车/观光车：1、16 号车厢 一等座车：2～4 号车厢 二等座车：5～8、10～15 号车厢 餐车：9 号车厢	所有座椅均可旋转 卫生间：所有车厢 残疾人士卫生间：5 号车厢

表 7－2－4　CRH5

“和谐号”CRH 系列动车组车型	车体尺寸（m）	最高运营速度（km/h）	编组形式	车厢类型	车内设备
CRH5A	宽度：3.2 高度：4.27 总长度：205.2	250	8 节编组座车	一等座车：1、8 号车厢 二等座车：2～4、6～7 号车厢 二等座/餐车：5 号车厢	部分车辆的所有座椅均可旋转（014A～060A） 卫生间：所有车厢 残疾人士卫生间：7 号车厢

表 7－2－5 CRH6

“和谐号”CRH系列动车组车型	车体尺寸（m）	最高运营速度（km/h）	编组形式	车厢类型	车内设备
CRH6	宽度：3.3 高度：3.9 总长度：199.5	160或200	8节编组座车		座椅以2＋2排列及均可旋转 卫生间：所有单号车厢 残疾人士卫生间：5号车厢（200km级别） 纵向座椅布置，格局与地铁车厢类似 5号车厢设残疾人乘坐空间 卫生间：不设 残疾人士卫生间：不设（160km级别）

注：CRH2－001A、CRH2－042A及CRH380A－6038为公务车，车辆直接配属铁道部。CRH2－010A、CRH2－061C、CRH2－068C、CRH2－150C、CIT400A－001、CIT400B－002及CRH5－CIT001为“综合检测列车”，属于工程维护车辆。这5列列车不用于客运。

（3）技术引进。

实际上，在引进国外技术以前，中国一直进行自主研发高速铁路列车及交流传动铁路机车，也取得不少的成果（例如中华之星电动车组），但中国交流传动等核心技术仍未成熟，列车稳定性不佳。另外，研究过程也需要大量时间。由于历史原因，中国铁路技术装备的整体水平只相当于发达国家20世纪70—80年代的水平，如果依靠自身技术，则可能需要十几年或更长时间追赶，也无法适应目前的经济发展。2004年，国务院及铁道部确定了推进铁路技术装备现代化“引进先进技术、联合设计生产、打造中国品牌”的方针。而实现铁路“跨越式发展”的重点任务即为对时速200km以上的列车及重载货运机车整体引进技术。

中国决定引入外国最成熟、可靠的核心技术，再以此为基础进行自主研发。通过技术引进，中国目前已掌握9项高速铁路核心技术，并自主研发了26项技术，并在将来实现全面国产化。而且，由于“和谐号”采用多国技术，而外国厂商为了得到订单，都压低了售价，并提供较关键的技术。“和谐号”的研发成本比从日本高，此因为授权金额较低，而且列车都可以在中国大陆生产。

而最新的CRH2C型“和谐号”动车组，是在引进日本E2－1000系新干线技术后，加以消化吸收，再由中国研发制造，其国产化率大约有70%，在2008年于京津城际铁路正式投入服务。原先大众都认为，时速380km的动车组列车，会采用德国的版本。但由于中德关系转差，所以中国改为由日本技术（CRH380A）和德国技术（CRH380B）齐头并进并适度交替运用。而大功率机车方面，中国正在6轴总功率7200kW的技术平台上实现自主创新，令机车总功率可提高到9600kW。

3. CRH3 系列

CRH3型列车的原型为衍生自德国铁路ICE－3列车的西门子Velaro平台，中国以引进西门子交通集团先进技术并吸收的方式，由中国北车唐山轨道客车在国内生产实现国产化。2004年8月，铁道部展开为用于中国铁路第六次大提速、时速200km级别的第一轮高速电力动车组技术引进招标，结果西门子公司因提出高昂的转让技术、车辆造价费用（原型车每列3.5亿元人民币，技术转让费3.9亿欧元）而无法在第一轮招标获得任何订单。截至2005年11月，中国铁道部与德国西门子在"以市场换技术"的原则下签订协议，西门子因而获得60列时速300km的高速列车订单，总值6.69亿欧元（原型车每列2.5亿元人民币，技术转让费8000万欧元），最终被定型为CRH3C。

图7－2－4 CRH3C原型车ICE－3列车

CRH3C型电力动车组采用动力分散式，每列8节编组，共4节动车和4节拖车（4M4T），最高运营速度达350km/h。列车设有一等座车（ZY）1辆、二等座车（ZE）6辆和带酒吧的二等座车（ZEC）1辆。其中一等座采用2＋2方式布置，二等座为2＋3布置。除了带酒吧的二等座车外，其他车厢所有座位均能旋转。

根据合同，西门子在德国本土制造首批3列CRH3C列车和一些重要部件；并向中方合作伙伴——北车集团唐山轨道客车、永济电机厂和铁道部研究院提供技术支持和技术转让，使中国具备相应的生产能力。唐山机车车辆厂将承担其余57列列车的生产，第一阶段国产率是30%，第二阶段将提高到50%，最终将达到70%，并且全部列车均使用中国品牌（CRH）。

2组由德国原装进口的CRH3型列车原称CRH3A，西门子内部称为Velaro CN，原编号为CRH_3 -002A及CRH_3 -004A，后改为002C及004C。第一组进口列车在2007年12月12日在科勒非尔德举行了隆重的交接仪式，并于2007年12月底，在德国不来梅装船付运，在2008年1月运抵中国天津，随后到北京环行铁道进行试验。

图7-2-5 CRH3C

由唐山轨道客车在中国制造的国产化CRH3型电力动车组称为CRH3C，编号为CRH_3 -001C、CRH_3 -003C、CRH_3 -005C至CRH_3 -060C，其结构与进口车完全相同。首组国产化列车的铝合金车体于2007年9月完成，唐山方面原本预计这组列车会于2008年3月31日正式出厂。唯国产化列车部分零部件未能如期运抵车厂，官方遂把正式下线时间延至4月11日，而这列由唐山轨道客车制造的第一列国产化CRH3C（CRH_3 -001C）于2008年6月24日上午9时13分，在京津城际铁路的试验中创下了394.3km的最高时速，当天的试验中CRH3C仅用了5min，速度就提升至300km/h。

随着京津城际铁路于2008年8月1日正式通车运营，CRH3C型动车组也于当日起投入运营，其商用运营时速达350Km/h，是当时世界日常运营时速最快的轮轨高速铁路。

CRH_3 -013C于2009年12月9日，在武广客运专线进行试验，最高时速达到了394.2km，创下了2车重联情况下的世界运营高速铁路最高速度纪录。

于2009年9月28日，中国北车再获140列新一代动车组订单，其中20列为CRH3C型动车组，由唐山轨道客车制造。

（1）CRH3主要参数。

编组方式：8辆编组，2编组可重联运行。

动力配置：4M+4T。

重种：一等车、二等车、餐车。

定员：556人。

营运速度：350km/h。

试验速度：394.3km/h。

牵引功率：8，800kW。

车体型式：大型中空型铝合金车体。

转向架：H形无摇枕、转臂式定位、空气弹簧。

轴重：≤17t。

受流电压制式：AC25kV，50Hz。

牵引电机功率：550kW。

制动方式：直通式电空制动+再生制动。

辅助供电制式：3相440V 80Hz，DC110V。

列车控制网络系统：车载分布式计算机网络系统。

表7-2-6　CRH3补充

车厢号	1	2	3	4	5	6	7	8
车型	二等座车		二等座车/餐车		一等座车		二等座车	
动力配置	有动力，带驾驶室（Mc）	无动力，带受电弓（Tp）	有动力（M）	无动力（T）	有动力（M）	无动力，带受电弓（Tp）	有动力，带驾驶室（Mc）	
动力单元			单元1			单元2		
车辆编号	CRH_3－0××C ZE 30××01	ZE 30××02	ZE 30××03	ZEC 30××04	ZY 30××05	ZE 30××06	ZE 30××07	CRH_3－0××C ZE 30××00
定员	60（二等座）+8（特等座）	80	80	50	50	80	80	60（二等座）+8（特等座）
车底设备	牵引电动机 牵引转换器和冷却装置 车载供电电气柜	辅助转换器箱 变压器和冷却装置 车载供电电气柜	牵引电动机 牵引转换器和冷却装置 车载供电气柜 空气压缩机	双辅助转换器装置 蓄电池和充电器 车载供电电气柜	紧急车钩 双辅助转换器装置 蓄电池及充电器 车载供电电气柜	牵引电动机 牵引转换器和冷却装置 车载供电气柜 空气压缩机	辅助转换器箱 变压器和冷却装置 车载供电电气柜	牵引电动机 牵引转换器和冷却装置 车载供电电气柜

（2）CRH3 型动车组车内设备布置。

CRH3 配置共设有 1 辆一等车，6 辆 2 等车和 1 辆二等餐座合造车，一等车内座椅 2 +2 布置，二等座车 2 +3 布置。除带厨房二等座车采用固定座椅外，其余车型采用可旋转座椅。座椅靠背可调节，设有婴儿和残疾人设施；采用航空式供餐设施；功能完备的卫生设施；每辆车设电开水炉、透明玻璃行李架、大件行李存放区、影音系统及可折茶桌、充电插座等旅客设施。头车和尾车司机室后设一等坐区。

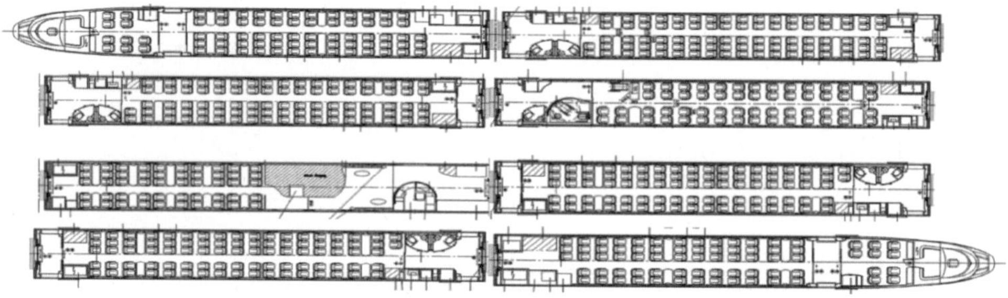

图 7 –2 –6　CRH3 型动车组车内设备布置图

（3）CRH3 型动车组编组。

CRH3 车型共由 8 节车编组，4 动 4 拖，采用电力牵引交流传动方式，包括 5 种不同的车，即端车（头车和尾车）、变压器车、中间车、酒吧车和一等车。

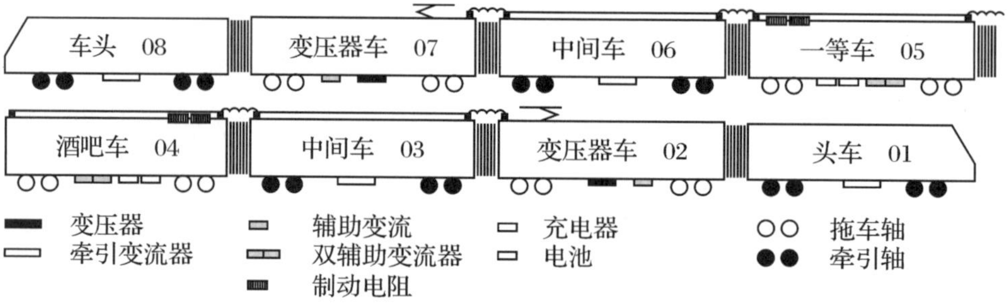

图 7 –2 –7　CRH3 型动车组编组图

（三）磁悬浮列车

1．概述

磁悬浮列车是一种靠磁悬浮力（即磁的吸力和排斥力）来推动的列车。由于其轨道的磁力使之悬浮在空中，行走时不需接触地面，因此其阻力只有空气的阻力。磁悬浮列车的最高时速可以达 550km/h 以上，比较轮轨高速列车的最高时速 400 多 km 快。

磁悬浮技术的研究源于德国，早在 1922 年德国工程师赫尔曼·肯佩尔（英语：Hermann Kemper）就提出了电磁悬浮原理，并于 1934 年申请了磁悬浮列车的专利。1970 年以后，随着世界工业化国家经济实力的不断加强，为提高交通运输能力以适应其经济发展的需要，德国、日本、美国、加拿大、法国、英国等发达国家相继开始筹划进行磁悬浮运输系统的开发。

而美国和苏联则分别在 1970 年、1980 年放弃了这项研究计划，目前只有德国、日本仍在继续进行磁悬浮系统的研究，均取得了令世人瞩目的进展。

世界上首条商业运营的磁悬浮列车线路是英国伯明翰磁悬浮（英语：Air-Rail Link）。上海磁悬浮示范运营线是世界上第一条商业运营的高速（通常指时速大于 250km）磁悬浮列车线路、第三条商业磁悬浮列车线路，以及目前处于运营中的两条商业磁悬浮列车线路之一，另一条是日本爱知县的东部丘陵线。同时，上海磁悬浮也是世界上速度最快的商业运营列车线路，设计最高运行时速为 431km。

磁悬浮列车系统运营昂贵，颇具争议。上海磁悬浮之前的伯明翰磁悬浮和德国柏林的 M－Bahn 都早已停运，前者更换为电缆式系统后重新运营。圣地亚哥机场、慕尼黑机场等磁悬浮项目均因资金问题而取消。上海磁悬浮的盈亏、电磁辐射污染、噪声污染等问题也是专家和民众关注和争议的焦点。

2. *磁悬浮列车的发展历史*

德国曾在 80 年代于柏林铺设磁悬浮列车系统（M－Bahn）。该系统设有三个车站，长度 1.6km，用的是无人驾驶列车，于 1989 年 8 月开始试验载客，1991 年 7 月正式服务。由于政治原因，柏林墙被拆除，该线于运行 2 个月后改为普通轮轨列车行走。

英国的伯明翰国际机场曾于 1984—1995 年使用低速磁悬浮列车，全长 600m。由于可靠性的问题，该线后来也改用单轨列车行走。

2000 年，中国西南交通大学磁悬浮列车与磁悬浮技术研究所研制成功世界首辆高温超导载人磁悬浮实验车。

2001 年，德国的 Transrapid 公司于中国上海浦东国际机场至地铁龙阳路站兴建磁悬浮列车系统，并于 2002 年正式启用。该线全长 30km，列车最高时速达 430km，由起点至终点站只需八 min。

日本 ML100

德国 Transrapid 07

上海磁悬浮示范运营线的列车

爱知高速交通东部丘陵线“Linimo”

图 7－2－8　几种磁悬浮列车

2003 年，四川成都青山磁悬浮列车线完工，该磁悬浮试验轨道长 420m，主要针对观光游客，票价低于出租车费。

日本现在的山梨县试验线使用低温超导磁铁，可容纳更大的缝隙，该线列车的最高速度达 581km/h，成为世界纪录。

最近，中国成功研制一种新技术——永磁技术 MAS－3，其造价比德国及日本的还要低。

2005 年 5 月，中国自行研制的“中华 06 号”吊轨永磁悬浮列车于大连亮相，据称其速度可达 400km/h。

2005 年 9 月，中国成都飞机公司开始研制 CM1 型“海豚”高速磁悬浮列车，最高时速 500km。2010 年 4 月 8 日，由成都飞机公司制造的中国首辆高速磁悬浮国产化样车在成都实现交付，标志着成飞已具备磁悬浮车辆国产化设计、整车集成和制造能力。磁悬浮列车的部分组件于 2010 年 3 月 20 日运抵上海，4 月 9 日两节车厢运往上海组装调试，投入到上海磁悬浮示范运营线的商业营运，和长春客车厂生产的另外两节车辆一起与目前运行的德国磁悬浮列车并组，往返于浦东机场至龙阳路。此次高速磁悬浮列车成功实现国产化制造，离不开西南交大等四川高校的支持，这也成为四川制造高速磁悬浮列车得天独厚的条件。

2006 年 4 月 30 日，中国第一辆具有自主知识产权的中低速磁悬浮列车，在四川成都青城山一个试验基地成功通过了室外实地运行联合试验，该车利用常导电磁悬浮推动。

运行时最高时速历史：

- 1971 年：西德，Prinzipfahrzeug，90km/h。
- 1971 年：西德，TR－02（TSST）—164km/h。
- 1972 年：日本，ML100，60km/h，（载人）。
- 1973 年：西德，TR04，250km/h（载人）。
- 1974 年：西德，EET－01，230km/h（无人）。
- 1975 年：西德，Komet，401. 3km/h（由蒸汽火箭推进，无人）。
- 1978 年：日本，HSST－01，307. 8km/h（由蒸汽火箭推进，日产汽车制造，无人）。
- 1978 年：日本，HSST－02，110km/h（载人）。
- 1979 年 12 月 12 日：日本，ML－500R，504km/h（无人）第一次突破 500km/h。
- 1979 年 12 月 21 日：日本，ML－500R，517km/h（无人）。
- 1987 年：西德，TR－06，406km/h（载人）。
- 1987 年：日本，MLU001，400km/h（载人）。
- 1988 年：西德，TR－06，412. 6km/h（载人）。
- 1989 年：西德，TR－07，436km/h（载人）。
- 1993 年：德国，TR－07，450km/h（载人）。
- 1994 年：日本，MLU002N，431km/h（无人）。
- 1997 年：日本，MLX01，531km/h（载人）。
- 1997 年：日本，MLX01，550km/h（无人）。
- 1999 年：日本，MLX01，548km/h（无人）。
- 1999 年：日本，MLX01，552km/h（载人/5 辆编组），被吉尼斯世界纪录认可。

- 2003 年：中国，Transrapid SMT（德国提供技术所建设，第一条商业运行路线），501.5km/h。
- 2003 年：日本，MLX01，581km/h（载人/3 辆编组），被吉尼斯世界纪录认可。

3. 磁悬浮列车的基本组成

磁悬浮列车主要由悬浮系统、推进系统和导向系统三大部分组成，如图 7－2－9所示。尽管可以使用与磁力无关的推进系统，但在目前的绝大部分设计中，这三部分的功能均由磁力来完成。下面分别对这三部分所采用的技术进行介绍。

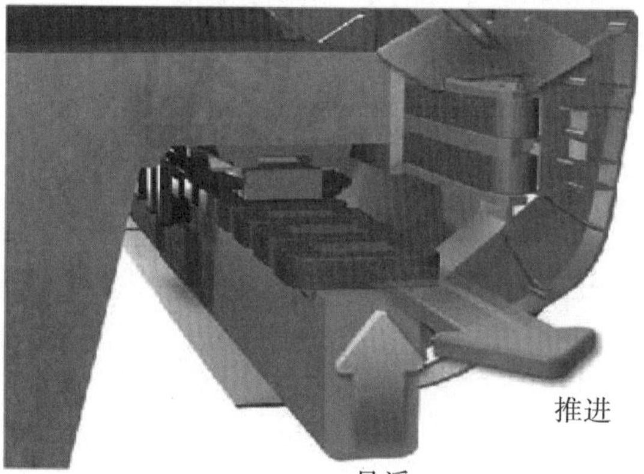

图 7－2－9 磁悬浮列车的三大系统

（1）悬浮系统。

目前悬浮系统的设计，可以分为两个方向，分别是德国所采用的常导型和日本所采用的超导型。从悬浮技术上讲，就是电磁悬浮系统（EMS）和电力悬浮系统（EDS）。图 7－2－10 给出了两种系统的结构差别。

电磁悬浮系统（EMS）是一种吸力悬浮系统，是结合在机车上的电磁铁和导轨上的铁磁轨道相互吸引产生悬浮。常导磁悬浮列车工作时，首先调整车辆下部的悬浮和导向电磁铁的电磁吸力，与地面轨道两侧的绕组发生磁铁反作用将列车浮起。在车辆下部的导向电磁铁与轨道磁铁的反作用下，使车轮与轨道保持一定的侧向距离，实现轮轨在水平方向和垂直方向的无接触支撑和无接触导向。车辆与行车轨道之间的悬浮间隙为 10mm，是通过一套高精度电子调整系统得以保证的。此外由于悬浮和导向实际上与列车运行速度无关，所以即使在停车状态下列车仍然可以进入悬浮状态。

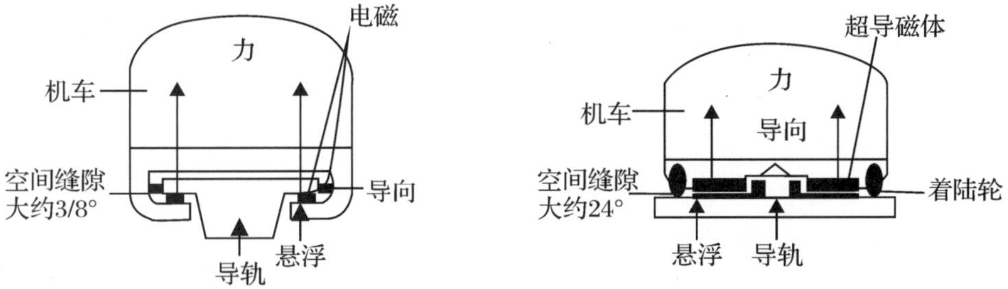

图 7－2－10　电磁悬浮系统和电力悬浮系统

电力悬浮系统（EDS）将磁铁使用在运动的机车上以在导轨上产生电流。由于机车和导轨的缝隙在减少时电磁斥力会增大，从而产生的电磁斥力提供了稳定的机车的支撑和导向。然而机车必须安装类似车轮一样的装置对机车在“起飞”和“着陆”时进行有效支撑，这是因为 EDS 在机车速度低于大约 40. 23km/h 无法保证悬浮。EDS 系统在低温超导技术下得到了更大的发展。

超导磁悬浮列车的最主要特征就是其超导元件在相当低的温度下所具有的完全导电性和完全抗磁性。超导磁铁是由超导材料制成的超导线圈构成，它不仅电流阻力为零，而且可以传导普通导线根本无法比拟的强大电流，这种特性使其能够制成体积小功率强大的电磁铁。

超导磁悬浮列车的车辆上装有车载超导磁体并构成感应动力集成设备，而列车的驱动绕组和悬浮导向绕组均安装在地面导轨两侧，车辆上的感应动力集成设备由动力集成绕组、感应动力集成超导磁铁和悬浮导向超导磁铁三部分组成。当向轨道两侧的驱动绕组提供与车辆速度频率相一致的三相交流电时，就会产生一个移动的电磁场，因而在列车导轨上产生磁波，这时列车上的车载超导磁体就会受到一个与移动磁场相同步的推力，正是这种推力推动列车前进，其原理就像冲浪运动一样，冲浪者是站在波浪的顶峰并由波浪推动他快速前进的。与冲浪者所面对的难题相同，超导磁悬浮列车要处理的也是如何才能准确地驾驭在移动电磁波的顶峰运动的问题。为此，在地面导轨上安装有探测车辆位置的高精度仪器，根据探测仪传来的信息调整三相交流电的供流方式，精确地控制电磁波形以使列车能良好地运行。

（2）推进系统。

磁悬浮列车的驱动运用同步直线电动机的原理。车辆下部支撑电磁铁线圈的作用就像是同步直线电动机的励磁线圈，地面轨道内侧的三相移动磁场驱动绕组起到电枢的作用，它就像同步直线电动机的长定子绕组。从电动机的工作原理可以知道，当作为定子的电枢线圈有电时，由于电磁感应而推动电机的转子转动。同样，当沿线布置的变电所向轨道内侧的驱动绕组提供三相调频调幅电力时，由于电磁感应作用承载系统连同列车一起就像电机的“转子”一样被推动做直线运动，从而在悬浮状态下，列车可以完全实现非接触的牵引和制动。

通俗地讲，就是在位于轨道两侧的线圈里流动的交流电，能将线圈变为电磁体。由于它与列车上的超导电磁体的相互作用，就使列车开动起来。列车前进是因为列车头部的电磁体（N 极）被安装在靠前一点的轨道上的电磁体（S 极）所吸引，并且同时又被安装在轨道上稍后一点的电磁体（N 极）所排斥。当列车前进时，在线圈里流动的电流流向就反转过来了。其结果就是原来那个 S 极线圈，现在变为 N 极线圈了，反之亦然。这样，列车由于电磁极性的转换而得以持续向前奔驰。根据车速，通过电能转换器调整在线圈里流动的交流电的频率和电压。

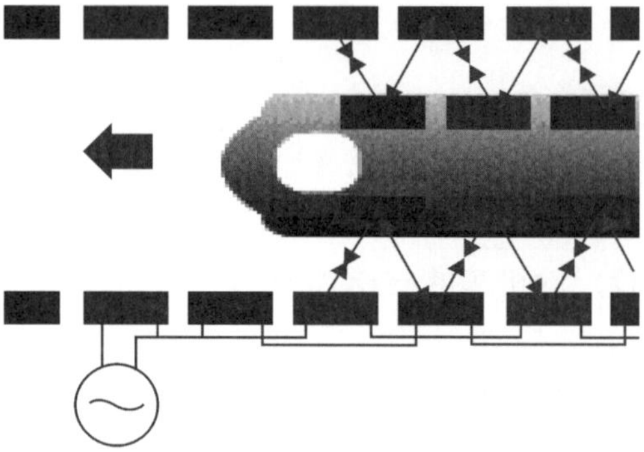

图 7-2-11 推进系统工作原理

推进系统可以分为两种。“长固定片”推进系统使用缠绕在导轨上的线性电动机作为高速磁悬浮列车的动力部分，由于导轨价格高导致成本昂贵。而“短固定片”推进系统使用缠绕在被动的轨道上的线性感应电动机（LIM），虽然短固定片系统减少了导轨的花费，但由于 LIM 过于沉重而减少了列车的有效负载能力，导致了比长固定片系统更高的运营成本和更低的潜在收入。而采用非磁力性质的能量系统，也会导致机车重量的增加，降低运营效率。

（3）导向系统。

导向系统是一种以侧向力来保证悬浮的机车能够沿着导轨的方向运动。必要的推力与悬浮力相类似，也可以分为引力和斥力。在机车底板上的同一块电磁铁可以同时为导向系统和悬浮系统提供动力，也可以采用独立的导向系统电磁铁。

4. 各种磁悬浮技术的优缺点

表 7－2－7　各种磁悬浮技术优缺点对比

技术	优点	缺点
EMS（电磁力悬浮或常导型悬浮）	列车内外的磁场较电动力悬浮低。已证明技术上可达至非常高的速度（超过 500km/h）。没有车轮或二级推进系统需要	列车与轨道之间分离，两者之间的电磁吸引力容易不稳定，必须不断透过计算机系统进行监测和纠正以免发生碰撞。由于系统固有的不稳定性和外部系统需要不断修正，振动可能会导致系统出现问题
EDS（电动力悬浮或超导型悬浮）	内建磁铁大幅度使用于列车与轨道，技术上已可达至非常高的速度（581km/h）和具高负载的能力。已证明（2005 年 12 月）使用廉价的液态氮冷却高温超导磁体，能成功在船上操作	强大的磁场令列车上的乘客无法使用心脏起搏器或磁性数据存储装置（如硬盘及信用卡），因此需要使用磁屏蔽。轨道的诱导性会限制列车的最高速度，列车必须具有轮轨作低速运行
Inductrack 系统（永磁性 EDS）	有故障安全防护悬吊系统，不需要电力作激活磁铁；磁场固定在列车的下面；能在低速时（大约 5km/h）产生足够的磁场使磁悬浮列车悬浮；停电时列车会逐渐减速以保障安全；Halbach array 永久磁铁比电磁铁可能更符合成本效益	

5. 上海磁悬浮

（1）建设背景。

在上海磁浮通车以前，尽管中国铁路客运量大，但是总体技术水平仍旧停留在传统的铁路技术上，没有如日本新干线、法国 AGV、欧洲之星之类的高速铁路交通系统。

1999 年，中国政府开始研究建造京沪高铁，在研究的可行性论证过程中，专家团队对于高铁应采用何种技术产生分歧。时任科技部副部长徐冠华和部分专家开始支持磁悬浮技术，并且由于该技术的主要发明国德国也宣布高速磁浮技术已达到成熟水平，使得中国的铁路交通系统实现跨越式发展。

另一部分专家则提出了完全不同的意见，认为应当采用世界普遍采用的高速轮轨技术，并且中国对于高速轮轨系统技术的掌握也有了重大的进步。尽管磁浮系统存在诸多优点，但目前的磁悬浮技术仍旧停留在试验阶段，高速磁浮技术最发达的德国也没有一条投入商业化运营的线路，高速磁浮技术仍具有不确定性，在技术和经济上存在许多不确定因素。

专家双方最终达成共识，同意先行建设一段商业化的运营示范线路，以此确定高速磁浮系统的成熟、可用、经济和安全等数据。专家团队的建议最终得到国务院的关注和支持，随即选定了上海、北京与深圳三个地区进行比较，最终于 2000 年 6 月决定在上海建设高速磁悬浮。

（2）项目建设情况。

2000 年 6 月，上海市人民政府就开始与德国磁浮国际公司开展合作，6 月 30 日，时任上海市市长徐匡迪与德国磁浮铁路国际公司总经理 Wahl 在德国签署了《中华人民共和国上海市和德意志联邦共和国磁浮国际公司（TRI）共同开展上海市磁悬浮列车示范运营线可行性研究协议书》。8 月 24 日，国家计委经国务院批准，批复了上海市磁悬浮列车示范运营线工程项目建议书。当月，由上海申通集团有限公司、申能（集团）有限公司、上海国际集团有限公司、上海宝钢集团公司、上海汽车工业（集团）总公司、上海电气（集团）总公司、上海浦东发展（集团）有限公司等 7 家公司投资 30 亿元组建的上海磁悬浮交通发展有限公司正式成立。12 月，上海市政府选定上海浦东龙阳路地铁站至浦东国际机场建设高速磁悬浮示范运营线。2001 年 3 月，工程正式开工建设并同步规划上海磁浮交通科技馆作为额外收入来源。

2001 年 2 月 28 日，国务院办公会议审议批准了项目的工程可行性研究报告和开工报告；随后，上海市计委、建委批准了工程扩大初步设计。3 月 1 日，上海磁悬浮列车示范运营线工程举行开工仪式。中共中央政治局委员、时任上海市委书记黄菊按动开工电钮，时任上海市市长徐匡迪等参加仪式。翌年，12 月 31 日，上海磁浮列车举行隆重的通车典礼，时任德国总理施罗德和时任中国总理朱镕基抵沪在磁浮龙阳路站为上海磁浮列车首次通车剪彩。

（3）日常运营。

目前，磁浮的运营时间为每日早上 6 点 45 分至晚上 9 点 30 分，发车间隔为 15min。普通的单程车票为 50 元（约合 8.05 美元），如果旅客手持机票或公交卡，则享受减免 20% 的优惠价格。对于送客的乘客，购买的往返票票价为 80 元（约 12.90 美元）。此外列车贵宾车厢票价为单程票 100 元，往返票为 160 元。此外还有磁悬浮多次卡销售，票价为 900 元 30 次（相当于每次打 6 折）。2013 年，上海地铁发行磁悬浮—地铁票，分两种，磁悬浮列车可乘一次或两次，而地铁为一日票，有效期至 2014 年 12 月 31 日。

表 7－2－8　上海磁悬浮列车日常运营

运营时间	06:45～08:45	09:00～10:45	11:00～14:45	15:00～15:45	16:00～19:00	19:00～21:40
列车运行时间	8:10	7:20	8:10	7:20	8:10	8:10
最高时速	301km/h	431km/h	301km/h	431km/h	301km/h	301km/h
平均速度	224km/h	251km/h	224km/h	251km/h	224km/h	224km/h
发车间隔	15min	15min	15min	15min	15min	20min

参考文献

[1] 陈海军. 电力牵引供变电技术 [M]. 北京：中国铁道出版社，2013.

[2] 李建明等. 城市轨道交通供电导论 [M]. 北京：机械工业出版社，2012.

[3] 张莹，陶艳. 城市轨道交通供电技术 [M]. 北京：人民交通出版社，2010.

[4] 宋奇吼，李学武等. 城市轨道交通供电 [M]. 北京：中国铁道出版社，2009.

[5] 李建明. 城市轨道交通供电 [M]. 成都：西南交通大学出版社，2007.

[6] 张凡，钱传贤. 城市轨道交通概论 [M]. 成都：西南交通大学出版社，2007.

[7] 贾毓杰. 城市轨道交通通信与信号 [M]. 北京：机械工业出版社，2009.

[8] 何宗华，汪松滋，何其光. 城市轨道交通通信信号系统运行与维修 [M]. 北京：中国建筑工业出版社，2007.

[9] 李伟章，徐幼铭等. 城市轨道交通通信 [M]. 北京：中国铁道出版社，2008.

[10] 上海申通地铁集团有限公司轨道交通培训中心. 城市轨道交通通信技术 [M]. 北京：中国铁道出版社，2012.

[11] 林瑜筠. 城市轨道交通信号 [M]. 北京：中国铁道出版社，2008.

[12] 贾毓杰. 城市轨道交通通信与信号 [M]. 北京：机械工业出版社，2009.

[13] 高嵘华，吴广荣. 城市轨道交通信号基础设备维护 [M]. 成都：西南交通出版社，2011.

[14] 何宗华，汪松滋，何其光. 城市轨道交通通信信号系统运行与维修 [M]. 北京：中国建筑工业出版社，2007.

[15] 刘伯鸿. 城市轨道交通车辆段信号技术 [M]. 成都：西南交通出版社，2012.

[16] 第六次大提速货车技术提升速度可达 120 多公里. 中国网. 2007-04-12 [2011-09-02].

[17] 济铁动车座码今日全部统一 A、F 是靠窗座位. 鲁网. 2012-09-15 [2013-08-29].

[18] 动车票选座新规延迟实行　网上支付前可知车厢座号. 厦门网. 2012-09-15 [2013-

08 - 29].

[19] 在长买动车票可自选座号. 吉和网. 2012 - 09 - 19 [2013 - 08 - 29].

[20] 张曙光. 铁路技术装备现代化成果已惠及广大群众. 中国政府网. 2007 - 04 - 29 [2011 - 09 - 02].

[21] 我国自主研制的首列时速 300 公里动车组列车下线. 新华网. 2007 - 12 - 22 [2011 - 09 - 02].

[22] 中国"和谐号"列车主力车型国产化率已超过 70%. 中国经济网. 2007 - 04 - 19 [2011 - 09 - 02].

[23] 时速 350 公里动车组 3 月底下线京津将实现铁路公交化. 新华网. 2008 - 02 - 27 [2010 - 05 - 28].

[24] 首列中国造最高速动车组下线铁道部长亲驾试车. 中国新闻网. 2008 - 04 - 11 [2010 - 05 - 28].

[25] 394.3 公里! 国产动车组创世界运营铁路最高时速. 中青在线. 2008 - 06 - 26 [2010 - 05 - 28].

[26] 京津新铁路车程半小时 时速 350 公里 看奥运可住天津. 苹果网. 2008 - 06 - 27.

[27] 中国北车再获 140 列新一代动车组大额订单. 人民网. 2008 - 09 - 28.